Das Buch

Das Grundgesetz für die Bundesrepublik Deutschland (GG) ist seit 1949 gültig, zunächst für Westdeutschland, seit 1990 auch für Ostdeutschland. Die DDR war am 3. Oktober 1990 dem Geltungsbereich des GG »beigetreten«. Obgleich dieses aufgab, im Falle der Herstellung der deutschen Einheit eine gesamtdeutsche Verfassung anzunehmen, unterblieb dies. Der Zentrale Runde Tisch der DDR hatte zwar einen solchen Entwurf erarbeiten lassen, doch die Zuständigen – damals in Bonn, heute in Berlin – weigern sich, Vorschläge zu diskutieren und etwa in einem Volksentscheid, wie 1968 in der DDR, eine neue Verfassung annehmen zu lassen. Soviel Demokratie verträgt nach Meinung der Herrschenden dieses Land offenbar doch nicht. Klaus Emmerich zieht Vergleiche und Schlüsse und plädiert für eine deutsche Verfassung anstelle des an die 200 Mal geänderten Grundgesetzes.

Der Autor

Klaus Emmerich, Jahrgang 1936, geboren und aufgewachsen in einer kinderreichen Arbeiterfamilie in Berlin. Nach dem Abitur Jura-Studium an der Humboldt-Universität zu Berlin. Promotion 1975. Tätigkeit als Staats- und Völkerrechtler an der Akademie der Wissenschaften der DDR, Berater der DDR-Delegation in der deutsch-deutschen Grenzkommission, die am 4. September 1973 ihre Arbeit zur Grenzmarkierung bei Lübeck aufnahm. 1989/90 war Emmerich der Sekretär der Arbeitsgruppe des Zentralen Runden Tisches »Neue Verfassung der DDR«. Danach arbeitete er als wissenschaftlicher Mitarbeiter im Landtag von Mecklenburg-Vorpommern, später ließ er sich als Rechtsanwalt nieder.
Dr. Klaus Emmerich lebt und arbeitet heute in Kassel.

Klaus Emmerich

In guter Verfassung?

Warum das Grundgesetz auf den Prüfstand gehört

edition ost

Die Problematik

Die Bundesregierung erklärt auf ihrer Website[1] nicht nur, dass die Ausarbeitung einer Verfassung für die westdeutschen Länder auf Veranlassung der Militärgouverneure der britischen, französischen und amerikanischen Besatzungszone erfolgte. Sie sagt auch, warum der Begriff »Verfassung« bewusst vermieden wurde: »Das Grundgesetz stellte weder eine Verfassung für das gesamte deutsche Volk dar noch herrschte in seinem Geltungsbereich volle Souveränität. Es sollte eine Übergangslösung bis zu einer gesamtdeutschen Verfassung sein.«

Korrekt heißt es dort weiter: »Dieser Zwischenlösungscharakter kam auch in der Präambel (›für eine Übergangszeit‹) und im Schlussartikel 146 zum Ausdruck: ›Dieses Grundgesetz verliert seine Gültigkeit an dem Tage, an dem eine Verfassung in Kraft tritt, die von dem deutschen Volke in freier Entscheidung beschlossen worden ist.‹«

Es ist bekannt, dass sich die DDR in ihrem 41. Jahr mit der BRD vereinte, was eigentlich der Anlass hätte sein können und müssen, diesen Auftrag des Grundgesetzes einzulösen. Das unterblieb, die DDR trat bei.

Die Bundesregierung umschifft das Problem mit dem Satz auf ihrer Homepage: »Mit dem Vollzug der staatlichen Einheit Deutschlands am 3. Oktober 1990 ist das Grundgesetz zur gesamtdeutschen Verfassung geworden.«

In den 60 Jahren seiner Existenz wurde das Grundgesetz fast 200 Mal verändert, schon deshalb fragt man sich, ob es nicht längst an der Zeit sei, dass sich dieser Staat nun endlich eine Verfassung gebe, die den Veränderungen in der Welt und im Land Rechnung trägt. Nicht zum ersten Male stellt sich auch die Frage, weshalb bislang noch keine öffentliche Verfassungsdiskussion angeregt wurde, bei der am Ende auch der Souverän das letzte Wort hat: Indem er nämlich in einem demokratischen Volksentscheid diese zuvor breit diskutierte Verfassung annimmt.

Warum dies bislang nicht geschah und vermutlich auf absehbare Zeit nicht erfolgen wird, hängt mit den hierzulande herrschenden Machtverhältnissen zusammen. Verfassungsfragen sind immer auch Machtfragen.

»Der Staat«, schreibt der Philosoph Alfred Kosing in seinem 2010 erschienenen Buch »Die religiösen Anwandlungen des Gregor Gysi oder Wie halten wir es mit der Religion?«, »als das politische Herrschaftsinstrument bestimmter Klassenkräfte mit seinen juridischen und exekutiven Organen greift ordnend und regulierend in alle Sphären der Gesellschaft ein, legt durch das Grundgesetz und die alle Bereiche erfassende Gesetzgebung die Rahmenbedingungen für die Tätigkeit politischer Parteien, gesellschaftlicher Organisationen und Verbände, auch religiöser wie nichtreligiöser Gemeinschaften, für die Wirtschaft, das Finanzwesen, das Bildungswesen, die Forschung, das Gesundheitswesen, das Presse- und Nachrichtenwesen usw. ebenso fest, wie er die Beziehungen und das Verhalten der Bürger in der Gesellschaft, im Geschäftsleben, gegenüber der Umwelt wie im privaten Verkehr in gewissen Grenzen normiert und die Einhaltung bestimmter Regeln mit seinen Straforganen erzwingt. Das war nicht immer so, im Laufe der Geschichte hat sich der Verantwortungsbereich des Staates in der modernen Gesellschaft enorm erweitert, weil das gesellschaftliche Leben der heutigen Menschen vielfältiger, reicher und komplizierter geworden ist, wobei es auch bürokratische Tendenzen übertriebener Regelung gibt.«

Natürlich sollten wir das Grundgesetz nicht gering schätzen. Das tat auch nicht der Kommunist Max Reimann, der 1948/49 als Vorsitzender der KPD dem Parlamentarischen Rat angehörte. Er erklärte damals namens seiner Partei: »Wir unterschreiben nicht. Es wird jedoch der Tag kommen, da wir Kommunisten dieses Grundgesetz gegen die verteidigen werden, die es angenommen haben!« Nun, wer die Geschichte der Bundesrepublik kennt, insbesondere die 50er und 60er Jahre, weiß, dass es sich so verhielt. Erst mit Bundeskanzler Willy Brandt, der »mehr Demokratie wagen« wollte, änderte sich auch das innenpolitische Klima ein wenig. Trotz Radikalenerlass.

Spätestens seit 1990 steht dieses Grundgesetz aber zur Disposition. Warum das so ist und in welche Richtung gedacht werden sollte, versuche ich nachfolgend darzustellen. Dazu werde ich zunächst einiges zur Entstehungsgeschichte des Grundgesetzes der BRD und der Verfassungen der DDR sagen sowie zur Verfassungsdiskussion in der DDR und am Runden Tisch, der verschiedene Fachleute – darunter auch mich – mit der Erarbeitung eines Verfassungsentwurfes beauftragte.

Obwohl Verfassungsfragen zu einer komplizierten Materie gehören und sehr komplexer Natur sind, will ich versuchen, einige Probleme kurz zu umreißen und verständlich zu erläutern.

Ich lasse dabei bewusst einige Aspekte aus: rechtstheoretische und rechtsphilosophische Fragestellungen, die Friedenspolitik der DDR, der Verfassungsauftrag an die Nationale Volksarmee und das Ministerium des Innern, die Rolle des Rechts im Sozialismus, die Grundlagen der sozialistischen Gesellschafts- und Staatsordnung, Bürger und Gemeinschaften in der DDR, Aufbau und System der staatlichen Leitung, das Verhältnis von Rechts- und Demokratieentwicklung, sozialistische Gesetzlichkeit und Rechtspflege, der Einfluss der sowjetischen Rechtswissenschaft auf die DDR, die Rolle der Kirchen im Sozialismus, die »Täter/Opfer«-Problematik und anderes mehr.

Ich bin mir bewusst, dass die nachstehend publizierten Details und Informationen noch lange keine Transparenz herstellen werden und ein abgewogenes Urteil des Lesers in der komplizierten Materie ermöglichen. Generationen von Politikern und Juristen der DDR und der Alt-BRD sowie eine Generation im neuen Deutschland haben sich mit einzelnen Aspekten beschäftigt und sich entsprechend ihres Standpunktes, gemäß den Regeln des Kalten Krieges und/oder als Sieger bzw. Verlierer des Einigungsprozesses, dazu geäußert. Und warum ich nun? Die Deutungshoheit über die Vergangenheit, auch die der Verfassungsgeschichte, darf nicht einer Seite überlassen werden.[2] Wir dürfen uns der politisch auf Verklärung und auf Verdüsterung ausgerichteten »Erinnerungsindustrie« nicht widerspruchslos ausliefern. Um der Wahrheit und um unserer Selbst willen.

Die Aufarbeitung auch der Verfassungsgeschichte der beiden deutschen Staaten ist keine Aufarbeitung der Vergangenheit, sondern zielt auf die Gegenwart und die Auseinandersetzungen um die Zukunft.

»Gesellschaftliche Umbrüche, Revolutionen, gewaltsame Auseinandersetzungen und Kriege sind Gründe, warum sich ein politisches Gemeinwesen eine neue Verfassung gibt. In der Regel legen Verfassungen die Organisation des Staates fest und enthalten grundlegende Rechten und Pflichten der Bürger. Nachdem eine verfassungsgebende Versammlung den Text der Verfassung entworfen hat, wird diese vom Volk in einem Referendum beschlossen«, sagt die Bundeszentrale für politische Bildung. »Die Geschichte des deutschen Grundgesetzes verlief anders – zwar nur in einigen, aber eben in entscheidenden Punkten.«[3]

Reden wir also über die entscheidenden Punkte.

Und auch darüber, weshalb die zweite deutsche Republik und deren Verfasstheit inklusive Verfassung derart geschmäht und verunglimpft wird – während die Bundesrepublik gleichsam als Gipfelpunkt und Krönung von tausend Jahren deutscher Geschichte erscheint. In geradezu zwanghafter Logik habe sich alles dorthin entwickelt, wo man heute steht, suggeriert man uns. Alles andere, was von diesem »geraden« Weg abwich, gilt als Betriebsunfall der Geschichte. Folgerichtig titelte die *Zeit* im Mai 2009 keineswegs ironisch »220 Jahre Bundesrepublik Deutschland«. Unsichtbar schwebt über den meisten Redaktionsstuben heute der Geist von Francis Fukuyama, der vom Ende der Geschichte sprach, als die Sowjetunion unterging. »Die Republik hat gesiegt. Ihre Gegner hat die Geschichte verschlungen. Die rechten Antidemokraten, von den Monarchisten bis zu den Faschisten, sind 1945 zur Hölle gefahren, die linken 1989 zu Staub zerfallen, als über Leipzig die Freiheitssonne aufging.«[4]

»*Die* Republik hat gesiegt«. Genau! Als habe es nie eine zweite gegeben.

Nein, die Geschichte endete weder mit dem Untergang eines bestimmten Sozialismusmodells noch mit dem Verschwinden eines deutschen Staates und der Tatsache, dass dieser von einem anderen übernommen wurde. Wohin die Geschichte noch führt, weiß niemand. »Die Republik hat gesiegt. Ihre Geschichte, die Geschichte ihres langen Kampfes aber wird öffentlich missachtet. Das ist rätselhaft. Das ist schade, vor allem für die Zukunft. Denn ob es ein Sieg für immer ist, ›steht‹, mit Marie Luise Kaschnitz[5] zu sprechen, ›noch dahin‹. Wir wollen es hoffen, wissen aber auch, dass die menschliche Dummheit die einzige Ressource auf Erden bleibt, die wahrhaft unerschöpflich ist.«[6]

Da irren die Schreiber in Hamburg gewiss nicht. Mit dieser »Ressource« Dummheit müssen wir uns weiter auseinandersetzen. Dabei ist Wissen, sind Fakten unverzichtbar. Wilhelm von Humboldt war der Auffassung, die Geschichtsschreibung bewirke höchste Menschlichkeit durch das tiefste Studium des Menschen. »Wie die Philosophie nach dem ersten Grunde der Dinge, die Kunst nach dem Ideale der Schönheit, so strebt die Geschichte nach dem Bilde des Menschenschicksals in treuer Wahrheit, lebendiger Fülle und reiner Klarheit.« Nun ja, die Geschichtsdarstellung folgt heute eher Napoleons Prinzip, dem der Satz zugeschrieben wird, dass die Geschichte die Summe der Lügen sei, auf die sich die Herrschenden geeinigt hätten.[7] Dabei wird wahlweise »die Herrschenden« durch unverbindliche Charakterisierungen ersetzt: »die Menschen« oder einfach »man«.

Also die Verfassungsgeschichte.

Anhand ausgewählter Beispiele werde ich Texte der DDR-Verfassungen sowie des Grundgesetzes für die BRD und ihre Interpretationen und die politische Realität schwerpunktmäßig untersuchen und vergleichen. »Das Nebeneinander von Positivem und Negativem ist nicht aufzuhellen, wenn es nicht auf die grundlegenden Gesetzmäßigkeiten und Widersprüche des gegebenen historischen Geschehens bezogen wird«, meinte der Philosoph Erich Hahn 1999.[8] »Fehlentwicklungen und Errungenschaften stehen nicht in einem äußerlichen, mechanischen Verhältnis zueinander. Sie sind nur als Momente der komplexen widersprüchlichen Entwicklung einer konkreten historischen Totalität zu begreifen. Das meint zum einen wahrzuhaben, dass gesellschaftliche Systeme eine historische Identität aufweisen, die sich aus dem Charakter der gegebenen Produktionsverhältnisse ergibt. Und zum anderen, dass die Realisierung, Ausprägung, Fortentwicklung und Reproduktion des Systems sich in einem widerspruchsvollen Prozess vollzieht.«[9]

In diesem philosophischen Sinne will ich einige Verfassungsprobleme beider deutschen Staaten erhellen.

Im Vordergrund steht die Verfassungsentwicklung in der DDR. Ich sehe sie historisch-juristisch. Mir ist bewusst, dass zwischen der Verfassung als Rahmen und dem Wesen der sozialistischen Gesellschaft in der DDR Entwicklungswidersprüche wirksam wurden, deren Lösung immer im Kampf und der Einheit von Gegensätzen bestand. Der dialektische Widerspruch ist allen Dingen und Erscheinungen, wozu zweifellos die Verfassung und die sozialistische Gesellschaft und sein Staat gehörten, eigen. Ein Verdammen des Sozialismus per se und die Betonung der negativen Erscheinungen lehne ich ab.

Das ist verknüpft mit dem Versuch, sowohl Kritisches als auch Bewahrenswertes zu sehen, nur diese Einheit erlaubt einen differenzierten Umgang mit den sozialistischen und nichtsozialistischen Zügen der DDR auch aus verfassungsrechtlicher Sicht. Erst auf diese Art und Weise ist ein grundsätzliches Bekenntnis zu diesem Staat DDR möglich.[10]

Die Fehler, Irrtümer und Strukturdefizite einschließlich der Verfassungsdefizite, nicht nur des frühen Sozialismus, sollen keineswegs bagatellisiert werden. Einen besonderen Schwerpunkt bilden hierbei Gesichtspunkte, die die Sicherheit des Staates betreffen. Das manifestiert sich insbesondere im Ministerium für Staatssicherheit (MfS) der DDR und dem Verfassungsschutz (VS) der BRD.

Ich stimme mit Klaus-Dietmar Henke überein, wenn er in »Revolution und Vereinigung 1989/90. Als in Deutschland die Realität die Phantasie überholte« schreibt, dass es in der BRD auch nach 20 Jahren noch nicht Allgemeingut geworden ist, dass es die Einheit Deutschlands nicht gegeben hätte »ohne eine demokratische DDR [...] und keine demokratische DDR ohne den Aufbruch der Menschen in Ostdeutschland zur Demokratie«.[11] Deshalb stelle ich in den Mittelpunkt meiner Darlegungen ausgewählte Probleme der DDR-Verfassungen von 1949, 1968 und 1974 und der Verfassungsgrundsätze vor allem im ignorierten Jahr 1989/90. Denn wie hätten denn die Veränderungen friedlich und überhaupt stattfinden können, wenn nicht hier ein Staatsvolk herangewachsen wäre ohne jegliches demokratisches Grundverständnis? Kamen Erzdemokraten wie Angela Merkel nicht aus der FDJ und keineswegs vom Mond? Fiel Pfarrer Joachim Gauck doch nicht vom Himmel, sondern aus dem Theologieseminar in der DDR? Lernte Stanislaw Tillich den aufrechten Gang nicht schon im Rat des Kreises zu Kamenz und nicht erst in der Dresdner Staatskanzlei? Da wird man noch fragen dürfen und müssen, inwieweit es Regeln, Gesetze und Umgangsformen in diesem Lande gab, die solch prächtige Stützen der heutigen Gesellschaft formten.

Fast zwei Jahrzehnte nach Anschluss der DDR an die BRD ist es Zeit, Erfahrungen, Werte und Lehren des Sozialismus zu formulieren. Es geht um konkrete Analysen, wozu auch die positiven und die negative Sichten auf Verfassungsfragen gehören.[12] Der langjährige Bischof Thüringens, Werner Leich, machte darauf aufmerksam, dass es ein Fehler sei, wenn man bei der »Aufarbeitung deutscher Gegenwartsgeschichte« nur »Aufarbeitungsbedarf« bei der DDR sähe.[13]

Das war Grundfehler etwa der Enquete-Kommissionen des Bundestages 1992 bis 1998 zur »Aufarbeitung von Geschichte und Folgen der SED-Diktatur in Deutschland« und »Überwindung der Folgen der SED-Diktatur im Prozess der deutschen Einheit«.[14] Wenn der Vorsitzende dieser Kommission feststellte, »die schönste und herausforderndste Phase« in seinem »bisherigen Leben war das langsame Sterben der DDR«[15], so muss man dieser politischen Nekrophilie widersprechen, was das Mitglied der Kommission Dietmar Keller auch in einem Minderheitenvotum tat. »Nicht wenige Menschen vieler Generationen sahen im Sozialismus eine Hoffnung der Menschheit und verbanden ihr Leben und ihr Schicksal mit ihm. Sie arbeiteten für eine soziale Demokratie, für eine neue, demokratische deutsche Republik, weil sie an den Fortschritt und den Sozialismus glaubten.«[16] Zwischen diesen Positionen liegt auch die Verfassungsgeschichte der beiden deutschen Staaten. Auch deshalb ist es erforderlich, Probleme des Grundgesetzes für die BRD und seiner Fortentwicklung besonders nach dem Anschluss der DDR zu betrachten.

Zweifellos ging in die Staatsordnung der BRD über das Grundgesetz vieles ein, was das deutsche Volk – der Souverän – bereits auf den Barrikaden Berlins im März 1848 forderte und teilweise in den Verfassungen des Deutschen Reiches vom 16. April 1871 und vom 11. August 1919 eingeschrieben hatte.

Dazu gehörte die Konstituierung der Deutschen Nationalversammlung am 18. Mai 1848 mit ihren Verfassungsdebatten, an denen das Volk stark Anteil nahm. Es erwartete, »sie werde alle strittigen Fragen lösen und als höchste gesetzgebende Gewalt des ganzen Deutschen Bundes tätig sein«.[17]

Zwar wurden zahlreiche Vorschläge zu einem Katalog bürgerlicher »Grundrechte des deutschen Volkes« und zum Wahlsystem abgelehnt, trotzdem flossen in das Gesetz über die Grundrechte und in Verfassungsbestimmungen zahlreiche Normen ein, die die Verfassungen der Einzelstaaten weit überragten. Dazu gehörten Aussagen wie diese:

• »Die Strafe des bürgerlichen Todes soll nicht stattfinden (Artikel I. § 135).

• Vor dem Gesetze gilt kein Unterschied der Stände. Der Adel als Stand ist aufgehoben. Alle Standesvorrechte sind abgeschafft. Die Deutschen sind vor dem Gesetz gleich. Die Wehrpflicht ist für alle gleich (Artikel II. § 137).

• Die Freiheit der Person ist unverletzlich. Im Falle einer widerrechtlich verfügten oder verlängerten Gefangenschaft ist der Schuldige, und nöthigenfalls der Staat dem Verletzten zur Genugthuung und Entschädigung verpflichtet (Artikel III. § 138).

• Die Todesstrafe so wie die Strafen des Prangers, der Brandmarkung und der körperlichen Züchtigung, sind abgeschafft (Artikel III. §. 139.).

• Die Wohnung ist unverletzlich (Artikel III. § 140).

• Das Briefgeheimnis ist gewährleistet (Artikel III. § 142).

- Jeder Deutsche hat das Recht, durch Wort, Schrift, Druck und bildliche Darstellung seine Meinung frei zu äußern (Artikel VI. § 143).
- Jeder Deutsche hat volle Glaubens- und Gewissensfreiheit. Niemand ist verpflichtet, seine religiöse Ueberzeugung zu offenbaren (Artikel V. § 144).
- Jede Religionsgesellschaft ordnet und verwaltet ihre Angelegenheiten selbstständig, bleibt aber den allgemeinen Staatsgesetzen unterworfen. Keine Religionsgesellschaft genießt vor anderen Vorrechte durch den Staat; es besteht fernerhin keine Staatskirche (Artikel V. § 147).
- Wissenschaft und ihre Lehre ist frei (Artikel VI. § 152).
- Das Unterrichts- und Erziehungswesen steht unter der Oberaufsicht des Staats, und ist, abgesehen vom Religionsunterricht, der Beaufsichtigung der Geistlichkeit als solcher enthoben ((Artikel V. § 153).
- Es steht Jedem frei, seinen Beruf zu wählen und sich für denselben auszubilden, wie und wo er will (Artikel VI. § 158).
- Jeder Deutsche hat das Recht, sich mit Bitten und Beschwerden schriftlich an die Behörden, an die Volksvertretungen und an den Reichstag zu wenden. Dieses Recht kann sowohl von Einzelnen als auch von Corporationen und von Mehreren im Vereine ausgeübt werden; beim Heer und der Kriegsflotte jedoch nur in der Weise, wie es die Diciplinarvorschriften bestimmen (Artikel VII. § 159).
- Die Deutschen haben das Recht, sich friedlich und ohne Waffen zu versammeln und Vereine zu bilden (Artikel VIII. §.161. §. 162).
- Das Eigenthum ist unverletzlich (Artikel IX. § 164.).
- Jeder Unterthänigkeits- und Hörigkeitsverband hört für immer auf (Artikel IX. § 166.).
- Alle Gerichtsbarkeit geht vom Staate aus (Artikel X. § 174).«[18]

Auch hier galt jedoch, was den meisten deutschen Verfassungen nachgesagt wird: Verfassungsanspruch und Verfassungswirklichkeiten lagen weit auseinander. »Die tatsächlichen Verfassungszustände lagen gerade in Deutschland zumeist beträchtlich unter dem, was in der Verfassung geschrieben stand. Die Kluft zwischen Verfassung und Verfassungswirklichkeit war stets sehr groß«[19], urteilten Schönenburg und Gruhl 1994. Ob diese Feststellung auch auf die DDR-Verfassungen zutraf, soll nachfolgend überprüft werden.

Hermann Klenner zieht den Schluss, wenn sich die Staatssouveränität aus der Volkssouveränität ergäbe, dann wären »nicht die Regierenden, sondern die Regierten [...] die Herrschenden [...], dann kommt man nicht umhin, Demokratie als eine auf die Vergesellschaftung der politischen Macht zielende Staatsform zu begreifen.

Welche Gründe aber, die für die Vergesellschaftung der politischen Macht sprechen, sprechen eigentlich *gegen* eine Vergesellschaftung auch der wirtschaftlichen und der medialen Macht?«[20]

Eigentlich keine.

Anmerkungen

1 *www.bundesregierung.de/Webs/Breg/DE/GrundgesetzGesetze/Informationen-ueberdasGrundgesetz/informationen-ueber-das-grundgesetz.html*

2 Der Berliner Jurist Götz Dieckmann sprach auf einer Festveranstaltung anlässlich des 60. Jahrestages der Gründung der SED am 22. April 2006 davon, »die Deutungshoheit auch über die Schwachstellen der Verfassungs-Geschichte ist nicht der bürgerfeindlichen, machtbesessenen und antikommunistischen Gegenseite zu überlassen«.

3 *www.bpb.de/themen/AAWX7W,0,Warum_Deutschlands_Verfassung_Grundgesetz_hei%DFt.html*

4 *Die Zeit*, 19. Mai 2009

5 Marie Luise Kaschnitz (1901-1974), eigentlich Marie Luise Freifrau von Kaschnitz-Weinberg; geborene von Holzing-Berstett, Lyrikerin und Autorin von Erzählungen

6 *Die Zeit*, 19. Mai 2009

7 Nur: Merkwürdigerweise taucht der Satz in keinem schriftlichen Zeugnis von Napoleon Bonaparte auf.

8 Hahn 2009, S. 20.

9 a. a. O., S. 38.

10 Vgl. Fünf Überlegungen 2007 Ziffer 5.

11 Henke, Klaus-Dietmar (Hrsg.): Revolution und Vereinigung 1989/90. Als in Deutschland die Realität die Phantasie überholte. München 2009..

12 Ebenda.

13 Leich 1997, S. 112.

14 Die Materialien der Enquete-Kommission der 12. Wahlperiode des Deutschen Bundestages umfassen neun Bände in 18 Teilbänden (insgesamt etwa 3050 Seiten).

15 Eppelmann/Keller (2000), S. 15.

16 a. a. O., S. 117.

17 Engels, Revolution und Konterrevolution in Deutschland. In: MEW 8, S 45.

18 Reichs-Gesetz-Blatt, 1849 16tes Stück, S. 101-136. Schreibweise und Interpunktion im Original.

19 Vgl. Schönenburg/Gruhl 1994, S. 7.

20 Hermann Klenner in: Klartexte. Beiträge zur Geschichtsdebatte, edition ost, Berlin 2009, Seite 13.

Die 49er Verfassung der DDR und das Grundgesetz für die BRD

Generell gilt: Der Ursprung deutscher Verfassungen liegt im Kampf des aufstrebenden Bürgertums um eine demokratische Rechtsordnung gegen absolutistische Herrschaft und feudale Willkür. Es entstanden in anderthalb Jahrhunderten mehrere Verfassungen, die ich nicht weiter betrachten werde. Dazu zählen die Verfassungen der deutschen Klein- und Mittelstaaten zwischen den Befreiungskriegen und der bürgerlich-demokratischen Revolution (1816 bis 1831), die Paulskirchenverfassung von 1849, die Verfassung Preußens 1850, die Verfassung des Deutschen Reiches von 1871, der Weimarer Reichsverfassung von 1919 und verfassungsaufhebende gesetzlichen Bestimmungen des nazi-faschistischen deutschen Staates zwischen 1933 und 1945. Sie bleiben weitgehend unberücksichtigt.

Ebenso die Länder-Verfassungen in der sowjetischen und den westlichen Besatzungszonen 1946/47, die Verfassung von Westberlin (1950), verbunden mit der Anordnung der Alliierten vom 29. August 1950.

Das Verfassungsrecht begründet immer Rechtsverhältnisse höchsten Ranges. Für die Annahme oder Änderungen jeglicher Art gab und gibt es stets eine vorgeschriebene Prozedur, die in der Regel darin besteht, eine qualifizierte Mehrheit in der obersten Volksvertretung zu erzielen oder mit der Einberufung einer verfassungsgebenden Versammlung bzw. durch ein Referendum des Volkes (der stimmberechtigten Bürger) diese Neufassungen oder Änderungen zu beschließen und anzunehmen.

Die Führung der SED verbreitete Ende 1946 den Entwurf einer Verfassung[1], dessen Eingangssatz lautete: »Zur Förderung der Einheit und der Demokratisierung Deutschlands veröffentlichte der Parteivorstand der SED am 22. September 1946 die Grundrechte des deutschen Volkes.« Damit ergriff die Partei die Initiative für eine Verfassungsdiskussion in ganz Deutschland. Sie schickte an Tausende Politiker in allen Zonen das Papier, an Rechtswissenschaftler, Publizisten, Juristen und andere Personen, die sich mit Verfassungsfragen in der Vergangenheit sachkundig beschäftigt hatten und ersuchten sie um Stellungnahmen, Vorschläge und Hinweise.

Ein Exemplar ging auch an Konrad Adenauer, dem CDU-Fraktionsvorsitzenden im Landtag von Nordrhein-Westfalen und ehemaligen Kölner Oberbürgermeister.

Seine Antwort vom 13. Januar 1947 richtete er an das Zentralsekretariat der SED in Berlin, an die Herren Pieck und Grotewohl: »Für die Übersendung Ihres Verfassungsentwurfes danke ich Ihnen. Die programmatische Stellungnahme unserer Partei zu den wichtigsten Verfassungsfragen ist ihnen bekannt. Ihr Entwurf ist inzwischen bereits in unserer Presse diskutiert worden. Ich begrüße mit Ihnen eine solche Diskussion.

Die Aufmachung Ihres Entwurfes mit dem breiten Notizrand ist sehr zweckmäßig.

Mit vorzüglicher Hochachtung

(Adenauer)«[2]

Mit Blick auf die aktuelle Entwicklung in den Besatzungszonen und die wachsenden Differenzen zwischen den Großmächten hieß es in einem Aufruf dazu: »Das deutsche Volk kann nicht leben ohne die Wiederherstellung der Einheit Deutschlands. […] Mit jedem Tage wächst die Gefahr einer versteckten und offenen Propaganda, die Deutschland in ein östliches und westliches Gebiet zerreißen will. […] Angesichts dieser Gefahren für eine friedliche und demokratische Entwicklung Deutschlands schlägt« die SED »allen antifaschistischen und demokratischen Parteien und Organisationen einen offenen Meinungsaustausch über den Weg zur Schaffung eines einigen demokratischen Deutschlands vor.« Der Aufruf endete mit: »Alles durch das Volk! – Alles für das Volk – Des Volkes Wille sei oberstes Gesetz!«[3]

Der Kalte Krieg nahm in der Folgezeit an Schärfe zu. Im Mai 1948 führten die Westmächte in ihren Besatzungszonen eine neue Währung ein. Die Sowjetische Besatzungsmacht sah sich daraufhin gezwungen, in ihrer Zone ebenfalls die bis dahin gültige Reichsmark aus dem Verkehr zu ziehen und durch eine neue Währung zu ersetzen. Das war der entscheidende Schritt zur Spaltung Deutschlands. Gleichwohl setzten demokratische Kräfte in Ost und West ihre Bemühungen fort, Deutschland als Ganzes zu erhalten.

Zu diesem Zweck war Ende 1947 eine Volkskongressbewegung als deutschlandpolitisches Forum entstanden. Am 6./7. Dezember fand in Berlin der 1. Deutsche Volkskongress für Einheit und gerechten Frieden statt, dazu kamen Delegierte aus Parteien und Massenorganisationen sowie Persönlichkeiten aus allen Besatzungszonen. Der 2. Deutsche Volkskongress tagte am 17./18. März 1948, am 100. Jahrestag der Revolution 1848/1849. Er wählte einen ersten Deutschen Volksrat. Der 3. Kongress kam am 29./30. Mai 1949 zusammen. Er nahm den Entwurf der Verfassung, den der Verfassungsausschuss des Volksrates erarbeitet hatte, mit einer Gegenstimme an, und wählte den zweiten Deutschen Volksrat. Dieser konstituierte sich – mit Blick auf die Bildung einer Bundesrepublik Deutschland in den Westzonen – am 7. Oktober 1949 als Provisorische Volkskammer und rief die Deutsche Demokratische Republik aus.

Die im Mai 1949 vom Volkskongress beschlossene Verfassung fußte auf jenem Entwurf, der in der Nachkriegszeit diskutiert worden war. Zahlreiche Staatsrechtler und

Sachverständige hatten im Verlaufe eines Jahres an diesem Papier gearbeitet. Im Zuge der Ausarbeitung war der Entwurf verschiedentlich sowohl dem Volksrat wie auch der Öffentlichkeit zur Diskussion unterbreitet worden.

Diese vom 3. Deutschen Volkskongress angenommene Verfassung wurde durch Gesetz der Provisorischen Volkskammer am 7. Oktober 1949 in Kraft gesetzt. Unterzeichnet wurde sie vom Präsidenten der Provisorischen Volkskammer der DDR, Johannes Dieckmann.[4]

Die zweite Fassung des Entwurfs war als endgültige Fassung auf der 6. Sitzung des Deutschen Volksrates am 19. März 1949 mit dem Hinweis angenommen worden, dass seine Bestätigung durch den 3. Volkskongress erfolge.[5]

Mit dieser Verfassung wurde versucht, dem ganzen deutschen Volk den Weg zu einer deutschen Republik »aufzuzeigen und mit allen Deutschen eine Verständigung zu suchen und auf dieser Grundlage weiterzuarbeiten«.[6] Diese 49er DDR-Verfassung ging davon aus, für Gesamtdeutschland Gültigkeit zu besitzen. Formulierungen wie »Deutschland ist eine unteilbare demokratische Republik, [...] es gibt nur eine deutsche Staatsangehörigkeit« belegen das eindeutig.

Die 49er Verfassung wurde durch Gesetz vom 26. September 1955 ergänzt.[7] Grund war die notwendig gewordene Bildung einer Nationalen Volksarmee und, als Reaktion auf die Einbindung der BRD in die NATO, der Beitritt der DDR zum Warschauer Vertrag, dem östlichen Bündnissystem. Der Artikel 5 lautete nunmehr: »Der Dienst zum Schutze des Vaterlandes und der Errungenschaften der Werktätigen ist eine ehrenvolle Pflicht der Bürger der Deutschen Demokratischen Republik.«

Artikel 112 wurde ergänzt durch: »Der Republik obliegt die Gesetzgebung über den militärischen Schutz der Heimat und über den Schutz der Zivilbevölkerung.«

Die Organisation des militärischen Dienstes wurde durch Beschluss des Ministerrates geregelt.

Ein wenig bekanntes Indiz für das Streben der DDR nach der Einheit Deutschlands ist die Erklärung bei Unterzeichnung des Warschauer Vertrages am 14. Mai 1955. Die Regierung der DDR ging davon aus, »dass das wiedervereinigte Deutschland von der Verpflichtung frei sein wird, die ein Teil Deutschlands in militärisch-politischen Verträgen und Abkommen, die vor der Wiedervereinigung abgeschlossen wurden, eingegangen ist.«[8]

Eine ähnlich lautende Erklärung der Bundesregierung etwa beim Beitritt zum Nordatlantikpakt (NATO) oder zur Schlussakte der Neunmächtekonferenz am 3. Oktober 1954 ist nicht bekannt. Die BRD verpflichtete sich stattdessen, »die Wiedervereinigung Deutschlands oder die Änderung der gegenwärtigen Grenzen der Bundesrepublik Deutschland niemals mit gewaltsamen Mitteln herbeizuführen und alle zwischen der Bundesrepublik und anderen Staaten gegebenenfalls entstehenden Streitigkeiten mit friedlichen Mitteln zu lösen.«[9]

Niemand kann beweisen, dass die deutsche Teilung hätte verhindert werden können.

Es ist aber auch nicht zu beweisen, dass sie zwangsläufig war. »Und es bleibt dabei, dass die Entscheidung für den Weststaat, also für die Abschreibung der Ostzone und für die Teilung Deutschlands, eine westalliierte bzw. westdeutsche war, die spätestens 1947 getroffen wurde« erklärte 1994 der PDS-Bundestagsabgeordnete Dietmar Keller in seinem Minderheitenvotum zum Bericht der Enquete-Kommission des Deutschen Bundestages »Aufarbeitung von Geschichte und Folgen der SED-Diktatur in Deutschland«. »Die Angebote der UdSSR und die Initiativen der SED, der Volkskongressbewegung und später der DDR sind niemals ernsthaft getestet, sondern regelmäßig abgeblockt worden. Für Stalin hatte eine gesamtdeutsche Regelung der deutschen Frage zeitweise oberste Priorität. Dies ist inzwischen mit beweiskräftigen neuen Quellen untermauert worden. In der BRD hingegen wurden Anfang der

50er Jahre zum Teil sogar Bemühungen um die deutsche Einheit und Proteste gegen die Remilitarisierung strafrechtlich verfolgt.«[10]

Der Eingangssatz des Grundgesetzes für die Bundesrepublik Deutschland lautete: »Der Parlamentarische Rat hat am 23. Mai 1949 in Bonn am Rhein in öffentlicher Sitzung festgestellt, dass das am 8. Mai des Jahres 1949 vom Parlamentarischen Rat beschlossene Grundgesetz für die Bundesrepublik Deutschland in der Woche vom 16. bis 22. Mai 1949 durch die Volksvertretungen von mehr als Zweidritteln der beteiligten Länder angenommen worden ist. Auf Grund dieser Feststellung hat der Parlamentarische Rat, vertreten durch seine Präsidenten, das Grundgesetz ausgefertigt und verkündet. Das Grundgesetz wird hiermit gemäß Artikel 145 Absatz 3 im Bundesgesetzblatt veröffentlicht.«

Diese als »Ausfertigungs- und Verkündungsklausel« bezeichnete Vorbemerkung beurkundete die geschichtlichen Vorgänge in der Schlusssitzung des Parlamentarischen Rates am 23. Mai 1949. Das Grundgesetz für die BRD wurde mit 53 gegen 12 Stimmen angenommen.[11] Die Ministerpräsidenten und Landtagspräsidenten bekundeten durch ihre Unterschrift, dass das Grundgesetz für die BRD in dieser Fassung »in mehr als zwei Dritteln der elf Länder der drei Zonen angenommen« wurde.[12]

Der parlamentarische Rat hatte 65 stimmberechtigte Mitglieder. Fünf Berliner Vertreter besaßen nur beratende Stimme.

Im Zusammenhang mit der Verabschiedung gab der Präsident des Parlamentarischen Rates, Dr. Konrad Adenauer (CDU), folgende Erklärung ab: »Auf Grund der Beschlüsse der Londoner Konferenz von 1948 ist das Grundgesetz den Militärgouverneuren der drei westlichen Besatzungszonen vorgelegt und von diesen am 12. Mai des Jahres 1949 zur Ratifizierung durch die Landtage genehmigt worden.

Der Landtag des Landes Baden hat mit Beschluss vom 18. Mai das Grundgesetz angenommen.

Der Landtag des Landes Bayern hat mit Beschluss vom 20. Mai das Grundgesetz abgelehnt.

Die Bürgerschaft von Bremen und Hamburg, die Landtage von Hessen, Niedersachsen, Nordrhein-Westfalen, Rheinland-Pfalz, Schleswig-Holstein, Württemberg-Baden und Württemberg-Hohenzollern haben in der Zeit vom 18. bis 21. Mai 1949 durch Beschlüsse das Grundgesetz angenommen.«[13]

Die Ablehnung des Grundgesetzes im Bayerischen Landtag war mit 101 gegen 64 Stimmen bei 9 Enthaltungen erfolgt. Gleichzeitig wurde jedoch die Zugehörigkeit Bayerns zur Bundesrepublik mit 97 gegen sechs Stimmen bei 70 Enthaltungen und die Geltung des Grundgesetzes im Lande bestätigt.

Gemäß Artikel 145 Absatz 2 trat das Grundgesetz mit Ablauf des 23. Mai 1949, dem Tage seiner Verkündung, in Kraft.

Für den größten Teil des Grundgesetzes war sein Inkrafttreten zunächst ohne Bedeutung, weil die Staatsorgane (Parlament, Regierung mit Ministerien, Bundespräsident) erst durch Wahlen am 15. Juni 1949 bzw. am 14. August 1949 zu bilden waren. Am 7. September 1949 erfolgte die Konstituierung des ersten Bundestages. Am 12. September 1949 wählte die erste Bundesversammlung den Bundespräsidenten Heuss. »Mit dem 20. September 1949 kann die Bildung der maßgeblichen Bundesorgane als abgeschlossen gelten; von diesem Tage datiert das Bestehen der Bundesrepublik Deutschland.

Mit der Konstituierung der maßgeblichen Bundesorgane war die Voraussetzung für die praktische Anwendbarkeit sämtlicher Vorschriften des Grundgesetzes erfüllt.«[14] Die Bezeichnung »Grundgesetz« sollte vor allem das Provisorische, den zeitlich und räumlich vorläufigen Charakter betonen. Aus diesem Grunde wurde von seinen Schöpfern bewusst auf den Begriff »Verfassung« verzichtet. Zwischen der Bezeichnung des westdeutschen Staatswesens als »Staatsfragment« (Carlo Schmid, SPD) und eines Staates mit einer »extrem verfassungsstaatlichen Vollverfassung« (Klein) gingen und gehen die Meinungen bis in die Gegenwart, zwar differenzierter, auseinander.

»Auf jeden Fall aber müsse, was immer wir schaffen (*die Ministerpräsidenten der drei Westzonen im Juli 1948 – K. E.*) den Charakter eines Provisoriums haben, das nur so lange in Geltung bleiben solle, als nicht das ganze Volk die Möglichkeit habe, gemeinsam den Staat aller Deutschen zu errichten. Heute können wir kein endgültiges Deutsches Haus bauen, sondern nur ein Notdach, das uns für die Zeit des Übergangs Schutz gewährt«, zitiert Hermann Mangoldt 1957 den Sozialdemokraten Carlo Schmid, der fortfährt: Nach lebhafter Diskussion stimmten die Ministerpräsidenten »meinen Überlegungen weitgehend zu, wonach nicht die Verfassung für einen Staat in Westdeutschland geschaffen werden dürfe, sondern lediglich ein Organisationsstatut für ein die drei Zonen umfassendes Verwaltungsgebiet Westdeutschland. Dieses Organisationsstatut solle den Namen *Grundgesetz* erhalten und nicht von einer *Verfassungsgebenden Versammlung* beschlossen werden, sondern von einem von den Landtagen der Länder zu beschickenden *Parlamentarischen Rat.*«[15]

An anderer Stelle wird hervorgehoben, dass es sich beim »Grundgesetz für ein Staatsfragment und einen Übergangszustand, also um ein Provisorium« handelte.

Für eine Staatsverfassung fehle es an einer (west)deutschen Staatsnation. »Wer diese Fiktion aufstelle, bereite den Boden für einen anderen deutschen Staat im Osten Deutschlands, in dessen Bevölkerung sich im Laufe der Zeit ein eigenes Staatsgefühl bilden könne. Dieser Gefahr entgingen wir am zuverlässigsten, wenn wir begriffen, dass die faktische Verfassung Deutschlands das geschriebene oder ungeschriebene Besatzungsrecht bis zur Herstellung der Einheit Deutschlands in Freiheit sein wird.«[16]

Das Grundgesetz für die BRD umschrieb die Fiktion der Einheit Deutschlands, indem es dort heißt, man sei »von dem Willen beseelt, seine nationale und staatliche Einheit zu wahren«; »es hat auch für jene Deutschen gehandelt, denen mitzuwirken versagt war«; »das gesamte deutsche Volk bleibt aufgefordert, in freier Selbstbestimmung die Einheit und Freiheit Deutschlands zu vollenden« (Präambel).

Dieses Grundgesetz »gilt zunächst« in den Ländern der BRD und mit Vorbehalt der westlichen Militärgouverneure auch für Groß-Berlin (Artikel 23).

»Deutscher im Sinne dieses Grundgesetzes ist [...], wer die deutsche Staatsangehörigkeit besitzt [...] in dem Gebiet des Deutschen Reiches nach dem Stande vom 31. Dezember 1937 Aufnahme gefunden hat.«[17]

Dieses Grundgesetz vom 23. Mai 1949 »verliert seine Gültigkeit an dem Tage, an dem eine Verfassung in Kraft tritt, die von dem deutschen Volke in freier Entscheidung beschlossen worden ist.«[18]

Nach Beitritt der DDR gemäß Artikel 23 (alt) GG erhielt der Artikel 146 (Geltungsdauer des Grundgesetzes) folgende Fassung: »Dieses Grundgesetz, das nach Vollendung der Einheit Deutschlands für das gesamte deutsche Volk gilt, verliert seine Gültigkeit an dem Tage, an dem eine Verfassung in Kraft tritt, die von dem deutschen Volke in freier Entscheidung beschlossen worden ist.«[19]

Anmerkungen

1 Entwurf einer Verfassung 1951.
2 Zitiert bei Laufer 1998, S. 34.
3 Grundrechte des deutschen Volkes 1951, S. 91f.
4 Vgl. Artikel 144, Absatz 2.
5 Vgl. Grotewohl 1954, S. 438f.

6 a. a. O., S. 441.
7 GBl. I Nr. 82, S. 653.
8 Friedrich Berber: Völkerrecht. Dokumentensammlung Band I Friedensrecht, München/Berlin 1997, S. 815.
9 a. a. O., S. 774.
10 Keller 1994, S. 16.
11 Vgl. Stenographischer Bericht, S. 271.
12 Ebenda.
13 Vgl. von Mangoldt 1957, S. 22.
14 Ebenda. S. 3.
15 Vgl. a. a. O., S. 23f.
16 Schmid 1979, S. 329.
17 Ebenda. S. 360.
18 Artikel 116 Absatz 1 GG für die BRD.
19 Artikel 146, Stand: 23. Mai 1949.

Die 68er Verfassung und die Staatlichkeit auch der DDR

An der Staatlichkeit der BRD gab es, wenn man von politisch-polemischen Äußerungen während des Kalten Krieges absieht[1], in der DDR nie ernsthafte Zweifel. Sie wurde auch von Kanzler Willy Brandt in der Umkehrung benutzt, als er von zwei Staaten in Deutschland sprach. Mit dieser eleganten Formulierung beendete er einerseits den (west)deutschen Alleinvertretungsanspruch, und andererseits bescheinigte er »dem Gebilde«, der »Zone«, »Pankoff« und was man sonst für Begrifflichkeiten fand, um nicht DDR sagen zu müssen, ein Staat und mithin Völkerrechtssubjekt zu sein, das auch eine Verfassung besaß.

Die 68er Verfassung der DDR wurde mit einem Volksentscheid am 6. April 1968 angenommen. »Dem Volksentscheid unterliegt der Entwurf, der nach den Ergebnissen der Volksaussprache überarbeitet und von der Volkskammer am 26. März 1968 bestätigt wurde.«[2]

Dem Volksentscheid war eine lange öffentliche Diskussion vorausgegangen, wobei Anregungen und Vorschläge durchaus aufgenommen und verarbeitet wurden. Am Volksentscheid konnten 12.208.986 stimmberechtigte DDR-Bürger teilnehmen, wovon 11.970.889 auch Gebrauch machten. Von den abgegebenen Stimmen waren 11.946.536 gültig, was 96,24 Prozent entsprach. 24.353 Stimmen waren ungültig. 11.536.803 Wahlberechtigte votierten mit Ja, was 94,49 Prozent bedeutete, 409.733 stimmten mit Nein. Spitzenreiter bei den Nein-Sagern war Berlin mit über 46.000 Gegenstimmen, d. h. in der DDR-Hauptstadt betrug die Zustimmung »nur« 90 Prozent, was aber immer noch eine Mehrheit war.

Die *Süddeutsche Zeitung* hatte am Tag vor dem Volksentscheid zum Boykott aufgerufen. Die DDR-Bürger sollten der Abstimmung fernbleiben, weil angeblich nur Ja-Stimmen gezählt werden würden. Das war reichlich albern, weil die Münchner Zeitung ohnehin nicht in der DDR zu haben war. Als aber von den Medien der DDR auch die Nein-Stimmen publiziert wurden, schwenkte die Zeitung um und meldete an exponierter Stelle: »400.000 gegen die Verfassung«. Der Kalte Krieg warf selbst auf dieses Thema seinen Schatten.

Artikel 1 der Verfassung bestimmte, dass die DDR ein sozialistischer Staat deutscher Nation sei. »Sie ist die politische Organisation der Werktätigen in Stadt und Land, die gemeinsam unter Führung der Arbeiterklasse und ihrer marxistisch-leninistischen Partei den Sozialismus verwirklichen.« Diese Verfassung wurde durch ein Gesetz »zur Ergänzung und Änderung der Verfassung vom 7. Oktober 1974«[3] geändert. Artikel 108 der 68er Verfassung lautete: »Die Verfassung kann nur von der Volkskammer der Deutschen Demokratischen Republik durch Gesetz geändert werden, das den Wortlaut der Verfassung ausdrücklich ändert oder ergänzt. Die durch Volksentscheid am sechsten April neunzehnhundertachtundsechzig beschlossene Verfassung der Deutschen Demokratischen Republik wird hiermit verkündet.«

Die Bedeutung dieses Artikels 108 lag darin, dass eine Änderung der Verfassung nur dann Rechtskraft erhielt, wenn der Beschluss der Volkskammer auch durch einen Volksentscheid bestätigt wurde. Hier liegt eine Parallele zu Artikel 79 Absatz 1 Satz 1 des Grundgesetzes für die BRD (Änderung des Grundgesetzes) vor.[4]

Der nunmehr neue Artikel 106 der 74er DDR-Verfassung hatte zwar den gleichen Wortlaut wie Artikel 108 der 68er Verfassung. Gestrichen worden war aber der zweite Satz. Damit fehlte jeglicher Bezug zum Volksentscheid, mit dem die 68er Verfassung angenommen worden war.

Der Grund lag auf der Hand: Jene Verfassung ging nicht nur auf Walter Ulbricht, Erich Honeckers Vorgänger, zurück. Er hatte dieses Dokument zudem vom Volk, nicht allein vom Parlament, legitimieren lassen. Das unterblieb 1974.

Seit ihrer Gründung am 7. Oktober 1949 bis zur Übernahme durch die BRD am 3. Oktober 1990, 0.00 Uhr, verfügte die DDR (auch nach allgemein »bürgerlichem« Verständnis) über alle Eigenschaften (Elemente) eines Staates. Sie hatte:

- Staatsbürgerinnen und Staatsbürger,
- ein Hoheitsgebiet, das alle Landgebiete einschließlich der Gewässer, das Erdinnere und den Luftraum umfasste, das mit Staatsgrenzen abgeschlossen wurde,
- und eine legislative und exekutive Staatsgewalt, die ihre Legitimität mit einer durch Volksentscheid (1968) angenommenen Verfassung begründete.

Diese drei Elemente des Staates DDR waren objektive Realität. Ob in Politik, Rechts- und Geschichtswissenschaft und Medien der alten und neuen BRD versucht wurde und wird, diese Staatlichkeit in Frage zu stellen, änderte nichts an der Staatsqualität dieses deutschen Staates auf »Reichsgebiet«. Ob ignoriert oder als »Sowjetzone«, »Phänomen«, »Gebilde«, »Deutschland (Ost)«, »sogenannte DDR«, »Zone« und nunmehr als »Unrechts-Staat« denunziert: Der Staat war existent und mit diesem schloss der andere deutsche Staat beispielsweise einen Grundlagenvertrag (1972) und dem Einigungsvertrag (1990).

Anmerkungen

1 Ich denke an »Adenauer-Clique«, »Bonner Separatstaat«, »Kriegstreiber«, »Bonner Spaltungspolitik« …

2 Vgl. § 1 Absatz 2 Gesetz, Volksentscheid 1968.

3 Im Folgenden 74er Verfassung (der DDR).

4 Vgl. Mampel 1972, S. 1141.

Die Rolle der Verfassung für die Führung der SED ab 1974

Einige Beispiele sollen den Umgang der Parteiführung mit der Verfassung verdeutlichen. Namentlich unter Erich Honecker, der seinen Vorgänger mit Hilfe Moskaus und unter Hinweis auf dessen angebliche »Alleingänge« gestürzt hatte, nahm die Bevormundung von Parlament und staatlicher Gremien merklich zu. Ulbricht hatte 1963 auf dem VI. Parteitag eine Reform angeschoben (»Neues ökonomisches System der Planung und Leitung«), das u. a. die Stärkung des Staates und seiner Institutionen, mithin die Entwicklung und den Ausbau der demokratischen Strukturen vorsah. Dieser Reformprozess wurde, beginnend mit dem 11. Plenum 1965, jedoch sukzessive gebremst und schließlich mit dem VIII. Parteitag der SED 1971 endgültig gestoppt. Der Sturz Ulbrichts bedeutete nicht nur einen Personalie, sondern auch einen Paradigmenwechsel in der Politik der SED-Führung.

Der Dirigismus des Politbüros gegenüber der Volkskammer offenbarte sich auch darin, wie die sehr grundlegende Änderung der 68er Verfassung am 27. September 1974 in der Volkskammer durchgezogen wurde. Zuvor war sie im Politbüro als endgültig beschlossen und vom Zentralkomitee der Form halber bestätigt worden.

Im Jahre 1968 hatte es eine öffentliche Diskussion und eine Volksabstimmung über den Entwurf der Verfassung gegeben. 1974 bekamen die Abgeordneten den Entwurf des Gesetzes zur Ergänzung und Änderung der Verfassung der DDR als Antrag aller Fraktionen ein oder zwei Stunden vor Beginn der Plenartagung in ihren Fraktionen vorgesetzt, berichtete ein Abgeordneter der Fraktion des Kulturbundes.

Der Antrag enthielt keine Begründung. Eine Diskussion in den Fraktionen und eine Beratung in den Ausschüssen war schon aus Zeitgründen nicht möglich und fand auch im Plenum nicht statt. Nur der Verfassungs- und Rechtsausschuss hatte den Entwurf vorher gesehen. Nach einer kurzen Rede von Erich Honecker, dem Ersten Sekretär des ZK der SED, wurde die Änderungen der 68er Verfassung sodann einstimmig bestätigt.[1] Honecker begründete die »Notwendigkeit der Ergänzung und Änderung der Verfassung« mit dem 25. Jahrestag der Gründung der DDR.[2]

»Herr Präsident!

Verehrte Abgeordnete der Volkskammer!

Mir ist der ehrenvolle Auftrag zuteil geworden, vor der obersten Volksvertretung der DDR den gemeinsamen Antrag aller Fraktionen zum ›Gesetz zur Ergänzung und Änderung der Verfassung der DDR‹ zu begründen. [...]

In der vom VIII. Parteitag der SED vorgezeichneten Richtung legte die DDR eine große Wegstrecke zurück. Als das grundlegende Gesetz unserer Gesellschaft und unseres Staates muss die Verfassung die neuen qualitativen Fortschritte bei der Gestaltung der entwickelten sozialistischen Gesellschaft in unserem Land zum Ausdruck bringen und zugleich dem gesetzmäßigen Vormarsch der DDR in die kommunistische Zukunft Rechnung tragen. Es gilt, bestimmte Seiten unserer Verfassung, die der Wirklichkeit nicht mehr gerecht werden, einer sorgfältigen Prüfung zu unterziehen und sie entsprechend zu ändern. Vor uns steht also die verantwortungsvolle Aufgabe, die Verfassung mit dem Leben, mit dem politischen und sozial-ökonomischen Entwicklungsstand unseres sozialistischen Arbeiter-und-Bauern-Staates, mit der ideologischen Grundhaltung unseres Volkes in Übereinstimmung zu bringen«.[3]

Das erfolge »im Einklang mit den Artikel 63 und 108 der Verfassung, in denen die Fragen von Verfassungsänderungen geregelt sind, der Volkskammer zum Beschluss unterbreitet wird.«[4]

»Sowohl von den inneren als auch den äußeren Bedingungen und Positionen her ist der Sieg der sozialistischen Gesellschaftsordnung in der DDR unwiderruflich und endgültig.«[5]

»Der vorliegende Gesetzentwurf enthält den Vorschlag, die bisherige Präambel der Verfassung durch eine neue zu ersetzen. […] In diesem Zusammenhang ist es zweckmäßig, den Charakter unseres Staates zu präzisieren und in Artikel 1 der Verfassung deutlich zu machen, dass die DDR ein sozialistischer Staat der Arbeiter und Bauern ist. Der neue Text lässt auch klarer hervortreten, dass der Mensch im Mittelpunkt aller Bemühungen der sozialistischen Gesellschaft und des Staates steht, weil bei uns alle politische Macht von den Werktätigen in Stadt und Land ausgeübt wird. Die eindeutige Aussage über den Klassencharakter und das sozialistische Wesen der Staatsmacht der DDR erfordert eine Präzisierung unserer außenpolitischen Grundziele. In Artikel 6 des Ihnen vorliegenden Gesetzentwurfs zur Verfassung findet die vom VIII. Parteitag der SED beschlossene außenpolitische Grundorientierung […] ihren Niederschlag.«[6]

»Wir betrachten es als eine wichtige Ergänzung der Verfassung, in den Artikel 2 sowohl die Charakterisierung der neuen Entwicklungsetappe – die Gestaltung der entwickelten sozialistischen Gesellschaft – als auch die Hauptaufgabe aufzunehmen. […] Es wird vorgeschlagen, diesen Fortschritt in der ökonomischen und klassenmäßigen Struktur unserer Gesellschaft in den Artikel 12 zu verankern. Das macht erforderlich, den Artikel 14 neu zu fassen.«[7]

»Die Vorschläge sind vor allem auf die stärkere Rolle der Volkskammer als des obersten staatlichen Machtorgans unserer Republik gerichtet. Zu diesem Zwecke sollen die

Aufgaben und die Befugnisse der Organe der Volkskammer – also ihres Präsidiums, des Staatsrates und des Ministerrates – exakter geregelt und aufeinander abgestimmt werden. Um das kontinuierliche Wirken der Volkskammer zu gewährleisten, werden die Aufgaben des Präsidiums erweitert. Durch die Neufassung des Artikels 55 wird klargestellt, dass das Präsidium nicht nur die Tagungsleitung der Plenarversammlungen wahrnimmt, sondern für die Leitung der gesamten Arbeit der obersten Volksvertretung verantwortlich ist.«[8]

Erstaunlich ist, dass Erich Honecker, der am 27. September 1974 noch nicht der Staatsratsvorsitzende war, ausführt, dass mit Präzisierung der Aufgaben und der Verantwortung dieses Organs, dem Staatsrat, als kollektivem Staatsoberhaupt der DDR[9] in erster Linie die völkerrechtliche Vertretung zukommt. »Bedeutsame Ergänzungen der Verfassung werden vorgeschlagen, um die Stellung, die Aufgaben und die Befugnisse des Ministerrates gemäß den gesellschaftlichen Entwicklungsbedingungen weiter auszugestalten. Aus diesem Grunde ist das dritte Kapitel in Abschnitt III der Verfassung neu gefasst. […]

Vorgesehen ist ferner, die Wahlperiode der Volkskammer und ihrer Organe von bisher vier auf fünf Jahre zu verlängern. So wird die Wahlperiode zweckmäßigerweise mit dem Zeitraum eines Fünfjahrplanes in Übereinstimmung gebracht.«[10]

Auch die »einheitliche Festlegung des aktiven und passiven Wahlrechts für die oberste Volksvertretung auf 18 Jahre« wird ohne jegliche Begründung dargelegt.[11]

»Verehrte Abgeordnete! Gestatten Sie mir, Ihnen im Zusammenhang mit dem vorliegenden Antrag aller Fraktionen die Empfehlung zu unterbreiten, nach der Beschlussfassung« das Gesetz »mit Wirkung vom 7. Oktober 1974 in Kraft zu setzen. Unsere sozialistische Verfassung – dessen sind wir gewiss – wird die revolutionäre schöpferische Tatkraft unseres Volkes fördern und seine Zuversicht in den Sieg der großen Sache des Sozialismus und Kommunismus stärken.«[12]

An der Verfassung von 1968 wurden – von Honecker in der Begründung unerwähnt – weitere Ergänzungen, Neufassungen und Streichungen vorgenommen. Konkret:

• im Artikel 3, Absätze 1 und 2, im Artikel 56, Absatz 2, wurde die »Nationale Front des demokratischen Deutschland« jeweils durch »Nationale Front der DDR« ersetzt;

• im Artikel 4, Satz 2, wurde die »planmäßige Steigerung des Lebensstandards« durch »sozialistische Lebensweise der Bürger« ersetzt. Ersetzt wurde das Wort »Menschengemeinschaft« durch das Wort »Gesellschaft« (Artikel 18, Absatz 2);

• die Artikel 6, Absätze 1 bis 4 und 7, 14, 17, Absatz 1, sowie Artikel 44, Absatz 3. Satz 2 und 3, und die Artikel 66 und 70 wurden neu gefasst;

• gestrichen wurde Artikel 8, Absatz 2 sowie das Wort »größere« in Artikel 12, Absatz 1, in Artikel 17, Absatz 3, in Artikel 65, Absatz 2 und 3, Satz 2, in Artikel 7, in Artikel 104 und 105;

• neugefasst der Artikel 9, Absatz 1, Absatz 3, Satz 3 sowie Artikel 76 bis 80, 83, Absatz 3, Satz 2, 89 Absatz 3;

• ersetzt wurden »Planung und Leitung« durch »Leitung und Planung« in sechs Artikeln. Die Ersetzung der Worte »Planung, Leitung und Gestaltung des gesellschaftlichen Lebens« (Artikel 21, Absatz 2) wurde durch »Leitung, Planung und Gestaltung des gesellschaftlichen Lebens« ersetzt;

• ergänzt wurde Artikel 103.

• Von besonderer Bedeutung war, dass sämtliche Bezugnahmen auf »Deutschland«, »deutsche Nation«, »Überwindung [...] (der) Spaltung Deutschlands, schrittweise Annäherung der beiden deutschen Staaten bis zu ihrer Vereinigung auf der Grundlage der Demokratie und des Sozialismus« (Artikel 8 Absatz 2) entfielen bzw. ersatzlos gestrichen wurden.[13]

Mit der Tilgung des Adjektivs »deutsch« und aller Bezüge zu Deutschland aus der Verfassung wurde sichtbar, dass die Honecker-Führung auf die Einheit Deutschlands als aktuelle und zukünftige politische Zielstellung verzichtete, obgleich die nationale Frage noch im 1963er, also dem noch gültigen SED-Programm enthalten war. Dort erfolgte die Korrektur auf den IX. Parteitag, der im neuen Programm eine ausschließliche Fokussierung auf die DDR vornahm: »Die großen Aufgaben unseres sozialistischen Staates bestehen weiter, und es kommen neue hinzu, wie sie der Verfassung vom 7. Oktober 1974 und ihrer Verwirklichung im Leben unseres Volkes entsprechen. Übereinstimmend damit gilt es, den Staat weiter auszubauen.«[14]

Eine nationale Frage existierte für die SED-Führung offenbar nicht mehr. Man sprach von einer »sozialistischen deutschen Nation der DDR«. Die Parteilinie lautete fortan, die entwickelte sozialistische Gesellschaft in Richtung Kommunismus und Festigung des Bruderbundes mit der Sowjetunion zu gestalten.

Für die Parteiführung der SED galt, dass nach der gesellschaftspolitischen Abgrenzung der DDR von der BRD (durch das Vertragswerk des Grundlagenvertrages und der Schlussakte von Helsinki sowie der Vereinbarungen mit Westberlin und der Aufnahme in die UNO) auch in der BRD ein adäquater Prozess sich vollzogen hatte. Auch in Bonn, wo eine sozialliberale Koalition regierte, ging man nicht davon aus, dass die Herstellung der Einheit Deutschlands ein realistisches Ziel sei.

Die »deutsche Frage« war beantwortet, wie es in der DDR hieß, und man bemühte als Analogiebeispiel die Loslösung Österreichs von Deutschland im 19. Jahrhundert. Die BRD war im Westen integriert, die DDR im Osten. »Die DDR ist als sozialistischer Nationalstaat ein untrennbarer Bestandteil der Gemeinschaft sozialistischer Länder. Sie ist Mitglied der weltumspannenden Organisation der Vereinten Nationen. Daraus ergibt sich von selbst, dass die Politik der friedlichen Koexistenz die einzige Grundlage für die weitere Normalisierung der Beziehungen zur BRD wie zu allen anderen kapitalistischen Staaten ist.«[15]

Die Vorstellung von einer Konföderation mit der BRD, wie sie im alten SED-Programm enthalten war, hatte sich erledigt. Die Ulbricht-Führung dachte und handelte zugleich für die DDR und gesamtdeutsch. Für sie war die Zweistaatlichkeit ein Intermezzo auf dem Weg zu einer sozialistischen deutschen Nation in einem gemeinsamen deutschen Staat, diese Perspektive gab sie nie auf. »Deutsche an einen Tisch!« war, trotz Kaltem Krieg, leitmotivische Parole.

Erst mit dem Sturz Ulbrichts und dem Wechsel an der Spitze der SED 1970/71 erfolgte ein Paradigmenwechsel. Dieser wurde auch in der Verfassungsänderung von 1974 manifest.

Im Abriss der Geschichte der SED aus dem Jahre 1978 liest sich das so: »Auf Beschluss der 12. Tagung des ZK der SED vom Juli 1974 beriet das Politbüro mit den Vorsitzenden der befreundeten Parteien und Massenorganisationen Vorschläge des ZK zur Ergänzung und Änderung der Verfassung. Diese Vorschläge resultierten aus der Notwendigkeit, die tief greifenden Veränderungen seit April 1968, besonders aber seit dem VIII. Parteitag, umzusetzen.

Die Verfassung musste mit dem Stand der politischen, sozialökonomischen und ideologischen Entwicklung der DDR, ihres Bündnisses mit der Sowjetunion, ihrer Verankerung in der sozialistischen Staatengemeinschaft ebenso wie mit allen Konsequenzen der Abgrenzung zwischen der sozialistischen DDR und der imperialistischen BRD übereinstimmen. Aufgrund eines von der Volkskammer einstimmig verabschiedeten Gesetzes trat die geänderte Verfassung am 7. Oktober 1974, dem 25. Jahrestag der DDR, in Kraft.«[16]

Auch nach Postulierung der neuen DDR-Verfassung 1974 und nach dem Regierungswechsel in Bonn 1982 hielt man dort an der Politik »vertraglich geregelter Beziehungen mit dem anderen deutschen Staat, der DDR,« fest.[17] In einem Schreiben Kohls, des Bundeskanzlers, an den italienischen Ministerpräsidenten Craxi am 28. September 1984 hieß es zur deutschen Zweistaatlichkeit: »Wir Deutschen sind keine Träumer. Wir wissen sehr wohl, das heute Machbare und die langfristige Entwicklung zu unterscheiden. Das Ziel der Bundesrepublik Deutschland, auf einen Zustand des Friedens in Europa hinzuwirken, in dem das deutsche Volk in freier Selbstbestimmung seine Einheit wiedererlangt, ist nur mit Geduld und Zähigkeit zu verwirklichen.

Wir haben die Freiheit vor die Einheit gestellt. Diese Politik richtet sich nicht gegen die territoriale Integrität der Staaten in Europa, die wir achten. Die Bundesrepublik Deutschland erhebt auch keine Gebietsansprüche.

Heute geht es darum, durch die Entwicklung der Bemühungen zwischen den beiden Staaten in Deutschland die Härten der Teilung für die Menschen auf beiden Seiten der Trennlinie zu lindern und dort, wo die beiden Bündnissysteme aufeinander treffen, Stabilität zu schaffen.«[18]

Welche praktischen Wirkungen ergaben sich beispielsweise aus der Neufassung der Verfassung von 1974?

Artikel 66, Absatz 2, Satz 2 und 3 lautete in der Verfassung von 1968: »Der Staatsrat entscheidet über den Abschluss der Staatsverträge. Sie werden vom Vorsitzenden des Staatsrates ratifiziert. Der Staatsrat kündigt Staatsverträge.« 1974 lautete diese Passage nunmehr: »Der Staatsrat ratifiziert und kündigt Staatsverträge und andere völkerrechtliche Verträge, für die die Ratifizierung vorgesehen ist.«

Hier handelte es sich nicht nur um eine formale Textänderung. Die Veränderung war verfassungsrechtlich gravierend. Nunmehr *entschied* der Staatsrat nicht mehr über Staatsverträge, er wurde schlicht und einfach zu einem Notar. Ihm wurde damit jegliche Eigeninitiative untersagt. Der Staatsrat war auch nicht mehr befugt, Tagungen der Volkskammer einzuberufen, Vorlagen in die Volkskammer einzubringen und deren Beratung in den Ausschüssen zu veranlassen. (Artikel 70).

Damit wurden die Bemühungen der Ulbricht-Führung, die Staatsmacht einschließlich der parlamentarischen Vertretungen zu entwickeln und zu stärken, konterkariert. Staats- und Parteichef Ulbricht wollte, um es deutlich zu sagen, die SED als Überstaatsorgan abschaffen und ihre Funktion auf eine in der Gesellschaft politisch wichtige, meinungsbildend durchaus führende Rolle beschränken.

Mit Streichung des Artikels 71 endete auch die Option, Gesetze durch Erlasse und Beschlüsse des Staatsrates zu ersetzen. Ebenso die verbindliche Auslegung von Verfassung und Gesetzen durch den Staatsrat (Absatz 3). Formal schien es so, dass damit die Bedeutung der Volkskammer aufgewertet wurde und der Staatsratsvorsitzende Willi Stoph nicht mehr die Machtbefugnisse seines Vorgängers Walter Ulbricht besaß.

Der Staatsrat unter Vorsitz von Willi Stoph beschloss 1976 gemäß Art. 66., Abs. 2 der 74er Verfassung:

»Der Vorsitzende des Staatsrates unterzeichnet die Ratifikations-, Annahme- oder Beitrittsurkunde auf der Grundlage des entsprechenden Gesetzes der Volkskammer, wenn ratifizierungspflichtige völkerrechtliche Verträge durch die Volkskammer bestätigt worden sind.«

Die Ziffer 8 (Art. 66. Abs. 2), lautete seit 1974 allerdings: »Der Staatsrat nimmt regelmäßig Berichte und Informationen über die Durchführung dieses Beschlusses entgegen.«

Die Frage, *was* unter regelmäßigen Berichten und Informationen zu verstehen war, blieb unbeantwortet. Der Staatsrat kontrollierte sich offenbar selbst.

So stellte etwa die Berufung Heinz Keßlers zum Verteidigungsminister im Jahre 1985 durch den Vorsitzenden des Nationalen Verteidigungsrates und Vorsitzenden des Staatsrates Erich Honecker eine eindeutige Verletzung der Verfassung (Artikel 79 Absatz 2) dar, die ungerügt blieb. Darin hieß es, dass der Vorsitzende des Ministerrates mit der Bildung des Ministerrates beauftragt ist, das heißt: Er – und nicht der Vorsitzende des Staatsrates – berief die Minister, dieser hatte lediglich die Vereidigung auf die Verfassung vorzunehmen (Art. 79, Abs. 4).

Der Beschluss des Staatsrates über die Abschaffung der Todesstrafe vom 17. Juli 1987[19], verbunden mit der weiteren Nichtanwendung entgegenstehender gesetzlicher Bestimmungen, war ebenfalls verfassungswidrig. Auch wenn unter Berufung auf Art. 65 der Staatsrat zur Einbringung von Gesetzesvorlagen durchaus *befugt* war, mussten die Gesetzesvorlagen der Volkskammer zur Beratung und Beschlussfassung unterbreitet werden. Der Beschluss des Staatsrates vom 17. Juli 1987 trat jedoch mit seiner Verkündung durch dessen Vorsitzenden in Kraft und wurde im Gesetzblatt veröffentlicht.[20] Wo blieb hier noch Handlungsraum für die Volkskammer als oberstes Machtorgan?

Im Artikel 76 der 68er Verfassung und Artikel 75 der 74er Verfassung war bestimmt, dass der Staatsrat Ehrentitel stiftet, die von seinem Vorsitzenden verliehen wurden. Trotzdem wurde der Ehrentitel »Held der DDR« am 28. Oktober 1975 vom Vorsitzenden des Ministerrates, Horst Sindermann, gestiftet.[21] Auch in der Folgezeit wurde kein »Held der DDR« im Ministerrat geehrt. Erich Honecker verlieh sich den Titel 1987 zu seinem 75. Geburtstag.

Der DDR-Strafrechtler Erich Buchholz macht es sich zu einfach, wenn er zur Staats- und Rechtsordnung die Verfassung der DDR und ihr Zustandekommen per Volksentscheid 1968 zwar anerkennt und sie als ein »Gesamtkunstwerk« würdigt, aber auf grundlegende Mängel dieser Verfassung (Stand 6. April 1968) nicht eingeht.[22]

Ich denke beispielsweise an den dort formulierten Anspruch auf Hegemonie einer Partei. Selbstverständlich war auch darüber beim Volksentscheid entschieden worden. Dem Volk der Deutschen Demokratischen Republik war die »führende Rolle der SED« allerdings gleichsam untergejubelt worden. Die Volkskammer eliminierte am 1. Dezember 1989 aus Artikel 1 die Wendung »unter Führung der Arbeiterklasse und ihrer marxistisch-leninistischen Partei«.[23]

Der Lesart, dass es sich dabei um einen konterrevolutionären Akt handelte, mag ich nicht folgen. Es war eine Rückkehr zur DDR-Verfassung von 1949, die in toto in Deutschland revolutionär war. Dort hatte es geheißen: »Die im öffentlichen Dienst Tätigen sind Diener der Gesamtheit und nicht einer Partei. Ihre Tätigkeit wird von der Volksvertretung überwacht.«[24]

Es folgten am 12. Januar 1990 die Streichung des Artikels 12, dass Privateigentum am Volkseigentum unzulässig sei, und die Einfügung eines Artikels 14 a (Gründung von Unternehmen mit ausländischer Beteiligung).[25]

Am 20. Februar 1990 wurden der Artikel 3 (Bündnis in der Nationalen Front) und der Artikel 22, Absätze 3 bis 5 (Wahlen) geändert. Der Artikel 23, Satz 1 (Schutz der DDR) wurde aufgehoben und in Satz 2 der Zivildienst eingefügt sowie mit Artikel 54 die Zahl der Abgeordneten der Volkskammer von 500 auf 400 reduziert.[26]

Am 6. März 1990, vor der letzten Volkskammerwahl, wurden die Artikel 44 und 45 (Gewerkschaften und ihre Rechte) geändert. Im Artikel 45 Absatz 2 wurde der Begriff «sozialistische« Rechtsordnung gestrichen.[27]

All diese Änderungen und Ergänzungen der Verfassung erfolgten in der 9. Wahlperiode der Volkskammer unter Federführung der Modrow-Regierung.

Kann in diesem Zusammenhang von einer Konterrevolution in der DDR gesprochen werden? Die Korrekturen an der Verfassung waren der Reflex auf bereits erfolgte Veränderungen in der DDR-Gesellschaft. Diese war zu jenem Zeitpunkt wohl kaum noch sozialistisch. Der Veränderungsprozess hatte schon früher und nicht erst mit Streichung des Führungsanspruchs der SED begonnen. »Der Gefahr, in der Verteidigung des Sozialismus alles preiszugeben, was am Sozialismus sozialistisch ist, setzt man sich immer aus, wenn man gegen die Höhenflüge der Idee an dem Anspruch festhält: Es muss aber hier auf der Erde sein. Irgendwann kann einen die Erde in eine Ecke treiben, wo man nur noch das irdische Geschäft besorgt und gar nichts mehr übrig ist von dem, was man irdisch umsetzen will«, beschreibt der unorthodoxe Linke Dietmar Dath 2010 in einem Interview diesen Prozess, dem die SED unterworfen war.[28] Die Erosion setzte schon Jahrzehnte früher ein, und vielleicht hatte Peter Hacks mit seiner Bemerkung am 1. August 1973 nicht unrecht, wenn er schrieb: »Ulbricht leider ist tot und Schluss mit der Staatskunst in Deutschland.«

Das Grundgesetz kennt das Amt des Bundespräsidenten und widmet ihm einen ganzen Abschnitt (Artikel 54 bis 61). Den Begriff »Staatsoberhaupt« sucht man dort wie in der DDR-Verfassung vergeblich. Zu offiziellen Anlässen, insbesondere seiner Wahl, und in den Medien wird oft vom «Staatsoberhaupt«, vom »erstem Mann im Staate«, dem »ersten Repräsentanten des Staates«, der »Integrationsfigur«, dem »Obersten Bundesnotar« gesprochen und darauf hingewiesen, dass seine Aufgaben weit über das »verfassungsrechtlich normierte« hinausgehen. *Der Spiegel* nannte am 18. Mai 2009 das »Staatsoberhaupt Köhler« despektierlich »Bürgerkönig« und »Ersatzmonarch«.[29]

Es gehört offenkundig zu den Traditionen hierzulande, dass das deutsche Staatsvolk entweder Gott, Kaiser, Tribun, mindestens aber ein Oberhaupt braucht. Schon in der Paulskirchenverfassung von 1849 hatte es geheißen: »Das

Reichsoberhaupt führt den Titel: Kaiser der Deutschen. Die Person des Kaisers ist unverletzlich.«

Der patriarchale, mitunter despotische Zug führender Politiker im Umgang mit der Verfassung wurde nicht nur in der DDR, sondern auch in der BRD beobachtet.

Bundesverteidigungsministers Franz Josef Strauß hatte, wie im »Schwarzbuch« 1972 festgestellt wurde, während seiner Amtszeit zwischen 1956 und 1962 seine Probleme mit den Normen des Grundgesetzes. Es hieß dort, dass er vorsätzlich unternommen habe, »die Verfassungsgrundsätze der Volkssouveränität und der Gewaltenteilung, die Bindung der Gesetzgebung an die verfassungsmäßige Ordnung sowie der Bindung der vollziehenden Gewalt und der Rechtsprechung an Recht und Gesetz, des Rechtes auf die verfassungsmäßige Bildung und Ausübung der parlamentarischen Opposition, der Verantwortlichkeit der Regierung gegenüber dem Parlament, der Unabhängigkeit der Gerichte und des Ausschlusses jeder Gewalt- und Willkürherrschaft außer Geltung zu setzen und damit Verfassungsverrat begangen« habe, was man dann in konkreten Fällen nachwies. »Im Zusammenhang mit der Aktion gegen den *Spiegel* sowie in den Fällen des Oberstleutnants Barth und des Oberstaatsanwalts Dr. Sauer (habe Minister Strauß) sowohl durch Anmaßung als auch durch Missbrauch hoheitlicher Befugnisse« Recht und Gesetz unterlaufen.[30]

Diese und andere Gesetzesübertretungen während seines gesamten Politikerlebens wurden in der DDR gern übersehen, weil er im Umgang mit der DDR pragmatisch und realistisch handelte. Insbesondere die Zusage eines »Milliardenkredits« über Alexander Schalck-Golodkowski im Jahre 1983[31], die der DDR in der internationalen Finanzwelt Reputation verschaffte, weshalb dieser Kredit nur zu etwa einem Drittel abgerufen werden musste, verhalf dem erzkonservativen Strauß bei Honecker und Genossen zu hohem Ansehen.

Wie selbstgefällig und anmaßend Strauß agierte, verriet er in seinen Erinnerungen 1989. Er berichtete darin, wie er bei Schalck den Brief entwarf, »den der Finanzminister der DDR an Bundesfinanzminister Stoltenberg schreiben sollte. Die Bundesregierung brauche weder eine Bürgschaft zu geben noch eine Haftung zu übernehmen. Sie brauche nur zu erklären, dass sie mit dem Modus einverstanden sei, im Falle einer Zahlungsverzögerung durch die DDR die fälligen Beiträge der Berlin-Pauschale abzuzweigen und an die federführende Bayerische Landesbank und die anderen Konsortialbanken zu überweisen.«

Das heißt, Bayerns Ministerpräsident Strauß dachte und handelte wie das »Staatsoberhaupt« der Bundesrepublik. »Mein Briefentwurf ist in Ost-Berlin so gut wie nicht geändert worden.« Weil der Milliardenkredit in der BRD so »ungeheures Aufsehen erregte, redete niemand von einem Drei-Milliarden-Folgekredit ein Jahr später, von dem die DDR freilich nur die erste Rate abgerufen hat«.[32]

Anmerkungen

1 Schirmer 2002, S. 190.
2 Honecker 1978, S. 105ff.
3 Für die Staatsbezeichnung und die Partei werden die üblichen Kürzel verwandt. Angemerkt soll werden: Artikel 63 regelt die Beschlussfähigkeit der Volkskammer. Artikel 108 legte das Prozedere von Änderungen oder Ergänzungen der Verfassung fest, auf die Verkündung der durch Volksentscheid am 6. April 1968 wird hingewiesen. Worin der »Einklang« bestehen sollte, blieb, wie so vieles, Honeckers Geheimnis.
4 a. a. O., S. 105f.
5 a. a. O., S. 106.
6 a. a. O., S. 107.
7 a. a. O., S. 108. Nachdem bereits in der 68er Verfassung das Streikrecht der Gewerkschaften abgeschafft worden war, wurde in der 74er Verfassung der Antrag privater Betriebe auf »staatliche Beteiligung« gestrichen.
8 a. a. O., S. 109.
9 Das war zweifellos verfassungsgemäß. Der Staatsrat als Organ der Volkskammer war gemäß 68er und 74er Verfassung (Artikel 66ff.) kollektives

Staatsoberhaupt. Der Staatsrat bestand aus dem Vorsitzenden, dessen Stellvertretern, den Mitgliedern und dem Sekretär. Ein Staatsoberhaupt der DDR als Einzelperson war gemäß 49er Verfassung (Artikel 101ff.) nur Präsident Wilhelm Pieck. In der täglichen politischen Praxis der »Honecker-Ära« galt spätestens seit 1976 der Staats- und Parteichef auch als in persona als Staatsoberhaupt der DDR.

10 Ebenda.

11 a. a. O., S. 110.

12 Ebenda.

13 Vgl. GBl. I 1974 Nr. 47, S. 42.

14 Protokoll des IX. Parteitages der SED, Band 1, Bericht des ZK. Berichterstatter Erich Honecker, Berlin 1976, S. 124.

15 a. a. O., S. 42f.

16 Geschichte der Sozialistischen Einheitspartei Deutschlands. Abriss. Dietz Verlag Berlin, Berlin 1978, S. 611.

17 Rede von Bundesaußenminister Genscher am 25. September 1974 zur Eröffnung der XXIX. UNO-Vollversammlung. In: Archiv der Gegenwart, Sankt Augustin 2000, Band 7, S. 6298f.

18 Politische Perspektiven für die Einheit Deutschlands. In: Außenpolitik BRD 1995, S. 517.

19 GBl. I Nr. 17, S. 192.

20 Vgl. ebenda, Ziffer 4.

21 GBl. I Nr. 41, S. 681.

22 Buchholz/Leihkauf 2009, S. 23f., 25 ff.

23 GBl. I 1989 Nr. 25, S. 265.

24 Artikel 3 Satz 6 der DDR-Verfassung von 1949.

25 GBl. I 1990 Nr. 4, S. 14.

26 GBl. I 1990 Nr. 9, S. 59.

27 GBl. I 1990 Nr. 15, S. 109.

28 Dietmar Dath, in: *Neues Deutschland*, 3. Juli 2010.

29 Wer ist nun der »Chef« im Lande? Während ihres Besuches in Frankreich am 11. November 2009 wurde Bundeskanzlerin Merkel im Rundfunk als »Regierungsoberhaupt« bezeichnet.

30 Schwarzbuch 1972, S. 80.

31 Vgl. Strauß 1989, S. 470ff.

32 a. a. O., S. 476.

»Unrechtsstaat« DDR – sozialer Rechtsstaat BRD?

Der sozialistische Staat war untrennbar mit dem sozialistischen Recht verbunden. Mit der Gründung des Staates DDR entstand auch sein Recht. Es gibt keinen modernen Staat ohne Recht und kein Recht ohne Staat.

Der Begriff »Rechtsstaat« wurde in der DDR grundsätzlich im Zusammenhang mit dem bürgerlichen Staat angewendet. »Der Rechtsstaat ist zunächst nichts anderes als ein struktureller Rahmen für die Gestaltung von Klassenbeziehungen. Ohne Berücksichtigung dessen bleibt er inhaltsleer. Für die Entwicklung in der DDR nach 1945 bot diese Auffassung den Anlass, ihn als politischen Mechanismus überhaupt zu negieren«, hieß es 1990 bei Pogadda. »Der Rechtsstaats-Gedanke verhinderte in Deutschland nicht die faschistische Diktatur, mehr noch, der Faschismus tarnte sich *rechtsstaatlich*.«[1]

»Die nationalsozialistische Revolution« oder wie sie sich auch nannte »die nationalsozialistische Bewegung« hatte mit der Weimarer Verfassung, ihr Ziel, an die Macht zu kommen erreicht. Hitler erklärte 1930: »Wir werden auf diesem verfassungsmäßigen Wege die ausschlaggebenden Mehrheiten in den gesetzgebenden Körperschaften zu erlangen versuchen, um in dem Augenblick, wo uns das gelingt, den Staat in die Form zu gießen, die unseren Gedanken entspricht.«[2]

Über Inhalt und Bedeutung des Rechtsstaates, der im Grundgesetz für die BRD nur ein einziges Mal als Begriff genannt ist, und zwar im Zusammenhang mit den Landesverfassungen und der Selbstverwaltung der Gemeinden[3], wurde eine Vielzahl von rechtswissenschaftlichen

Arbeiten veröffentlicht.[4] Besonders auffällig erscheint mir die Arbeit von Josef Isensee.[5]

Der Rechtsstaat/die Rechtsstaatlichkeit wird dort als elementarer Grundsatz des GG für die BRD charakterisiert, der auch mit einer Änderung des Grundgesetzes nicht beseitigt werden könne. Zu diesem Grundsatz gehört die Gewaltenteilung[6], die Gewährleistung der Grundrechte, der Bindung der Gesetzgebung an die verfassungsmäßige Ordnung, die Bindung der vollziehenden und rechtsprechenden Gewalt an Gesetz und Recht.[7]

Der Anschluss der DDR habe, so der westdeutsche Staatsrechtler Isensee, »dem Rechtsstaat des Grundgesetzes triumphale Bestätigung gebracht, ihm aber auch seine schwierigste Bewährungsprobe auferlegt. Er weitet seinen Geltungsbereich. Doch das neue Gebiet ist vorgeprägt von einem Regime, das ihm schlechthin unverträglich war. In der Ära der deutschen Teilung hatten sich West und Ost am Rechtsstaat geschieden. In ihrer rechtsstaatlichen Qualität, tiefer als in jeder ihrer anderen Eigenschaften, hatte sich die Bundesrepublik Deutschland abgesetzt vom sozialistischen Staat der DDR.«

Der Rechtsstaat wurde zur Grundlage der staatlichen Gemeinsamkeit, die sich nicht von selbst ergibt, so Isensee weiter. »Die Geltung einer Norm ist zu unterscheiden von deren Wirksamkeit, der Anspruch des Verfassungsgesetzes von seiner Einlösung durch das staatliche Leben.

Die Einlösung aber stößt auf mannigfache Hindernisse, weil die realen Folgen der Teilung bleiben, die Züge, die der DDR-Sozialismus der Gesellschaft aufgeprägt hat, sich auf absehbare Zeit nicht verlieren werden und elementare Voraussetzungen, aus denen der Rechtsstaat seine Wirksamkeit bezieht, zerstört oder deformiert worden sind: Institutionen und Lebensformen, Strukturen und Mentalitäten. […] Vor allem bedarf es Zeit, dass die […] Bevölkerung sich an den Umgang mit dem Rechtsstaat gewöhnt.«

Der Rechtsstaat wird von Isensee definiert als ein »System der Bindung der Staatsgewalt an das Recht und ihrer Begrenzung durch das Recht zu dem Zweck, die Freiheit des Einzelnen zu gewährleisten und seine Entfaltung in der Gesellschaft zu ermöglichen. Staatsgewalt darf nur ausgeübt werden auf der Grundlage der Verfassung und nach Maßgabe des Gesetzes. Im rechtsstaatlichen Prinzip vereinen sich staatsbegrenzende und freiheitssichernde Strukturen: Gesetzmäßigkeit der Verwaltung und Unabhängigkeit der Gerichte, Gewaltenteilung und Grundrechte, Vorrang der Verfassung und Verfassungsgerichtsbarkeit.«

Mit Inkrafttreten des Grundgesetzes für die BRD in der DDR am 3. Oktober 1990 gilt das Rechtsstaats-Prinzip einheitlich für das gesamte Deutschland. Es gibt keinen Unterschied zwischen der Alt-BRD und dem Beitrittsgebiet.

Der Streit kam erst mit der die DDR verunglimpfenden Bezeichnung »Unrechtsstaat« auf.

Im »Sinne des Marxismus-Leninismus«[8], so Isensee, verfüge der sozialistische Staat über Legitimität. »Der sozialistische Staat schafft und gewährleistet auf seine Weise ein wirksames System von Normen, sieht sich im Recht, eine Qualifikation als Unrechtsstaat erscheint als unangemessen.«

Der Einigungsvertrag[9] erklärte im Artikel 17, Satz 1, die Absicht beider Staaten, unverzüglich eine gesetzliche Grundlage zu schaffen, um die Rehabilitierung von Opfern »einer politisch motivierten Strafverfolgungsmaßnahme oder sonst einer rechtsstaats- und verfassungswidrigen gerichtlichen Entscheidung« zu ermöglichen. Wie selbstverständlich wird diese Regelung nur auf die *Opfer* in der DDR bezogen. In Satz 2 hieß es, dass es sich um »Opfer des SED-Unrechts-Regimes« handelt.

Für die Feststellung rechtsstaats- und verfassungswidriger gerichtlicher Entscheidungen galt dann das Grundgesetz für die BRD und den hierauf beruhenden Rechtsvorschriften.

Die DDR-Seite hatte damit der westdeutschen Lesart zugestimmt, dass es ein »SED-Unrechts-Regime« gab, welches »rechtsstaatswidrige Maßnahmen« traf, und dass Gerichte und Behörden in der DDR Entscheidungen trafen, die mit »rechtsstaatlichen Grundsätzen« unvereinbar gewesen seien.[10]

Der Einigungsvertrag sollte zwar nur bestimmte Übergangsprobleme regeln, für das »Staatsunrecht« der DDR Tatbestandsmerkmal sei. »Indirekt lässt er aber ein Gesamturteil über den Unrechtscharakter des Herrschaftssystems der SED erkennen«, bemerkte Isensee. Hilfsweise wird Artikel 116f. der Sächsischen Landesverfassung herangezogen, der beispielsweise allen ehemaligen Mitarbeitern des MfS das Recht abspricht, künftig politische Ämter übernehmen oder im öffentlichen Dienst tätig sein zu dürfen.[11] Ohne es direkt auszudrücken, wird aus der seit Jahrzehnten in der Alt-BRD gebrauchten Parole vom »SED-Unrechtsregime« der »Unrechtsstaat DDR, der mit »rechtsstaatlichen Grundsätzen unvereinbar ist«.

Der Einigungsvertrag wurde vermutlich auch deshalb als Übergangslösung bezeichnet, um der Vorhaltung zu entgehen, mit einem »Unrechtsstaat« Staatsverträge geschlossen zu haben, was schlechterdings erlaubt war.

Dennoch: Eine Leugnung der Staatlichkeit der DDR war nicht mehr möglich. So wird hilfsweise das »Unrecht« dem Staat vorangestellt.

In der Präambel des Einigungsvertrages wird vom Wunsch der Bürger in beiden Teilen Deutschlands ausgegangen, »in einem rechtsstaatlich geordneten, demokratischen und sozialen Bundesstaat zu leben«.

Wenn tatsächlich in der DDR »Unrecht« entstand, dann im politischen Strafrecht, beim Verwaltungsrecht und besonders beim Verfassungsrecht, auf Feldern also, auf denen das sozialistische Recht hinter den Erfordernissen der Demokratieentwicklung zurückblieb.[12] Gleichwohl sei es absurd, wenn alle »Nichtrechtsstaaten« nach dem Verständnis der BRD mit dem Begriff des »Unrechtsstaates« charakterisiert werden würden, meinten Heuer und Riege.[13]

»Rechtsstaatlichkeit ist eine Bedingung gesellschaftlichen Fortschritts, aber sie garantiert ihn nicht. Auch eine unabhängige Justiz ist Bestandteil der Gesellschaft, ihres politischen Systems, wird von ihren politischen Kämpfen beeinflusst. Sie schließt, wie die Erfahrungen der BRD beweisen, Berufsverbote nicht aus, sondern kann sie durchsetzen. Auf dem Boden des Rechtsstaates können Kämpfe für den Fortschritt geführt, aber auch Angriffe gegen den Fortschritt vorgetragen werden. Vor allem muss Rechtsstaatlichkeit mit der bestimmenden Rolle des vom Volk gewählten Parlaments als Gesetzgeber verbunden sein. Sie muss generell mit der Demokratie als Volkssouveränität verbunden sein«[14], urteilten die beiden ehemaligen Bundestagsabgeordneten und Juristen.

Auch die beiden stellten nicht in Abrede, dass auf Grund der tief greifenden, radikalen Veränderungen im Herbst 1989 eine umfassende Reform des gesamten politischen Systems erforderlich war, was aber nicht dessen Abschaffung bedeutete.[15]

Die Reformen konnten nicht erfolgreich sein, wenn sie nicht auch die Justiz erneuerten. Überall war nach dem 18. Oktober 1989 das Bemühen der an der revolutionären Erneuerung der Gesellschaft interessierten Kräfte spürbar, die Ursachen der Deformationen der bisherigen gesellschaftlichen Entwicklung aufzudecken und daraus die dringend notwendigen Konsequenzen zu ziehen. Zu diesen gehörten, die Stellung der Justiz als Dritter Gewalt neu festzulegen, das gesamte Gerichtssystems neu zu ordnen, die Unabhängigkeit der Richter zu gewährleisten, Stellung und Aufgaben der Staatsanwaltschaft, der Notare und der Rechtsanwaltschaft zu bestimmen sowie die Übertragung von Verantwortung für den Strafvollzug und Aufgaben bei der Gesetzgebung.

Gesetze mussten auf breiter demokratischer Grundlage erarbeitet und beschlossen werden. Zur Selbstverständlichkeit sollte künftig werden, dass grundlegende Gesetze, die das Leben der Menschen bestimmen, bereits im Entwurfsstadium veröffentlicht und zur Diskussion gestellt wurden. Das waren Vorstellungen, die aber am Tempo der Veränderungen und schließlich an der neuen Realität scheiterten. Die Praxis des Rechtsstaates BRD zeigt, dass diese Selbstverständlichkeit auch nicht erfüllt wird.

Um welche Problemkreise es sich in der DDR im Einzelnen handelte, soll an Beispielen erläutert werden:

Im November 1956 schrieb Hermann Klenner einen Aufsatz über »Gesetzgebung und Gesetzlichkeit«, der erst 33 Jahre später veröffentlicht wurde.[16] Damals hatte das Redaktionskollegium von *Staat und Recht* diesen Artikel aus politischen Gründen zurückgewiesen. Worum ging es? Im Prinzip darum, ob ein staatlicher Normativakt von der Volkskammer als Gesetz oder vom Ministerrat als Verordnung oder von Ministerien als Anordnung erlassen wird. Das war Mitte der 50er Jahre »eine reine Ermessensfrage zentraler Instanzen«

Klenner, der heute als einer der bedeutendsten Rechtsphilosophen im deutschsprachigen Raum gilt, machte das mit Zahlen sichtbar: Von Oktober bis Dezember 1949 erließ die Volkskammer zehn, im Jahre 1950 37, 1951 und 1952 nur noch sechs bzw. neun Gesetze. Im Jahre 1953 kamen ganze drei Gesetze aus dem Parlament, 1954 fünfzehn und im Jahre 1955 nur fünf Normativakte. Diesen fünf standen aber 90 Verordnungen des Ministerrates gegenüber.[17]

An diesem Zustand sollte sich bis zum Ende der DDR nichts ändern. Im Jahre 1988 gab es beispielsweise neben Anordnungen, Bekanntmachungen, Beschlüssen (des Staatsrates), Durchführungsbestimmungen und Verordnungen, die alle im Gesetzblatt veröffentlicht wurden, nur noch acht Gesetze, die von der Volkskammer verabschiedet worden waren. Zu diesen Gesetzen gehörte das Gesetz zum Vertrag mit Spanien über Rechtshilfe, Gesetz zum Konsularvertrag mit Ghana, Gesetz zum Volkswirtschaftplan 1989, Gesetz über den Staatshaushaltsplan 1989. Am 14. Dezember 1988 wurden vier weitere Gesetze beschlossen, von denen drei erst am 1. Juli 1989 in Kraft traten.

Betrachtet man die Aktivitäten zur Gesetzgebung in der Volkskammer etwa im Zeitraum eines Jahrzehnts (1961 bis 1970), dann ergibt sich, dass von 107 eingebrachten und verabschiedeten Gesetzen 45 vom Staatsrat und 62 vom Ministerrat initiiert worden sind. Von der Volkskammer selbst wurde kein Gesetz eingebracht. Die Gesetzeseinbringung war möglich durch Abgeordnete, Fraktionen und Ausschüsse der Volkskammer, dem Staats- und Ministerrat sowie dem FDGB (Gewerkschaft).[18]

Auch die Anzahl der Plenarsitzungen (auf der Basis der Protokollbände der Volkskammer) ist aufschlussreich:

Die Provisorische Volkskammer (7.10.1949 bis 7.11.1950) tagte 23-mal. Während der 1. Wahlperiode (8.11.1950 bis 17.10.1954) gab es 50 Sitzungen,

in der 2. Wahlperiode (17.10.1954 bis 16.11.1958) 36,
in der 3. Wahlperiode (16.11.1958 bis 20.10.1963) 27,
in der 4. Wahlperiode (20.10.1963 bis 2.7.1967) 27,
in der 5. Wahlperiode (2.7.1967 bis 14.11.1971) 20,
in der 6. Wahlperiode (14.11.1971 bis 17.10. 1976) 18,
in der 7. Wahlperiode (17.10.1976 bis 14.6. 1981) 13,
in der 8.Wahlperiode (14.6.1981 bis 8.6.1986) 12,
in der 9. Wahlperiode (8.6.1986 bis 18.3.1990) 18,
in der 10. Wahlperiode (5.4.1990 bis 2.10.1990) 127.

In den zehn Wahlperioden kam das Parlament der DDR 348mal zusammen, das heißt im statistischen Durchschnitt 34,8mal je Legislatur. Der wird natürlich besonders durch das letzte Jahr gehoben. Nimmt man nur die Jahre bis 1989, so kommt man auf einen Durchschnitt von 24,5 Sitzungen (insgesamt 221).[19] Das heißt: Als Erich Honecker an der Spitze der SED und des Staates stand, lag die Zahl der Plenartagungen weit unter Durchschnitt. Der Tiefpunkt mit 12 Sitzungen lag in der ersten Hälfte der 80er Jahre. Und dass sich in diesen Zahlen auch eine Grundhaltung ausdrückte, ist auch an dem Umstand festzustellen, dass Honecker bis auf die Vereidigungsformel nie im Parlament als Staatsratsvorsitzender das Wort ergriff.

Und welche Probleme gab es damals bei der Justiz? 1952, 1958, 1983 und auch 1989 wurden Richter abgelöst, weil sie als »politisch nicht tragbar« galten. Es wurden an ihre Ablösung die Fragen geknüpft: Ist der Richter lediglich Vollstrecker des Partei- und Staatswillens? Besaßen DDR-Richter Spielräume für eigene Entscheidungen? Erlaubte Artikel 96 der 74er Verfassung die Unabhängigkeit der Richter in der Rechtsprechung bzw. ein Abweichen von der offiziellen Linie?[20], fragte 1990 Witte.

Von besonderer Bedeutung war die Gestaltung der verfassungsmäßigen Rechte der Meinungs-, Versammlungs- und Vereinigungsfreiheit (Artikel 27 bis 29) im Strafrecht. Das betraf vor allem die Straftatbestände[21] Landesverräterische Nachrichtenübermittlung (§ 99); Staatsfeindlicher Menschenhandel (§ 105); Staatsfeindliche Hetze (§ 106); Verfassungsfeindlicher Zusammenschluss (§ 107); Ungesetzlicher Grenzübertritt (§ 213) ; Ungesetzliche Verbindungsaufnahme (§ 219).

Die Antithese bestand darin, dass niemals und unter keinen Umständen versucht werden durfte, politische Widersprüche und Konflikte mit Mitteln des Strafrechts zu erledigen. Die Präambel des Strafgesetzbuches musste ersatzlos gestrichen und Artikel 1 bis 8 einer grundsätzlichen Überprüfung unterzogen werden[22], wie damals u. a. Erich Buchholz zurecht forderte.

Mit dem 6. Strafrechtsänderungsgesetz vom 29. Juni 1990[23] wurden im Allgemeinen Teil 18 Bestimmungen aufgehoben und 27 geändert, im Besonderen Teil wurden 30 Paragrafen aufgehoben, 58 geändert und 31 neu in das Strafgesetzbuch aufgenommen.

Mit diesem 6. Strafrechtsänderungsgesetz wurde beispielsweise die ständige Ausdehnung der Strafnormen über die Bestimmung der Boykotthetze gemäß Art. 6 der 49er Verfassung, die politischen Straftatbestände des Strafrechtsergänzungsgesetzes von 1957, ihre Ausweitung im Strafgesetzbuch von 1968 bis hin zur uferlosen Kriminalisierung jeglicher kritischer Meinungs- und Willensbekundung durch das 3. Strafrechtsänderungsgesetz von 1979 endgültig aufgehoben.[24]

Allerdings: Man stiftete neues Unrecht, indem man alte überwinden wollte – der neue § 10 StGB, der als »Lex Honecker« in die Geschichte einging, widersprach selbst den Verfassungsgrundsätzen vom 17. Juni 1990, Art. 4, mit dem bestimmt wurde, dass »Strafvorschriften mit Inkrafttreten des Staatsvertrages durch die DDR aufzuheben sind«. Der § 10 sei mit den Grundsätzen einer freiheitlich-demokratischen Rechtsordnung, wie Generalstaatsanwalt Günter Seidel an Volkskammerpräsidentin Sabine Bergmann-Pohl am 27. Juli 1990 schrieb, »nicht vereinbar«.[25]

Der § 98 StGB (Sammlung von Nachrichten) war dazu missbraucht worden, »politisch Andersdenkende strafrechtlich zu verfolgen, wie dies die Verurteilung von Dr. Rudolf Bahro zeigt«[26], hieß es bei seiner Rehabilitierung. Bahro war mit Urteil des Stadtgerichts Berlin vom 30. Juni 1978 und auf Beschluss des 1. Strafsenats des Obersten Gerichts der DDR vom 1. August 1978[27] wegen Sammlung, Übermittlung und versuchter Übermittlung von Nachrichten sowie Geheimnisverrats zu einer Freiheitsstrafe von acht Jahren verurteilt worden. Außerdem wurden Gegenstände und Geldbeträge eingezogen.

Gegen diese Entscheidungen richtete sich der Kassationsantrag des Präsidenten des Obersten Gerichts der DDR. Mit Urteil seines Präsidiums vom 15. Juni 1990[28] wurde festgestellt, dass die Entscheidungen aus dem Jahre 1978 gegen Bahro das Gesetz verletzten. Die Beurteilung des Handelns von Bahro als Straftaten[29] war schlicht rechtswidrig. Die von den Gerichten getroffenen Sachverhaltsfeststellungen waren weder in objektiver noch in subjektiver Hinsicht geeignet, den Straftatbestand zu tragen.[30] Auch der sogenannte Präzedenzfall von Stefan Heym, indem er mit Hilfe eines Zollvergehens mundtot gemacht werden sollte, gehört zu jener Art von Kriminalisierungspraxis in der DDR, wie der Schriftsteller befand.[31]

Der § 103 (Diversion) wurde mit dem 6. Strafrechtsänderungsgesetz aufgehoben und durch einen neuen Text ersetzt:

»§ 103 Verherrlichung des Nationalsozialismus und verfassungswidrige Diskriminierung

(1) Wer 1. öffentlich nationalsozialistisches Gedankengut vertritt oder den Militarismus verherrlicht; 2. gegen nationale, ethische, rassische oder religiöse Gruppen hetzt, um die verfassungsmäßige Ordnung der Deutschen Demokratischen Republik anzugreifen, wird mit Freiheitsstrafe [...] bestraft.«

Worin die verfassungsmäßige Ordnung der DDR zu jenem Zeitpunkt bestand, blieb auch bei Inkrafttreten der »Verfassungsgrundsätze« am 17. Juni 1990 völlig im Unklaren.

Im Gegensatz zu diesen Verfassungsgrundsätzen, die am Tage der Beschlussfassung in Kraft traten, wurde das 6. Strafrechtsänderungsgesetz erst am 1. Juli 1990, also zwei Tage (ein ganzes Wochenende lag dazwischen!) nach dem Beschluss der Volkskammer in Kraft gesetzt. Betroffen von diesem Gesetz waren die Strafprozessordnung, das Einführungsgesetz zum Strafgesetzbuch und zur Strafprozessordnung, das Gesetz zur Bekämpfung von Ordnungswidrigkeiten, das Strafregistergesetz, das Strafvollzugsgesetz und das Passgesetz.

Das 6. StÄG wurde während der 19. Tagung der Volkskammer am 29. Juni 1990 unter Tagesordnungspunkt 9 lediglich nach der Berichterstattung des Vertreters des

Rechtsausschusses ohne weitere Wortmeldung mit wenigen Enthaltungen beschlossen.

Die Praxis sogenannter Einstimmigkeit wurde auch in der letzten Volkskammer fortgeführt.

Selbst mit einfachen Gesetzen wurden 1990 Verfassungsbestimmungen aufgehoben. Im § 46 des Gesetzes über den Außenwirtschafts-, Kapital- und Zahlungsverkehr (GAW) vom 28. Juni 1990[32] hieß es lapidar: »Der Artikel 9, Absatz 5, der Verfassung der DDR wird aufgehoben.«

Dieser Artikel beinhaltete nicht mehr und nicht weniger, dass die Außenwirtschaft einschließlich des Außenhandels und die gesamte Valutawirtschaft staatliches Monopol der DDR darstellten.

Aber auch im Bundestag passierte eine Reihe von Gesetzen ohne Diskussion das Plenum.

Die Anwendung des Begriffs »Unrechtsstaat« für die DDR in der aktuellen Politik und Publizistik ist nichts anderes als ein Versuch, der Geschichte eine gewünschte Deutung zu geben und alle Ideen, Hoffnungen und Utopien, die damit in Verbindungen standen, zu schmähen, zu diskretieren und zu kriminalisieren.

Der Kabarettist Uwe Steimle fand eine sybillinische Formel: »Die DDR war ein Unrechtsstaat, in dem es viel Gerechtigkeit gab. Die BRD ist ein Rechtsstaat mit viel Ungerechtigkeit.«[33]

Aber auch bundesdeutsche Rechtswissenschaftler legten ihre Position zum gesamtdeutschen Rechtsstaat dar. »Der Rechtsstaat ist nicht das hohe Ross, von dem die Wessis als verfassungspatriotische Pharisäer auf ihre Landsleute im Osten herabblicken können. Es wäre Dienst am Rechtsstaat, mit der inneren Versöhnung zu beginnen«, forderte der bereits zitierte Isensee. »Die innere Wiedervereinigung ist Grund, den Rechtsstaat positiv zu begreifen: als Chance zu gemeinsamer Zukunft.«[34]

Wenn Kriminologe Christan Pfeiffer (Hannover) darüber schwätzt, dass im Osten weit häufiger als im Westen Gewalttaten gegen Ausländer verübt werden würden, »weil die Sozialistische Einheitspartei 40 Jahre lang Untertanen statt mündiger Bürger gezüchtet hat«[35], dann zeigt er sich – wie schon in seiner Auffassung über die vermeintlichen Folgen »kollektiven Topfens« in den DDR-Kindergärten – wenig kundig.

Wenn Bundespräsident Köhler 2009 tapfer feststellte: Die DDR war ein Unrechtsstaat, »und ich scheue mich auch nicht das auszusprechen«, dann kann man nur dankbar sagen: Gut, dass er ein Jahr später ging. Die nachgereichte Tünche bedeckte dieses Fehlurteil nicht. Das bedeutet aber nicht, »dass die Lebensbiografien der Menschen in der DDR unnütz oder schlecht waren«.[36]

Die ARD-Moderatorin Anne Will siedelte den diffusen Begriff des Unrechtsstaates bei der »Ostalgie« an und fragte rhetorisch: »Ob sich das Leben in der DDR auf den Begriff Unrechtsstaat reduzieren lässt? Wurde die DDR-Geschichte im wiedervereinigten Deutschland erfolgreich aufgearbeitet? Und wie nahe sind sich Ost- und Westbürger 20 Jahre nach dem Mauerfall wirklich gekommen?«[37]

Frage: Käme man auf die Idee, die USA als Unrechtsstaat zu bezeichnen, weil am 29. Juni 2009 gegen einen 71-jährigen Finanzmanipulator eine 150-jährige Freiheitsstrafe verhängt wurde? Und nähme man noch die vielen Todesurteile dazu, die Verhörpraktiken auf Guantanamo und überall dort, wo die CIA ihre Finger bei Staatsstreichen im Spiel hat. Die Frage nach Rechtmäßigkeit und Gerechtigkeit stellte sich gewiss. Aber auch die nach der Rechtsstaatlichkeit?

Gilt Großbritannien als Unrechtsstaat, nur weil es keine Verfassung hat und über einen mittelalterlichen Erbadel verfügt. Im Jahre 2008 kamen von 750 Mitgliedern des House of Lords 92 aus dieser Erbdynastie, dazu noch die 26 Bischöfe der Church of England? Jeder »verfassungsrechtliche Abriss« über das United Kingdom beginnt mit der Gründung des angelsächsischen Königreichs unter Egbert I. im Jahre 829.

Großbritannien entschuldigte sich 2009 offiziell für die zwangsweise Verschickung von etwa 150.000 Kindern verarmter britischer Familien nach Australien.[38] Laut einem Bericht von 2001 wurden im 20. Jahrhundert zwischen 6.000 bis 30.000 Kindern von Großbritannien und Malta nach Australien deportiert. Oft wurden sie Alleinerziehenden oder Armen weggenommen.[39]

Kein Unrecht? Kein »Unrechtsstaat«?

Ist die Normenflut in der BRD Indiz einer Überregulierung oder fällt das bereits unter Willkür und Behördenterror? Schaffen ständige Rechtsänderungen nicht mehr, sondern weniger Sicherheit, weil keiner mehr durchblickt?

Ist es Merkmal eines Rechtsstaates, wenn Beamte, also Staatsdiener, vor dem BND-Untersuchungsausschuss ungestraft schweigen dürfen?

Mit dem Abschluss der Staatsverträge zwischen der DDR und der BRD über die Währungs-, Wirtschafts- und Sozialunion und über den Beitritt wurde nach über vier Jahrzehnten die Staatlichkeit der DDR endlich auch völkerrechtlich von der BRD vorbehaltlos anerkannt.

Oder waren das gar keine völkerrechtlichen Verträge, sondern, wie auch behauptet wurde, nur Abkommen quasi-völkerrechtlicher Art?

Man kann es drehen wie man will: Mit den zwei Staatsverträgen im Jahr 1990, so ungleich, so verhängnisvoll, so ungerecht sie in der Folge auch waren, wurde die staatliche Gleichberechtigung beider deutscher Staaten hergestellt. Darum kann diese DDR weder verschwiegen noch ihr Rechtssystem in Abrede gestellt werden. Angesichts der Versuche, dies getan zu haben, fragte der Satiriker Ensikat bereits im Jahre 2001 ironisch: Hat es die DDR überhaupt gegeben?

Und auch andere nahmen diesen Unsinn auf die Schippe: Nachdem der Palast der Republik in Berlins Mitte restlos abgetragen war, pinselten über Nacht einige junge Leute den Wunsch der Herrschenden an die Brückenmauer: »Die DDR hat es nie gegeben!«

Die Neigung ist unübersehbar: Postum soll die DDR aus der deutschen Geschichte gedrängt werden. Die Kontinuität ist das bestimmende Element, die lineare Abfolge lautet: Deutsches Kaiserreich, Weimarer Republik, Drittes Reich, Bundesrepublik Deutschland. Eine zweite deutsche Republik zwischen 1949 und 1990 kommt darin nicht vor.

Dem sogenannten Kontinuitätsbezug im Völkerrecht und im Staatsrecht wird eine unterschiedliche Bedeutung beigemessen. Damit wird versucht, die völkerrechtliche von der staatsrechtlichen Qualität der DDR zu trennen.

Die *völkerrechtliche* Anerkennung der DDR als Staat steht außer Zweifel. Die *staatsrechtliche* Kontinuität wird mit der Selbsteinschätzung in der 68er Verfassung Artikel 1 begründet: Die DDR ist ein sozialistischer Staat deutscher Nation. Die Zweistaatlichkeit wird mit der ohnehin nicht akzeptierten Staatlichkeit der DDR im Grundgesetz für die BRD weiterhin infrage gestellt.

Kurz: Das Deutsche Reich hat den Zweiten Weltkrieg und die Spaltung Deutschlands über 41 Jahre in einem Schwebezustand überdauert. Auf diese Weise wird deutlich, dass das Jahr 1990 entsprechend der im Grundgesetz für die Bundesrepublik Deutschland angelegten Einigungswege eine bemerkenswerte Anpassung an grundlegend gewandelte völkerrechtliche Ausgangslagen erlebte. Sie wurden gestützt durch entsprechende Interpretation des Grundgesetzes für die BRD vor allem durch die Rechtssprechung des Bundesverfassungsgerichts – zum Teil gegen erheblichen Widerstand.[40]

Selbstverständlich wurde auch von diesem Personenkreis die Position der DDR und der Rechtswissenschaft zu diesem Sachverhalt völlig ignoriert.

Das Bundesverfassungsgericht hob den Grundsatz der Völkerrechtsfreundlichkeit des Grundgesetzes hervor. »Dieser Grundsatz gebietet zwar, Rechtsordnungen und -anschauungen anderer Staaten zu achten. Dies gilt aber nur für Rechtsordnungen und -anschauungen noch existierender Staaten. Deshalb besteht für den bundesdeutschen Gesetzgeber seit dem Wirksamwerden des Beitritts der Deutschen Demokratischen Republik keine generelle Verpflichtung zur Achtung der früheren Rechtsordnung der Deutschen Demokratischen Republik.«[41]

Das Bundesverfassungsgericht traf eine Reihe weiterer Entscheidungen, die die Rechtsordnung der DDR nachträglich umdeuteten, genauer: verfälschten. So wurde die Strafbarkeit von DDR-Richtern wegen Rechtsbeugung als Verfassungsbeschwerde zur Entscheidung nicht angenommen – aber die willkürliche Auslegung von Normen des DDR-Strafrechts nach bundesdeutschen Wertvorstellungen durch den 4. Strafsenat des Bundesgerichtshofs auch nicht gerügt.[42]

Die angegriffenen Entscheidungen verletzten das Rückwirkungsverbot der Art. 103 Absatz 2 GG durch die ihnen zugrundliegende Anwendung und Auslegung des § 244 StGB/DDR nicht. Artikel 103 Abs. 2 GG lässt die Bestrafung einer Tat nur zu, wenn sie zum Zeitpunkt der Begehung mit hinreichender Bestimmtheit in einem gesetzlichen Tatbestand mit Strafe bedroht ist. Der Verfassungssatz steht einer Anwendung von Strafgesetzen, durch die die Bewertung des Unrechtsgehalts der Tat nachträglich zum Nachteil des Täters geändert wird, entgegen.[43]

Für die Rechtssprechung des Bundesgerichtshofs zu § 244 StGB/DDR kann dahinstehen, ob und inwieweit einer zur Tatzeit in der Staatspraxis zum Ausdruck gekommenen Interpretation der Strafgesetze bei der Frage, ob die Strafbarkeit einer Tat vor ihrer Begehung gesetzlich bestimmt war, Bedeutung zukommt. Das Vertrauen in den Fortbestand einer bestimmten Interpretation von Strafgesetzen ist jedenfalls in Fällen der vorliegenden Art nicht mehr durch Artikel 103 Abs. 2 GG geschützt.

Art. 103 Abs. 2 GG ist nicht anwendbar, wenn die der Rechtsanwendung zugrundeliegende Staatspraxis durch Aufforderung zu schwerstem kriminellen Unrecht und seiner Begünstigung die in der Völkergemeinschaft allgemein anerkannten Menschenrechte in schwerwiegender Weise missachtet; denn hierdurch setzt der Träger der Staatsmacht extremes staatliches Unrecht, das sich nur solange behaupten kann, wie die dafür verantwortliche Staatsmacht faktisch besteht.[44]

In einem Satz wird also von schwerstem kriminellen Unrecht, schwerwiegender Missachtung der Menschenrechte und extremen staatlichem Unrecht fabuliert. So gesehen wurde das Bundesverfassungsgericht immer mehr zu einem Instrument der Aufarbeitung von DDR-Strafrechts- und ihrer Rechtsgeschichte!

Nicht unerwähnt soll bleiben, dass diese Entscheidung des Bundesverfassungsgerichts auch auf die »vorsätzlichen Tötungshandlungen von Grenzsoldaten« hinwies und üblich die »Allgemeine Erklärung der Menschenrechte« vom 10. Dezember 1948[45] ins Feld führte und erklärte: »Bei der Beugung des Rechts durch Richter und Staatsanwälte handelt es sich jedenfalls dann, wenn die Rechtsbeugungshandlung zu Freiheitsentzug führt, um schwerstes kriminelles Unrecht.«[46]

Worum ging es bei den Verurteilungen in der DDR, die dann als Rechtbeugung gemäß § 244 StGB/DDR, Art. 315 Abs. 1 Satz 1 EGStGB i.V. m. § 2 Abs. 1, Abs. 3 StGB in der BRD galten?

Ich will das an einigen Beispielen der Rechtspraxis aufzeigen.

Im Juli 1982 wurde ein Diplom-Mathematiker in der DDR wegen mehrfacher, teils gemeinschaftlich begangener staatsfeindlicher Hetze zu einer Freiheitsstrafe von acht

Jahren verurteilt. Er hatte Hetzschriften hergestellt und/oder verbreitet. »Hierbei handelte es sich namentlich um die in der Bundesrepublik gedruckte Zeitschrift *Roter Morgen* sowie verschiedene Flugblätter – im Tatzeitraum mehrere tausend Exemplare von Schriften.«[47] Die verhängte Freiheitsstrafe war in den Augen der Verfassungsrichter ein »unerträglicher Willkürakt und offensichtlich schwere Menschenrechtsverletzung. [...] Eine solche Art des Strafens erscheine willkürlich, weil sie allein darauf abziele, durch übermäßige Strenge politisch Andersdenkende einzuschüchtern«.[48]

Im März 1983 wurde ein Ehepaar wegen Landesverräterischer Nachrichtenübermittlung (§ 99 Abs. 1 StGB/DDR i. d. F. des 3. StÄG vom 28. Juni 1979) zu Freiheitsstrafen von zwei Jahren und zehn Monaten bzw. zwei Jahren und vier Monaten verurteilt. Beide hatten die Ständige Vertretung der BRD aufgesucht und dort die Kopien von zwei Schreiben abgegeben, »in denen sie unter Berufung auf Menschen- und Völkerrecht ihre Ausreise aus der DDR beantragt hatten. Weiterhin hatten sie die Weiterleitung eines ihre vergeblichen Ausreisebemühungen betreffenden Schreibens über eine in der Bundesrepublik wohnhafte Verwandte an das Bundesministerium für innerdeutsche Beziehungen vorbereitet«.

»Von einem Handeln ›zum Nachteil der Interessen der Deutschen Demokratischen Republik‹ auszugehen, erscheint auch aus Sicht der DDR-Justiz nicht mehr nachvollziehbar«[49], urteilten die Bundesverfassungsrichter.

Ein Berufskraftfahrer wurde wegen landesverräterischer Agententätigkeit (§100 Abs. 1 StGB/DDR i. d. F. des 3. StÄG vom 28. Juni 1979) zu einer Freiheitsstrafe von zwei Jahren verurteilt. Er wollte in der BRD als Taxifahrer arbeiten, suchte im Dezember 1981 die Ständige Vertretung der BRD auf. »Sein auf Anraten der Ständigen Vertretung gestellter Ausreiseantrag wurde abgelehnt. Daraufhin ließ er sich bei dem Ostberliner Büro des ZDF über eine mögliche Begründung für sein Ausreisebegehren informieren. Zeitgleich [...] wandte er sich telefonisch und schriftlich [...] an die Stadt Dortmund. Im Oktober 1982 berichtete er bei der Ständigen Vertretung über seine Verhandlungen [...] und füllte einen an das Bundesministerium für Innerdeutsche Beziehungen gerichteten zweiseitigen Fragebogen mit Angaben zu seiner Person und zu seinen in der Bundesrepublik lebenden Angehörigen aus.«[50]

In den Urteilsgründen wurde ihm u. a. die Verbindungsaufnahme zur Ständigen Vertretung der BRD bei der DDR und die Anmaßung der Personalhoheit durch Einrichtungen der BRD über DDR-Bürger vorgeworfen, welche immer die Interessen der DDR schädige.[51]

Die »herangezogene Strafbestimmung«, so die Verfassungsrichter, sei »willkürlich überdehnt worden«.[52]

Nun mag dies ja durchaus zutreffen. Gleichwohl sollte die westdeutsche Justiz sich selbst an die Nase fassen und sich ihrer Handlungen erinnern: Gemäß einer Vereinbarung zwischen Bund und Ländern vom 4. November 1959 wurde das Zeigen der Staatsflagge und anderer Staatssymbole der DDR zur »Störung der verfassungsmäßigen Ordnung« und damit der öffentlichen Ordnung erklärt, wogegen die Polizei einschreiten sollte. Unter der Überschrift »Gegen das Zeigen der Spalterfahne« wurde im Bulletin[53] die Richtlinie veröffentlicht, die das polizeiliche Vorgehen begründete. Dort hieß es:

1. Nach übereinstimmender Auffassung der Regierungen von Bund und Ländern ist das Zeigen der Sowjetzonenfahne eine Störung der verfassungsmäßigen und damit der öffentlichen Ordnung. Die zuständigen Behörden haben hiergegen nach Maßgabe dieser Richtlinien einzuschreiten.

2. Als Fahnen gelten auch Standarten und Wimpel.

3. Die sachliche und örtliche Zuständigkeit richtet sich nach Landesrecht. Die Zuständigkeit der Bundesgrenzschutzbehörden nach § 2 des Bundesgrenzschutzgesetzes bleibt unberührt.

4. Ein polizeiliches Einschreiten ist erforderlich, wenn die Fahne in der Öffentlichkeit gezeigt wird. Hierunter fallen auch Sportveranstaltungen, Ausstellungen und Messen.

5. Bei einem nur die Herkunft bezeichnenden Zeigen der Fahne im See- und gewerblichen Binnenschiffsverkehr ist von einem Einschreiten abzusehen.

6. Vorstehende Richtlinien gelten auch für das plakatmäßige Zeigen der Fahne oder des Sowjetzonenemblems.[54] Obwohl seit dem Jahre 1966 diese Richtlinie mehrfach eingeschränkt und verändert wurde, beschlossen am 31. August 1967 die zuständigen Gremien, dass das Zeigen der Fahne und das Abspielen der Nationalhymne der DDR weiterhin nicht zugelassen seien.[55]

Im Zusammenhang mit den bevorstehenden Olympischen Spielen in München 1972 wurden erhebliche Bedenken gegen die Durchführbarkeit dieser Richtlinie erhoben und die Bundesregierung von den Ländern aufgefordert, ihre bisherige Haltung in der Flaggen- und Hymnenfrage zu überprüfen.[56]

Am 4. Februar 1970 fasste Bonn den folgenden sybillinischen Beschluss:

»1. Die Vereinbarung vom 4. November 1959 kann aufgehoben werden.

2. Die Innenminister und -senatoren der Länder sind entschlossen, Provokationen mit DDR-Symbolen auch in Zukunft entgegenzutreten.«[57]

Vier Wochen später, am 9. März, urteilte man dazu: Das Zeigen der DDR-Flagge und ihrer Symbole wäre nicht ohne weiteres als eine Störung der verfassungsmäßigen und damit öffentlichen Ordnung anzusehen. Künftig gehe man davon aus, dass für ein polizeiliches Einschreiten gegen das bloße Zeigen der Flagge und den Gebrauch anderer Staatssymbole der DDR keine Rechtsgrundlage gegeben sei.[58]

Den Staatssymbolen der DDR käme ein rechtlicher (innerdeutscher) Sonderstatus zu. Strafrechtlich, so wurde festgestellt, handele es nicht (!) um Symbole der BRD oder eines ihrer Länder. Die Strafbestimmung des § 90 a StGB (Verunglimpfung des Staates und seiner Symbole) könne darum etwa bei einem Angriff gegen die DDR-Flagge nicht angewendet werden.

Die DDR-Staatssymbole genössen auch keinen strafrechtlichen Schutz als Ausländische Hoheitszeichen gemäß § 104 StGB. In Betracht kämen allein Eigentumsdelikte an DDR-Symbolen, sofern die tatsächlichen Voraussetzungen hierfür vorliegen.[59]

So verwunderte es nicht, dass die Reste einer DDR-Fahne, die am Rande des Treffens von Bundeskanzler Willy Brandt und von DDR-Ministerpräsident Willi Stoph im Mai 1970 demonstrativ zerrissen worden war, gleichsam als Trophäe ins Stadtmuseum Kassel kam und noch heute zu »feierlichen Anlässen« gezeigt wird.[60]

Und: Auf einem Plakat zum Jahrestag der Grenzsicherungsmaßnahmen am 13. August 1961 forderten Ewiggestrige im Jahr 2009 »Verbot von DDR-Symbolen JETZT.«[61]

Oder – wir reden immer noch über Rechtsbeugung in der BRD – nehmen wir jenen Fall eines Straftäters, der mehr als 26 Jahre eine lebenslange Freiheitsstrafe verbüßte, weil ihm wegen Fehlens einer positiven Kriminalprognose eine Strafaussetzung auf Bewährung abgelehnt wurde. Erst das Bundesverfassungsgericht hob Entscheidungen von Instanzgerichten auf bzw. verwies sie zurück, um dem Beschwerdeführer zu seinem Recht zu verhelfen: Strafaussetzung auf Bewährung.[62]

Oder wie verhält es sich mit den Verfassungsbeschwerden, die nicht zur Entscheidung angenommen und mitunter mit einer Missbrauchsgebühr gegenüber Beschwerdeführern und ihren Anwälten belegt werden? Gegenstand einer Verfassungsbeschwerde war beispielsweise die Frage, ob es verfassungsrechtlich zulässig sei, dass Kriegsbeschädigte des Zweiten Weltkriegs, die am 18. Mai 1990 im Beitrittsgebiet, also in der DDR, wohnten, eine niedrigere

Grundrente erhalten als Beschädigte, die zu diesem Zeitpunkt im Bundesgebiet lebten.[63] Durch die Nichtannahme der Beschwerde wurde klargestellt, dass die Schmerzen eines in der DDR verbliebenen Kriegsgeschädigten auch rentenrechtlich geringer zu bewerten sind.

Ende Juli 2009 stellte das Bundesverfassungsgericht fest, dass die Bundesregierung gegenüber dem BND-Untersuchungsausschuss grundgesetzwidrig handele. »Die Weigerung der Bundesregierung, Beamte vor dem BND-Untersuchungsausschuss umfangreich aussagen zu lassen, verstößt gegen das Grundgesetz. […] Der Untersuchungsausschuss sollte, angesichts der Berichte über CIA-Flüge mit Terrorverdächtigen und die Verschleppung Deutscher, auf Antrag der Oppositionsfraktionen im Bundestag (FDP, Grüne und Linkspartei) klären, ›welche politischen Vorgaben‹ für das Handeln von Bundesnachrichtendienst, Bundesamt für Verfassungsschutz, Militärischem Abschirmdienst, Generalbundesanwalt und Bundeskriminalamt gemacht wurden, und wie die politische Leitung und Aufsicht ausgestaltet und gewährleistet wurde. Wiederholt verweigerten die Zeugen im Ausschuss die Aussage oder gaben auf Fragen keine Antwort. Außerdem verweigerte die Bundesregierung mehrfach die Vorlage von Akten.«[64]

Das Bundesverfassungsgericht wies darauf hin, dass dem parlamentarischen Informationsinteresse ein besonders hohes Gewicht zukomme, soweit es um die Aufdeckung möglicher Rechtsverstöße und vergleichbarer Missstände innerhalb der Regierung gehe. Für das Staatswohl trügen nicht nur die Bundesregierung sondern auch der Bundestag in gleicher Weise Verantwortung. »Die pauschale Behauptung der Gefährdung des Staatswohls sei keine Begründung dafür, weshalb die konkret verlangten Unterlagen Sicherheitsrelevanz besitzen sollten.«[65]

Mit der gleichen Begründung übrigens wurden etwa die Dossiers der Hauptabteilung IX/11 des MfS, die sich mit der Nazivergangenheit des Führungspersonals des BND, des Verfassungsschutzes, des MAD und der Polizei befassten, in der Gauck-Birthler-Behörde vom Bundesinnenministerium gesperrt. Erst 2010 wurden auf öffentlichen Druck zwei von 27 Aktenordnern der Öffentlichkeit zugänglich gemacht.

Der kritikwürdige Umgang der offiziellen BRD mit dem Erbe des Nazismus schlug sich auch im Strafrecht nieder. Man tut heute so, als sei die Befreiung vom faschistischen Denken ein längst abgeschlossener Vorgang, Rechtsgeschichte mithin und für die aktuelle Strafrechtslehre nicht mehr von Bedeutung. Eine kritische Bestandsaufnahme beweist aber, dass diese These nicht stimmt.

Die Strafrechtslehre nutzt unverändert überkommene Positionen wie selbstverständlich. Sie ist in zentralen Teilen ihrer Dogmatik durch gesetzliche Regelungen, Lehrmeinungen und Urteile geprägt, die auch die Zeit zwischen 1933 und 1945 bestimmt haben und deren katastrophale Konsequenzen der deutsche Faschismus unter Beweis stellte. Eines der Beispiele der Übernahme rechtstaatswidriger gesetzlicher Regelungen ist der Tatbestand des Mordes (§ 211 StGB/BRD), der auf dem faschistischen Täterstrafrecht basiert. Mit dem Merkmal »niedrige Beweggründe« (§ 211 II Satz 1) ist für den Richter der Freibrief gegeben, im Einzelfall zu entscheiden, wie er es will. Die Entscheidung über Mord oder Totschlag, lebenslange oder zeitige Freiheitsstrafe liegt damit allein beim Richter.

Als weitere Beispiele seien genannt: Strafbarkeit der Unterlassenen Hilfeleistung (§ 323 c StGB aus dem Jahr 1935), der Tatbestand des Vollrauschs (§ 323 a StGB aus dem Jahr 1941), Urkundenfälschung (§ 267 StGB aus dem Jahre 1943), die Eidesdelikte (aus dem Jahre 1944), sowie die sogenannte Verkehrsunfallflucht, der Ausschluss der Einwilligung in eine ›sittenwidrige‹ Körperverletzung, sämtliche Maßregeln der Besserung und Sicherung – all das stammt aus der Zeit des deutschen Faschismus.[66]

Artikel 26 des Grundgesetzes für die BRD zwingt den Gesetzgeber, jegliche Handlungen zu verbieten, die insbesondere der Vorbereitung eines Angriffskrieges dienen. Der § 80 StGB/BRD lautet:

»Vorbereitung eines Angriffskrieges.

Wer einen Angriffskrieg (Artikel 26 Abs. 1 des Grundgesetzes), an dem die Bundesrepublik Deutschland beteiligt sein soll, vorbereitet und dadurch die Gefahr eines Krieges für die Bundesrepublik Deutschland herbeiführt, wird mit lebenslanger Freiheitsstrafe oder mit Freiheitsstrafe nicht unter zehn Jahren bestraft.«

Im Zusammenhang mit der deutschen Beteiligung am NATO-Einsatz gegen Jugoslawien wies der Generalbundesanwalt in einer Pressemitteilung den naheliegenden Verdacht wortreich weit von sich[67]: »Die deutsche Beteiligung am NATO-Einsatz in Jugoslawien erfüllt nicht den Straftatbestand des § 80 (Vorbereitung eines Angriffskrieges).

Bei der Bundesanwaltschaft gingen täglich mehrere Strafanzeigen wegen der Vorbereitung eines Angriffskrieges nach § 80 bzw. 80 a Strafgesetzbuch (Aufstacheln zum Angriffskrieg) ein. Der Generalbundesanwalt hat den Sachverhalt geprüft, jedoch keine Ermittlungen eingeleitet, weil Anhaltspunkte für eine Straftat fehlen würden.

Der Straftatbestand der Vorbereitung eines Angriffskrieges nach § 80 StGB erfüllt den Verfassungsauftrag des Artikels 26 Absatz 1 Grundgesetz.

Wie die Bezugnahme auf das Grundgesetz zum Ausdruck bringt, hat sich die Auslegung des § 80 StGB nicht nur an dessen Wortlaut, insbesondere nicht allein am militärisch verstandenen Begriff des Angriffskrieges auszurichten. Vielmehr stellt der Straftatbestand ein Verhalten unter Strafe, das nach den historischen Erfahrungen aus der Zeit vor dem Inkrafttreten des Grundgesetzes als Störung des Friedens zu werten ist. Aus dem Wortlaut des Artikels 26 Absatz 1 ergibt sich, dass die Vorbereitung und die Führung eines Angriffskrieges nur einen Unterfall solcher Handlungen bildet, die geeignet sind und in der Absicht begangen werden, das friedliche Zusammenleben der Völker zu stören. Diese Merkmale sind deshalb bei der Auslegung des Begriffs ›Angriffskrieg‹ in § 80 StGB zu berücksichtigen [...]

Die den Strafanzeigen zugrundeliegende Einschätzung, bei der vom Deutschen Bundestag beschlossenen Beteiligung an einer von der NATO geführten Luftoperation handele es sich um einen Angriffskrieg bzw. um die Vorbereitung eines Angriffskrieges, wird danach den tatsächlichen Umständen nicht gerecht.

Sie lässt außer Betracht, dass es der Bundesregierung und ihren NATO-Partnern allein darum geht, die Führung der Föderativen Republik Jugoslawien nach langen vergeblichen Verhandlungen zu bewegen, von einer Unterdrückung der albanischen Volksgruppe im Kosovo abzulassen und zu einer friedlichen Politik zurückzukehren. Der militärische NATO-Einsatz erweist sich als Ultima ratio gegen die maßgeblich von der jugoslawischen Staatsführung zu verantwortende Friedensstörung im Kosovo.

Er bezweckt letztlich die Wiederherstellung des Friedens in der Krisenregion, indem erklärtermaßen eine mit diplomatischen Mitteln zu findende friedenschaffende und friedenssichernde Lösung gefördert werden soll. Dies wird vom Straftatbestand des § 80 StGB nicht erfasst.«[68]

Es erscheint äußerst zweifelhaft, ob der Generalbundesanwalt überhaupt befugt war, den Artikel 26 Absatz 1 des Grundgesetzes für die BRD zu interpretieren.

Wurde hier nicht auch das Bundesverfassungsgerichtsgesetz verletzt, dass die Zuständigkeit des Gerichts und seiner Senate regelt? Das aber nur nebenbei.

In der Erklärung der Bundesregierung vom 26. März 1999 sagte Bundeskanzler Gerhard Schröder wahrheitswidrig, dass »die Mehrheit unserer Mitbürgerinnen und Mitbürger« hinter der Bundeswehr stehe bei »ihrem Einsatz für die Menschlichkeit und den Frieden [...] Ich denke, es ist ein Gebot des Anstandes und der Vernunft, auch vom Deutschen Bundestag aus ein Zeichen der Solidarität und der Unterstützung an unsere Streitkräfte zu richten.«[69]

Wenige Tage zuvor hatte das Bundesverfassungsgericht den Antrag der Fraktion der PDS im Deutschen Bundestag verworfen, der die Frage betraf, »ob die Rechte einer Fraktion oder des Bundestages durch die Beteiligung der Bundeswehr an militärischen Operationen der NATO gegen die Föderative Republik Jugoslawien (Serbien und Montenegro) verletzt worden sind«.[70]

Die Frage nach Reaktion der Weltgemeinschaft auf die Menschenrechtsverletzungen besonders im Kosovo wurde erstmals von einem Militärbündnis (der NATO) mit einer sogenannten humanitären Intervention ohne UNO-Mandat beantwortet. Der Angriff der NATO gegen Jugoslawien zugunsten des Kosovo wurde nicht etwa durch einen Angriff Jugoslawiens auf einen NATO-Staat (bei dem man sich auf den Verteidigungsfall hätte berufen können), sondern mit massiven Menschenrechtsverletzungen im Kosovo begründet.

Am 20. März 2002 stellt das Bundesverfassungsgericht in der Pressemitteilung Nr. 35/2002 und im Beschluss dazu fest, dass der § 43 a des StGB (Verhängung einer Vermögensstrafe) verfassungswidrig sei.[71]

Die Verhängung der Vermögensstrafe (§ 43a StGB) ist mit Artikel 103 Absatz 2 des GG (eine Tat kann nur bestraft werden, wenn die Strafbarkeit gesetzlich bestimmt war, *bevor* die Tat begangen wurde) nicht vereinbar. »Der Gesetzgeber hat das verfassungsrechtliche Minimum an gesetzlicher Vorausbestimmung zur Auswahl und Bemessung dieser Strafe nicht geregelt. Dadurch wird es dem von der Vermögensstrafe Betroffenen in rechtlich nicht mehr hinnehmbarer Weise erschwert, Art und Maß der Sanktion vorherzusehen, die er als staatliche Reaktion auf seine Straftat zu erwarten hat.« An die rückwirkende strafrechtliche Verantwortlichkeit von DDR-Hoheitsträgern haben die Richter in diesem Zusammenhang bestimmt nicht gedacht.

Und ein anderer Fall:

In einem Beschluss des Bundesverfassungsgerichts vom 28. Januar 1998 (Leitsätze Ziffer 2) heißt es: »Der Bundesgrenzschutz darf nicht zu einer allgemeinen, mit den Landespolizeien konkurrierenden Bundespolizei ausgebaut werden und damit sein Gepräge als Polizei mit begrenzten Aufgaben verlieren.« Trotz dieses Beschlusses sieht die Praxis anders aus. Bereits seit April 1992 nimmt der Bundesgrenzschutz, in Änderung des BGS-Gesetzes von 1972, Aufgaben der Bahnpolizei und des Luftverkehrs wahr.

Wie »modern« das Grundgesetz ist, wird im gegebenen Zusammenhang damit belegt, dass das Bundesverfassungsgericht 1998 auf die Weimarer Reichsverfassung (Artikel 7 Nr. 19), auf die »Anfänge der Eisenbahnen in Deutschland« 1835, auf die Reichsverfassung von 1871 (Artikel 43), auf das »Bahnpolizei-Reglement von 1871 sowie auf die Eisenbahn-Bau- und Betriebsordnung aus dem Jahre 1928 eingehen muss.[72]

Wie der disziplinierende und durchsetzungsmächtige Rechtsstaat mit seinen Bürgern umspringt, wird an der Hartz IV-Gesetzgebung deutlich: Der Arbeitslose, nunmehr Kunde, muss »Eingliederungsvereinbarungen« abschließen. Tut er es nicht, droht Leistungsentzug.

Wo ist da die Vertragsfreiheit?

Für Langzeitarbeitslose ist nach § 10 (SGB II) grundsätzlich jede Arbeit zumutbar. Egal über welche Qualifizierung er verfügt und wie weit er zur Arbeit fahren muss. Aber es sollen Arbeitsgelegenheiten geschaffen werden, die für eine angemessene Entschädigung ausgeführt werden dürfen. Für »Schäden« bei der Ausübung ihrer Tätigkeit haften erwerbsfähige Hilfebedürftige nur wie Arbeitnehmerinnen und Arbeitnehmer.[78] Wird mit diesen Regelungen nicht das GG Artikel 12 (Berufsfreiheit, Verbot der Zwangsarbeit) faktisch ausgehebelt?

Wird Artikel 9 Absatz 3 die Koalitionsfreiheit, einschließlich der Tarifautonomie, dabei nicht mit Füßen getreten?

Weil das Grundgesetz für die BRD ausdrücklich den sozialen Rechtsstaat im Artikel 28 nennt, soll nicht unterlassen werden, einiges zur Bedeutung des Sozialgesetzbuches II[73] darzulegen: Der Wandel zum aktivierenden Sozialstaat wird als eine der größten und wichtigsten Sozialreformen der deutschen Geschichte charakterisiert. Die Grundsicherung für Arbeitssuchende (Hartz IV) wird als wichtigster, aber nicht einziger Schritt benannt.[74]

Der aktivierende Sozialstaat macht aus dem Arbeitssuchenden einen Gegenstand des Gesetzes. Die Grundsicherung für Arbeitssuchende soll sie veranlassen, ihren Lebensunterhalt in Eigenverantwortung aus eigenen Mitteln und Kräften zu bestreiten. Eigenverantwortung bedeutet, Verantwortung für sich selbst und die eigenen Handlungen zu tragen. Das ist nunmehr so im Gesetz festgelegt. Dem Arbeitsuchenden wird gesetzlich unterstellt, dass es ihm an dieser Eigenschaft fehle. Dieser Mangel sei Hauptursache seiner Misere, dass er die Grundsicherung überhaupt in Anspruch nehmen müsse.

Die Menschenwürde, als höchstes Gut des Grundgesetzes für die BRD, wird durch Eigenverantwortung ersetzt.[75]

Im Bundessozialhilfegesetz (BSHG) wird die Aufgabe der Sozialhilfe darin gesehen, dem Empfänger der Hilfe die Führung eines Lebens zu ermöglichen, das der Würde des Menschen entspricht.[76]

Der Grundsatz des Forderns legt detailliert fest, wie die Eigenverantwortung wahrzunehmen sei: Erstens muss der erwerbsfähige Hilfsbedürftige alle Möglichkeiten zur Beendigung oder zur Reduzierung der Hilfsbedürftigkeit ausschöpfen. Zweitens muss er aktiv an allen Maßnahmen zu seiner Eingliederung in Arbeit mitwirken. Insbesondere muss er eine Eingliederungsvereinbarung abschließen. Drittens hat er eine ihm angebotene zumutbare Arbeitsgelegenheit zu übernehmen. Grundsätzlich ist jede Arbeit zumutbar.

Selbstverständlich legt der Gesetzgeber (der Deutsche Bundestag und der Bundesrat in seiner jeweiligen Zusammensetzung) Sanktionen gegen den erwerbsfähigen Hilfsbedürftigen fest, wenn er seine Eigenverantwortung, wie oben skizziert, nicht wahrnimmt.[77]

Das Bundesverfassungsgericht stellte fest, dass die Regelleistung für Erwachsene und Kinder grundgesetzwidrig berechnet wurde, sie entspricht weder dem Anspruch eines menschenwürdigen Existenzminimums als Ausfluss der Menschenwürde gemäß Artikel 1 GG noch dem Sozialstaatsprinzip des Artikels 20 Absatz 1 GG.

Diese Entscheidung spricht eindeutig gegen den vermeintlichen sozialen Rechtsstaat BRD. Denn nicht die Höhe des Regelsatzes, sondern die Ermittlung ist grundgesetzwidrig. Man kann es auch so sehen: Die Existenz des Bundesverfassungsgerichts ist zumindest ein Indiz für die Rechtsstaatlichkeit. Gleichwohl: Der Gesetzgeber wurde nicht verpflichtet, die Leistungen nach Hartz IV rückwirkend neu festzusetzen.[78]

Und noch ein Verstoß gegen das Grundgesetz sei abschließend erwähnt: Beim Landgericht Hamburg wurde ein Schadensersatzverfahren über 20 Jahre geführt, was das Bundesverfassungsgericht als zu lang bewertete. Die Argumentation benennt die Crux, ohne eine verbindliche Antwort zu geben. »Es ist in der verfassungsgerichtlichen Rechtsprechung anerkannt, dass sich aus Art. 2 Abs. 1 GG in Verbindung mit dem Rechtsstaatsprinzip (Art 20 Abs. 3 GG) die Gewährleistung eines Rechtsschutzes für bürgerlichrechtliche Streitigkeiten [...] ergibt, Gerichtverfahren in angemessener Zeit zu einem Abschluss zu bringen. [...] Die

Angemessenheit der Dauer eines Verfahrens ist stets nach den besonderen Umständen des einzelnen Falles zu bestimmen. […] Es gibt keine allgemeingültigen Zeitvorgaben.«

Die bisherige Dauer des Verfahrens begründete einen Verfassungsverstoß. Es sei nicht mehr hinnehmbar, dass der Abschluss des erstinstanzlichen Verfahrens nach über 22 Jahren noch nicht absehbar sei, hieß es.[79]

Die Frage, ob die DDR ein *bürgerlicher Rechtsstaat* war, wird von mir verneint. Das bezieht sich auf den ganzen Zeitraum der Existenz der Republik. Das betrifft auch den Zeitraum vom 17. Juni 1990 bis 3. Oktober 1990, als Artikel 1 der Verfassungsgrundsätze in der DDR eine »Freiheitliche Grundordnung« aus der Taufe hob und aus ihr einen freiheitlichen, demokratischen, föderativen, sozialen und ökologisch orientierten Rechtsstaat machte. »In der DDR war die Frage des Rechtsstaats vor allem eine Frage des Verhältnisses von Recht und Politik, der eigenständigen Rolle des Rechts. […] Insgesamt aber hat sie sich nicht als Rechtsstaat verstanden. Ihre Führung war nicht bereit, das Recht als Maß der Politik zu akzeptieren. Die Wurzeln für diese Haltung sind auch in der Vergangenheit, in der Entwicklung marxistischen Denkens wie in den persönlichen Erfahrungen in der Weimarer Republik wie im Nazifaschismus zu sehen.«[80]

Der Begriff des Rechtstaates wurde in der DDR die meiste Zeit nicht verwandt.[81] Es war von Rechtsbildung, Rechtssystem, Rechtssicherheit, Rechtsverhältnis, Rechtsverwirklichung, Recht auf Arbeit, Bildung, Freizeit und Erholung, Teilnahme am kulturellen Leben, auf Wohnraum u. a. die Rede.[82] Die angeführte Literatur belegt zwar für die DDR-Endzeit das Gegenteil, dennoch verstand sich offizielle die DDR wohl bis zum Anschluss nicht als Rechtsstaat. Der Begriff Rechtsstaat galt als suspekt und anrüchig, weil er sich eindeutig auf den bürgerlichen Staat á la Bundesrepublik bezog.

ZK-Sekretär Kurt Hager sprach auf der 6. ZK-Tagung 1988 von der DDR als »sozialistischem Rechtsstaat«, der seinen Bürgern »die grundlegenden Menschenrechte« gewähre. Als Belege führte er an: das Arbeitsgesetzbuch und den Abschluss von 25.445 Betriebskollektivverträgen im Jahre 1988, den sozialistischen Wettbewerb, die Plandiskussion und die Neuererbewegung, die Tätigkeit der Arbeiter-und-Bauern-Inspektion und die Bekämpfung der Kriminalität als gesellschaftliche Aufgabe. Substantielles zum sozialistischen Rechtsstaat erläuterte er nicht.[83]

Das löste unter Rechtswissenschaftlern der DDR damals eine heftige Debatte aus. Man fragte beispielsweise, wenn ein sozialistischer Rechtsstaat in den »Farben der DDR« existierte, gäbe es dann auch einen sozialistischen Rechtsstaat in den Farben Polens, der CSSR, Ungarns, der Sowjetunion etc.? Mollnau benutzte die Formel vom nationalen Kolorit des Rechtsstaates der DDR.[84]

Wagner spricht vom sozialistischen Rechtsstaat als Verfassungsstaat und macht darauf aufmerksam, dass z. B. die »Beschneidung der Rechte der Volkskammer und der Regierung durch die frühere politische Führung der SED [...] verfassungswidrig [war]. Auch der Vorsitzende des Staatsrates muss sich an die Verfassung halten, was in der Vergangenheit nicht immer der Fall war. Der sozialistische Verfassungsstaat ist politisch, moralisch und juristisch verpflichtet, *jede* Verletzung der Verfassung aufzudecken« und zu ahnden. Weil die Verfassung die Grundlage für Rechtsetzung und Rechtsverwirklichung, sowie unmittelbar geltendes Recht ist (Artikel 105), muss das »Ausdruck im Verfassungs*text* selbst finden. Ungeachtet ihrer politischen Bedeutung und Funktion trägt die Verfassung Rechtscharakter; die Wissenschaftlichkeit des Verfassungstextes ist deshalb eine wichtige praktische Wirkungsbedingung. In dieser Hinsicht lässt die geltende Verfassung der DDR vieles offen.« Mittels einer konsequenten Demokratisierung der DDR-Gesellschaft sollte es gelingen, »die reale und volle Macht des Volkes zu gewährleisten«.[85] Jedenfalls besteht bis heute Klärungsbedarf bei den Begriffen Unrechtsstaat und Rechtsstaat.

Denn würde man etwa die Zahl der Morde und Toten bei illegalen Grenzübertritten und in Abschiebeknästen, des Kindesmissbrauchs, des Dopings, der Wirtschaftsverbrechen, die Vorratsdatenspeicherung, Gesinnungsüberprüfungen, die Verfassungsschutzberichte etc. mit in die Beurteilung einbeziehen, also die gleichen Kriterien nehmen, die bei der Beurteilung der DDR benutzt werden, käme man zu der Auffassung, dass die BRD kein Rechtsstaat, mithin ein »Unrechtsstaat« sein müsse. Was sie aber gewiss nicht ist. Also: Es geht um politische und juristische Klarheit und nicht um Ideologie und Propaganda.

Anmerkungen

1 Pogadda 1990, S. 363, unter Hinweis auf Polak.
2 Ulmer Reichswehrprozess, 25. September 1930.
3 Der Artikel 28, Absatz 1 Satz 1, lautet: Die verfassungsmäßige Ordnung in den Ländern muss den Grundsätzen des republikanischen, demokratischen und sozialen Rechtsstaates im Sinne dieses Grundgesetzes entsprechen. Stand: 29. Juli 2009 (BGBL. I , S. 2248).
4 Die Bibliographie bei Isensee (1997), S. 128 belegt das.
5 Isensee a. a. O., § 202.
6 Artikel 20 Absatz 2 Satz 2.
7 Artikel 20 Absatz 3.
8 Was darunter zu verstehen ist, bleibt völlig unklar.
9 Dieser Vertrag heißt offiziell: Vertrag zwischen der Deutschen Demokratischen Republik und der Bundesrepublik Deutschland über die Herstellung der Einheit Deutschlands – Einigungsvertrag – GBl. Teil I Nr. 64, S. 1629, Ausgabetag: 28. September 1990.
10 Vgl. Einigungsvertrag Artikel 17 Satz 2; Artikel 18 Absatz 1 Satz 2; Artikel 19 Satz 2.
11 Vgl. Isensee, a. a .O., Rn. 84.
12 Vgl. Heuer/Riege 1992, S. 88.
13 Vgl. ebenda, S. 98.
14 Ebenda, S. 99.
15 Vgl. Heuer/Riege 1992.
16 Hermann Klenner, Gesetzgebung und Gesetzlichkeit, in: *Staat und Recht* 5/1990, S. 372-381.

17 Vgl. ebenda, S. 375.
18 Vgl. Angaben zur Volkskammer 2002, S. 403.
19 Ebenda
20 Vgl. Witte 1990, S. 145.
21 StGB in der Fassung vom 18. Dezember 1987.
22 Vgl. Buchholz 1990.
23 GBl. I Nr. 39 , S. 526.
24 Vgl. Teichler 1990, S. 291.
25 Schreiben von Generalstaatsanwalt Günter Seidel an Volkskammerpräsidentin Sabine Bergmann-Pohl vom 27. Juli 1990. In: Peter Przybylski: Tatort Politbüro. Die Akte Honecker. Berlin 1991, S. 391-393.
26 Rehabilitierung, S. 288.
27 101a BS 43/8 bzw. 1 OSB 55/78
28 Pr OSK 7/90.
29 Gemäß § 98 Absatz 1 StGB i. d. F. vom 19. Dezember 1974 (GBl. I Nr. 3 , S. 14).
30 Vgl. Rehabilitierung, a. a. O.
31 Vgl. Stefan Heym: Filz Gedanken über das neueste Deutschland. München 1992, S. 7-16.
32 GBl. I Nr. 39, S. 515.
33 Die Dialektik und ich. In: *Neues Deutschland* vom 7. Oktober 2009 , S. 1.
34 Isensee 1992, S. 137.
35 Christian Pfeiffer: Anleitung zum Hass. Über das Erziehungssystem der DDR und die Folgen, in: *Der Spiegel* 12/1999.
36 *ZDF*-Sommerinterview »Berlin direkt«, 5. Juli 2009.
37 ARD-Talkshow »Anne Will«, Das Erste. Blog Archiv, Kategorie Sendungen, 24. April 2009, 14.41 Uhr.
38 *http://www.net-tribüne.de/nt/node/13119/news/London 17.11.2009.*
39 Vgl. ebenda.
40 BVerfG, 2 BvR 2560/95 vom 7.4.1998, Absatz-Nr. 23, 24, 25.
41 Vgl. BverfGE 95, S. 96 <131 >
42 a. a. O., Absatz-Nr. 30, 31.
43 Der Internationale Pakt über bürgerliche und politische Rechte vom 19. Dezember 1966 (BGBl. 1973 II , S. 1534) wird selten erwähnt. Sein Artikel 12, Abs. 3, bestimmt, dass u. a. die Freizügigkeit, das eigene Land zu verlassen, eingeschränkt werden darf, wenn dies gesetzlich vorgesehen ist.
44 BVerfGE 95, S. 96, Absatz-Nr. 2.
45 http://de.wikipedia.org/wiki/Allgemeine_Erklärung_der_Menschenrechte
46 BVerfGE 95, S. 96, Absatz-Nr. 4.
47 a. a. O., Absatz-Nr. 18.
48 a. a. O., Absatz-Nr. 19.
49 a. a. O., Absatz-Nr. 13, 14.
50 a. a. O., Absatz-Nr. 15.
51 a. a. O., Absatz-Nr. 20.
52 Ebenda.

53 Bulletin der Bundesregierung Nr. 234, vom 17. Dezember 1959, S. 2399
54 Ebenda.
55 Anlage: Kabinettsvorlage vom 9.März 1970. In DzD 2002 Nr. 102A, S. 368-373.
56 a. a. O., S. 369
57 Ebenda.
58 Vgl. a. a. O., S. 370.
58 Ebenda, S. 370.
59 a. a. O., S. 371.
60 Im Jahre 2009 sogar zeitweilig ausgestellt.
61 *junge Welt* vom 26. Januar 2010, S. 11.
62 Vgl. BVerfG, 2 BvR 77/97 vom 22. März 1998.
63 Vgl. BVerfG, I BvR 2066/97 vom 16. Februar 2001 Absatz-Nr. 1.
64 *Frankfurter Allgemeine Zeitung* vom 24. Juli 2009, S. 1.
65 Ebenda, S. 2.
66 Vgl. Wolf 1996, S. 52, Ziffern 78 und 81.
67 Pressemitteilung Nr. 10 vom 21. April 1999.
68 Ebenda.
69 Bulletin, Nr. 13 Bonn, den 30. März 1999, S. 138.
70 BVerfGE 100. Band Tübingen 1999, Nr.1 , S. 266 .
71 2 BvR 794/95.
72 BVerfG, 2 BvF 3/92 vom 28, Januar 1998, Absatz Nr. 1, 94-99.
73 SGB II § 16, Stand: Februar 2006.
74 Sozialgesetzbuch (SGB) Zweites Buch (II) – Grundsicherung für Arbeitssuchende – vom 24. Dezember 2003 (BGBl. I, S. 2954f.). Auch Bundesministerium für Wirtschaft und Arbeit: Hartz IV. Menschen in Arbeit bringen, Berlin 2004, S. 11.
75 Vgl. Schumak 2007, S. 142.
76 In der Fassung der Bekanntmachung vom 23. März 1994 (BGBl. I, S. 646), § 1 Absatz 2 Satz 1.
77 SGB II § 2, § 10, der Ausnahmen festlegt, sowie § 31 (Absenkung und Wegfall des Arbeitslosengeldes II).
78 Urteil vom 9. Februar 2010, Az.: 1 BvL 1/09; 1 BvL 3/09; 1 BvL 4/09. Pressemitteilung vom 9. Februar 2010.
79 BVerfG, 1 BvR 2662/06 vom 30. Juli 2009, Absatz-Nr. 20, 21.
80 Heuer/Riege 1992, S. 82.
81 Schöneburg, Karl-Heinz (Hg.) weist in der Geschichte des Staates und des Rechts der DDR, Dokumente 1945-1949 Berlin 1984 z. B. in einem Dokument der CDU nach, dass auch der »demokratische Rechtsstaat« gefordert wurde (, S. 59). Das war vor Gründung der DDR.
82 Vgl. z. B. Rechtslexikon 1988 S. 280 bis 293.
83 Hager 1988, S. 66-70.
84 Mollnau 1989, S. 394.
85 Wagner 1990, S. 58.

Unwahrheiten und Fälschungen

Die größte Lüge in Bezug auf die Deutsche Demokratische Republik lebte auch am längsten: nämlich die Leugnung der Existenz des Staates DDR, seiner Souveränität, seiner Regierung und deren Organe. Die Erklärung des Deutschen Bundestages über die »Nichtanerkennung der ›Souveränität‹ der Sowjetzonenregierung«, welcher den Alleinvertretungsanspruch der BRD klar zum Ausdruck brachte, lautete: »In seiner 23. Sitzung vom 7. April 1954 nahm der Deutsche Bundestag nachstehenden Entschließungsantrag einstimmig an: Der Deutsche Bundestag erklärt, dass das deutsche Volk sich niemals mit der Spaltung abfinden und die Existenz zweier deutscher Staaten hinnehmen wird. Er wiederholt die Feststellung, dass das kommunistische Regime in der sowjetisch besetzten Zone Deutschlands nur durch Gewalt existiert und keine Vertretung des deutschen Volkes ist.

Die Bundesregierung als die einzige demokratisch und frei gewählte deutsche Regierung ist allein berechtigt, für alle Deutschen zu sprechen. An dieser oft bekundeten Stellungnahme hat sich durch die Erklärung der Regierung der Sowjetunion vom 25. März 1954 nichts geändert.«[1]

Das fand Ausdruck auch in der zwei Jahre später im Bulletin der Bundesregierung verbreiteten Antwort auf die Frage: »Ist die Sowjetzone ein Staat?«

Antwort: Nein. Es handelt sich um eine »pseudostaatliche Tarnorganisation sowjetrussischer Fremdherrschaft«. Dann wurde die Regierungserklärung vom 7. April 1956 zitiert: »Niemals werden wir anerkennen, dass die durch List, Betrug und Gewalt zur Herrschaft gelangten Machthaber der Sowjetzone befugt sind, deutsche Staatsgewalt auszuüben«. Die DDR sei weder deutsch, noch demokratisch oder gar eine Republik.«[2]

Vierzig Jahre später erschienen die Erinnerungen des Geheimdienstlers Waldemar Markwardt (»Erlebter BND«). Der pensionierte Regierungsdirektor kam aus dem übel beleumdeten BND-Vorgänger Organisation Gehlen, die die DDR vom ersten Tag ihrer Existenz erbittert bekämpfte. Markwardt setzte noch 1996 die DDR in Anführungszeichen. Er übernahm jene Formulierung aus der Hochzeit des Kalten Krieges, wonach die Ostdeutschen und deren Staat weder deutsch noch demokratisch waren. »Ob Tscheka, GPU oder NKWD, ob Gestapo oder SD, ob MfS oder Stasi [...] alle diese Bezeichnungen und Abkürzungen [sind] Synonyme für das Abgrundböse, das Gefährliche und Unmenschliche«.[3]

In den 90er Jahren wurde das »Abgrundböse« in Gestalt seines letzten Staatsratsvorsitzenden angeklagt. Im Prozess gegen Egon Krenz sagte auch der einstige Brandt-Vertraute und deutsch-deutsche Unterhändler Egon Bahr aus. Ehrlich räumte dieser ein, was stets im Westen bestritten worden war, nämlich dass man ein Feindbild in Bezug auf den Osten und die DDR besessen habe. »Selbstverständlich«, antwortete Bahr auf die Frage des Angeklagten. Es habe gelautet: »Die DDR muss weg.«[4]

Sachlich betrachtet hieß das aber auch: Wenn etwas weg muss, ist es auch da. Also existent.

Insoweit nahm die SPD/FDP-Regierung die Realität des anderen deutschen Staates durchaus zur Kenntnis. Das machte Bundeskanzler Willy Brandt etwa damit deutlich, dass er sich mit dem Vorsitzenden des Ministerrates der DDR, Willi Stoph, in Erfurt und Kassel im Jahre 1970 traf. In der Bundestagsdebatte zum Grundlagenvertrag vom 15. Februar 1973 erklärte Brandt zudem, dass der Grundlagenvertrag zwischen »Gleichberechtigten« ausgehandelt wurde. Zwei Staaten (in Deutschland) hatten miteinander einen tragfähigen Kompromiss in Gestalt des Grundlagenvertrages ausgehandelt.

Bekanntlich stimmte die CDU/CSU-Opposition im Bundestag gegen diesen Grundlagenvertrag und zog auch vorm Bundesverfassungsgericht zu Felde.

Es gab aber neben der Leugnung der Existenz der DDR auch noch andere Lügen und Halbwahrheiten, mit denen hantiert wurde. Etliche wurden 1990 in die Welt gesetzt, so zum Beispiel jene, die DDR war pleite, wogegen alle Quellen sprachen.

Bei Inkrafttreten der Währungsunion am 2. Juli 1990 betrug die Inlandsverschuldung pro Kopf der DDR-Bürger 13.540 DM. In der alten BRD lag sie bei rund 15.000 DM. Die *Wirtschaftswoche* schrieb Jahre später: »Die alte DDR war zumindest in einer Beziehung ein grundsolider Staat: Das Staatsvermögen machte ein Mehrfaches der Staatsverschuldung aus.«[5]

Einige Autoren[6] haben die Lügen und Unwahrheiten von A bis Z aufgelistet und sie publizistisch widerlegt. Natürlich hatten und haben sie es schwer, im propagandistischen Getröte der Regierenden und der Medien überhaupt wahrgenommen zu werden. Aber nach dem alten Prinzip »Wer schreibt, der bleibt« wurde zumindest die herrschende Meinung infrage gestellt.

Nein, die DDR war nicht pleite. Nein, in der DDR herrschte keineswegs Willkür, und »die Stasi« war nicht Staat im Staate. Und viele Fachleute haben sich mit dem Kampfbegriff »Unrechtsstaat DDR« auseinandergesetzt und seine Haltlosigkeit bewiesen. Die juristische Vergangenheitsbewältigung nahm man ebenfalls unter die Lupe. Nein, und es gab keinen Befehl, mit dem an der Grenze auf Menschen wie auf Hasen geschossen wurde.

Seit Anschluss der DDR an die BRD im Jahre 1990 wird alles gefördert, was dazu dient, die Geschichte der DDR regierungsoffiziell umzudichten und zu verfälschen. Und alles unter der Parole der Wahrheitsfindung. Durch ständige Wiederholung von Klischees und mit normierten Sprachbildern[7] wird indoktriniert. Im Deutschen Bundestag, in Landesparlamenten, in Film und Fernsehen, in Publikationen aller Art, auf Veranstaltungen wird die Vergangenheit gedeutet. Die DDR wird dabei mit dem Hitlerreich verglichen, es geht die Rede von der »zweiten Diktatur«. Die Sicht auf die DDR wird zur Gretchenfrage erklärt. Die Sondierungsgespräche in Düsseldorf nach der Landtagswahl in NRW wurden von der SPD mit dem Hinweis abgebrochen, dass es von der Linkspartei kein »klares Bekenntnis« gegeben habe, »dass die DDR kein Rechtsstaat war«.

Was, bitteschön, hat eine solche Erklärung mit der Landespolitik von Nordrhein-Westfalen zu tun? Die NRW-Bundestagsabgeordnete Ulla Jelpke kommentierte diesen Vorgang mit der Bemerkung, dass »Anti-Kommunisten aller Couleur« mit Schaum vorm Munde an der Dämonisierung der DDR arbeiteten, was laut *FAZ.NET* vom 20. Mai 2010 »Aufsehen« erregte. Das war eine wohl eher verharmlosende Bezeichnung für die gekünstelte Empörung von SPD über Grüne bis hin zu FDP und Union. Antikommunisten hat es bekanntlich am Rhein nie gegeben. Und Markus Wolf lag völlig falsch mit seiner Feststellung: »Wir haben ja nicht gegen Feindbilder operiert. Wir hatten wirkliche Feinde«.

Angesichts dieser Zustände ist die Frage von Brandenburgs Ministerpräsident Matthias Platzeck durchaus verständlich: »Wie war es eigentlich möglich, dass aus der Bundesrepublik nach der Katastrophe des Nationalsozialismus eine liberale und zivile Gesellschaft werden konnte? Anders gefragt: Welche Entwicklung hätte Deutschlands Westen wohl genommen, wären die Gegner und Feinde von einst nach 1945 derartig unversöhnlich miteinander verfahren, wie wir ehemaligen Kontrahenten des Kalten Krieges und der DDR es bis heute vielfach tun?«[8] Deutlicher und weniger parteipolitisch gefragt: Warum geht man mit der DDR und ihren Bürgern so um, wie man es seit 1990 tut?

Zu den Legenden, die über die DDR verbreitet werden, gehört jene, dass Ulbricht die Mauer gebaut habe. Und dass entgegen seiner Erklärung, dass niemand die Absicht habe, eine Mauer zu errichten. Die DDR hat die Maßnahmen am 13. August 1961 weder veranlasst noch beschlossen. Die Entscheidung wurde in Moskau Anfang jenes Monats getroffen, und zwar als eine Bündnisentscheidung. Die DDR war Teil des Warschauer Vertrages[9], und ihre Staatsgrenze West war zugleich die Westgrenze des östlichen Bündnisses und die Ostgrenze der NATO und damit die Frontlinie des Kalten Krieges.

Moskau traf bis zur Öffnung der Grenze am 9. November 1989 alle Entscheidungen über das Grenzregime und den Umgang mit dieser Grenze. Die Souveränität der DDR war an dieser Stelle besonders eingeschränkt. Der »Mauerfall« verstieß zudem gegen das Viermächteabkommen und andere Festlegungen, die die einstigen alliierten Siegermächte Sowjetunion, USA, Großbritannien und Frankreich 1945ff. festgelegt hatten. Es galt 1961, was die Regierungen der Warschauer Vertragsstaaten von der Regierung und den Werktätigen der DDR verlangt hatten, dass an der Westberliner Grenze eine solche Ordnung einzuführen sei, mit der die Wühltätigkeit gegen die Länder des sozialistischen Lagers zuverlässig der Weg verlegt werde.

An die kausalen Zusammenhänge erinnerte auch Stefan Heym. »Ohne Hitler kein Krieg und ohne Krieg kein Vorrücken der Sowjetmacht bis in die Mitte von Deutschland; ohne Hitler keine Teilung Deutschlands in ein östliches und westliches Besatzungsgebiet. Die Anfänge der Mauer liegen demnach in jener Nacht im Januar 1933.«[10]

Bundeskanzler Adenauer erklärte am 13. August 1961 zu den Sperrmaßnahmen: »Die übrigen Ostblockstaaten haben von dem Zonenregime verlangt, diesen Zustand seiner Schwäche und Unsicherheit zu beseitigen«, womit er

– anders als seine heutigen Jünger – zumindest den internationalen Kontext benannte, in dem dieser Vorgang stand.

Auch der damals Regierende Bürgermeister von Berlin, Willy Brandt, sah das so: »Die vom Ulbricht-Regime auf Aufforderung der Warschauer Paktstaaten verfügten und eingeleiteten Maßnahmen zur Abriegelung der SBZ und des SBZ-Sektors von Westberlin sind ein empörendes Unrecht.«

Weniger pathetisch, mehr pragmatisch urteilte US-Präsident John F. Kennedy über die internationale Komplexität, indem er am 14. August 1961 erklärte, »nur extreme Gegenmaßnahmen seitens des Westens könnten die kommunistische Aktion ungeschehen machen. Diese würden wahrscheinlich zu einem Krieg führen und wären nicht gerechtfertigt.«[11]

Als Ex-Ministerpräsident Hans Modrow einmal in einem Nebensatz erwähnte, dass beide Seiten Schuld an der Mauer trügen, weil damit dokumentiert worden sei, dass man nicht habe vernünftig miteinander umgehen und offene Fragen auch offen regeln können, herrschte großes Geschrei. Nein, Schuld an der Mauer sollte nur die DDR tragen und die Grenzsoldaten, die dort gestanden und bisweilen auch geschossen hatten.

»Hass gegen die DDR, insbesondere dass sie es wagte, die Grundlagen des deutschen Imperialismus und Faschismus anzugreifen und in Frage zu stellen, ungezügelter Antikommunismus, Leugnung aller Errungenschaften der DDR« meinte Egon Krenz, »sind keine guten Ratgeber bei der Aufarbeitung der Geschichte beider deutscher Staaten. Auf den Punkt gebracht: Das Ende des Sozialismus auf deutschen Boden ist vorläufig und nicht mit Blut befleckt.«[12]

Bundespräsident Horst Köhler erklärte anlässlich des 20. Jahrestages der Leipziger Montagsdemonstration am 9. Oktober 2009 entgegen den historischen Fakten: »Vor der

Stadt standen Panzer, die Bezirkspolizei hatte Anweisung, auf Befehl ohne Rücksicht zu schießen. Die Herzchirurgen der Karl-Marx-Universität wurden in der Behandlung von Schusswunden unterwiesen, und in der Leipziger Stadthalle wurden Blutplasma und Leichensäcke bereitgelegt.«

Nachdem diese Lüge in der Welt war, hagelt es Protest von vielen Seiten. Daraufhin ruderte die Bundespräsidialkanzlei zurück und erklärte: »Die Aussagen zur Bereitstellung von Panzern, Blutkonserven und Leichensäcken sind der zweibändigen Studie ›Die Friedliche Revolution. Aufbruch zur Demokratie in Sachsen 1989/90‹ von Michael Richter entnommen. Sie ist 2009 als Sonderdruck von der Sächsischen Landeszentrale für politische Bildung Dresden herausgegeben worden. Der Autor hat nach der Rede des Bundespräsidenten in einem Interview geäußert, er habe für diese Angaben noch keine ausreichenden Belege, es sei weitere Forschung nötig.«

Damit offenbarte das Staatsoberhaupt, dass es von der gleichen Neigung befallen war wie seinesgleichen: Es kommt in der Auseinandersetzung mit der Vergangenheit nicht auf Fakten, sondern auf Vermutungen und Wunschvorstellungen an. An anderer Stelle seiner Rede sagte Horst Köhler den Leipzigern: »Sie sind die ›Helden von Leipzig‹ genannt worden. Zu Recht, denn Sie mussten damit rechnen, dass Sie Ihr Eintreten für Freiheit und Demokratie mit Ihrer Gesundheit, gar Ihrem Leben bezahlen.«

Allerdings hat Köhler nicht nur Unsinn erzählt. Er schloss mit einem Appell, den wir uns alle hinter den Spiegel stecken können: »Am 9. Oktober 1989 und in zwanzig Jahren danach haben die Menschen in Leipzig gezeigt, was Bürgerinnen und Bürger bewegen können, wenn sie auf ihre gemeinsame Kraft vertrauen, wenn sie sich zusammenschließen und ihr Schicksal gestalten. Bewahren wir uns diesen Geist und lassen wir uns immer von ihm beflügeln – hier in Leipzig und überall in unserem schönen Vaterland.«[13]

Genau: Wir selbst sollten unser Schicksal gestalten.

Einer, der damals die Verantwortung trug, dass im Herbst 89 kein Blut floss, reagierte auf die präsidialen Verleumdungen und nannte sie »haarsträubende Erfindungen«. Selbst den Mitarbeitern des MfS, »die zur Absicherung der Demonstration eingeteilt waren, wurde die Mitnahme der persönlichen Dienstwaffe untersagt. Diese wurden in Stahlschränken bzw. Waffenkammern unter Verschluss genommen, um auf jeden Fall zu vermeiden, dass jemand unbedacht zur Waffe greift. Natürlich hatten wir die Befürchtung, dass es Provokationen an unserer Dienststelle geben könnte – inoffizielle Quellen hatten uns informiert, dass es Kräfte gab, die so etwas beabsichtigten. Wir waren darauf vorbereitet«, erinnerte sich Generalleutnant Manfred Hummitzsch, damals Chef der Bezirksverwaltung Leipzig des MfS in einem Gespräch mit der *jungen Welt*.

Schon Wochen zuvor war mit den Organisatoren eine Art Sicherheitspartnerschaft vereinbart. In dieser wurde festgelegt, »dass Ordner der Demonstranten an unserer Dienststelle eine Sicherheitskette bilden sollten. Unsere eigenen militärischen Posten hatten wir ins Gebäude zurückgezogen, um niemanden zu provozieren, es gab keinen einzigen Zwischenfall«, so Hummitzsch weiter. »Ich selbst hatte immer wieder darauf hingewirkt, dass beide Seiten die Ruhe bewahren – insofern bin ich ein wenig erschüttert über die abstrusen Behauptungen des Bundespräsidenten.«

Nicht minder ausgeblendet bei der Verklärung der Leipziger Montagsdemonstrationen wird der gemeinsame Aufruf von drei Sekretären der SED-Bezirksleitung, dem Gewandhaus-Kapellmeister Kurt Masur, dem Kabarettisten Bernd-Lutz Lange sowie dem Theologe an der Karl-Marx-Universität Peter Zimmermann. Sie hatten am späten Nachmittag des 9. Oktober über den Stadtfunk der Innenstadt dazu aufgerufen, auf jede Gewalt zu verzichten.[14] Der *rbb* meinte in einem Rundfunkbeitrag 2010, im Stadtlärm hätte man seinerzeit diesen Aufruf ohnehin nicht gehört oder verstanden.

Wie sehr sich selbst seriöse Zeitungen wie die *Süddeutsche Zeitung* in die Fallstricke des Zeitgeistes begaben, offenbarte Martin Sabrow in der Ausgabe am 9. November 2009. Warum hatte es damals nicht geknallt? Weil »die Losung der Demonstranten ›Keine Gewalt‹ erfolgreich die Reaktionsschwellen einer kommunistischen Diktatur, die immer noch in den Kategorien des Kalten Krieges und des Hochstalismus dachte«, unterlief.[15]

Die »kommunistische Diktatur«, die gern als die zweite deutsche bezeichnet wird, deren Vergleich zulässig sei (nicht ihre »Gleichsetzung«, wie gleichsam entschuldigend nachgeschoben wird, womit allerdings die Unzulässigkeit keineswegs aus der Welt ist), ist eine Schimäre. Die DDR war so »kommunistisch« wie die BRD islamistisch ist. Die DDR verstand sich als »eine Diktatur der Arbeiter und Bauern«.

Und wie hielt sie es mit den Menschenrechten? Etwa wie die Nazis? Mitnichten. »Obwohl die Verfassung von Weimar während des Dritten Reiches formell weiter bestand, hatte Hitler gegen unveräußerliche Menschenrechte verstoßen. Demgegenüber kannten die DDR-Verfassungen von 1968/74 keine Menschenrechte, sondern lediglich vom Staat gewährte Grundrechte«, hieß es 1994 bei Volker Matt.[16] Allerdings sollte man ihn darauf aufmerksam machen, dass es im Grundgesetz der BRD den Begriff »Menschenrechte« auch nicht gibt. Im Abschnitt I spricht man auch nur von *Grundrechten.*

Jedoch: In der Textausgaben des GG vom August 2006 und September 2009 findet sich ein Geleitwort des Präsidenten des Deutschen Bundestages, Dr. Norbert Lammert, in dem dieser eine Verbindung von Menschenwürde, Menschenrechte und Rechtsverbindlichkeit der Grundrechte herstellte.[17]

In einem Aufsatz verglich Angelo Rohlfs »die Verfassungsstrukturen« des Dritten Reiches und der Deutschen Demokratischen Republik. »Da es sich um zwei verschiedene politische Systeme handelte, hat dem Vergleich notwendigerweise eine Darstellung der jeweiligen Verfassung voranzugehen.

Dies geschieht in zwei Schritten: Begonnen wird mit der Betrachtung der entsprechenden Verfassungsurkunde, anschließend werden die Grundzüge der Verfassungsentwicklung dargelegt. Danach lassen sich die aufgezeigten Strukturen einander gegenüber stellen und Gemeinsamkeiten bzw. Unterschiede ermitteln.« Rohlfs bezeichnete in unzulässiger Weise das Hitlerreich als »sozialistischen Staat« (Seite 114), auch wenn er einschränkend sagte, dass »die Bedeutung des Wortes ›Sozialismus‹ in beiden System unterschiedlich [sei]. Wird im Dritten Reich hierunter völkische Gleichheit verstanden, ist in der DDR damit der Weg zur Überwindung des Klassengegensatzes gemeint.«[18] Trotzdem geht es nur um das eine: die Verdammung des frühen Sozialismus, dem man, wenn schon nicht die faschistische Vernichtungsindustrie, so doch aber ein »Auschwitz der Seelen« aufbürden möchte. Für dieses Ziel arbeitet eine Erinnerungsindustrie mit ihren Netzwerken, Stiftungen und Forschungsverbünden, die man nach 1990 mit Millionen DM ins Leben rief und heute mit Millionen Euro am Laufen hält.

Die »Erinnerungskultur«, behauptete Lutz Niethammer, beruhe auf einer Idee, »die nicht notwendig etwas mit Wahrheit über die Vergangenheit zu tun hat, sondern dass heute einer will und durchzusetzen versteht, dass morgen oder in 200 Jahren etwas so erinnert wird, wie er es für richtig hält oder zur Geltung bringen will.«[19]

Es gäbe in der deutschen Erinnerungskultur eine Tendenz, »dass man auf der einen Seite die unterschiedlichen Opfer und Widerstandsgruppen sich gegeneinander stellen im Wettbewerb um öffentliche Aufmerksamkeit und

Zuwendung. Das Kürzel Opferkonkurrenz. Und in dieser Opferkonkurrenz ist es eines der pathologischen Merkmale, das man gelernt hat, dass mit vielen Toten zu tun hat, und wer die meisten Toten hat, kriegt die größte Aufmerksamkeit.«

Vielleicht erklärt das, weshalb von Jahr zu Jahr die Zahl der »Mauertoten« wächst.

Anmerkungen

1 Archiv der Gegenwart, Band 2 (September 1953 bis Oktober 1957), St. Augustin 2000, S. 1127.
2 Rumpf 1956.
3 Markwardt 1996, S. 408.
4 Vgl. Krenz 2009, S. 37.
5 Zitiert bei: Gespräch Haacke 2009.
6 Baumgarten/Freitag (2004), Blessing (2010), Buchholz (2006), Denkmann (2008a); Emmerich (2009a), Grimmer/Irmler/Opitz/Schwanitz (2002), Heuer/Riege (1992), Joseph (2002), Most (2009), Wolff (2009)
7 Beispielsweise Mauer, Stacheldraht und Schießbefehl, innerdeutsche Grenze, zwei Diktaturen in Deutschland, Unfreiheit, Unrechtsstaat DDR, Spitzel, Erziehungsdiktatur, verordneter Antifaschismus usw.
8 Matthias Platzek: Versöhnung ernstnehmen. In: *Der Spiegel* 45/2009, S. 72.
9 Der Warschauer Vertrag/Pakt wurde am 14. Mai 1955 gebildet, ihm gehörten als Gründungsmitglieder an: Albanien, Bulgarien, Polen, Rumänien und Ungarn, die DDR, die UdSSR und die Tschechoslowakischen Republik. GBl. II 1955 Nr.46, S. 382. Archiv der Gegenwart. Deutschland 1949 bis 1999. Band 3, Oktober 1957 bis Mai 1962. St. Augustin 2000, S. 2887.
10 Ein deutsches Bollwerk. Ein DDR-Bewohner über den »Zweckbau« Mauer. In: *Der Spiegel* 32/1986, S. 35.
11 Archiv der Gegenwart, a a. O., S. 2890, 2892.
12 Vgl. Krenz 2009 b.
13 Rede von Bundespräsident Horst Köhler beim Festakt »20 Jahre Friedliche Revolution« am 9. Oktober 2009 Leipzig. *www.bundespräsident.de/ Reden-und-Interviews-,11057.658152/70.000-Herze…*
14 Generalleutnant Manfred Hummitzsch in: *junge Welt* vom 9.11.2009
15 Martin Sabrow. In: *Süddeutsche Zeitung,* 9. November 2009, S. 2.
16 Volker Matt, Die Menschenrechtsproblematik von NS- und DDR-Diktatur im Vergleich. In: Kühnhardt/Leutenecker/Rupps/Waltmann (Hrsg.) Die doppelte deutsche Diktaturerfahrung. Drittes Reich und DDR – ein historisch-politwissenschaftlicher Vergleich. Frankfurt am Main/ Berlin/ Bern/New York/Paris/Wien 1994, S. 95.

17 Das hat sich auch mit der GG-Änderung am 29. Juli 2009 (BGBl. I Seite 2248) nicht geändert. Den Begriff der »Menschenrechte« gibt es im offiziellen Text des GG nicht. Herausgeber Deutscher Bundestag – Verwaltung – Referat Öffentlichkeitsarbeit *www.bundestag.de*. Die Überschriften zu den einzelnen Artikeln des GG sind nicht amtlich. Sie lauten zum Artikel 1 z. B. auch: Menschenwürde, Grundrechtsbildung der staatlichen Gewalt oder Menschenwürde – Rechtsverbindlichkeit der Grundrechte.

18 Angelo Rohlfs, Angelo Verfassungsstrukturen im Dritten Reich und der DDR, 1994, S. 122. In der 2. Auflage 1996 sind die Beiträge von Matt und Rohlfs nicht mehr enthalten.

19 Lutz Niethammer, Erinnerungskultur heute. In: Widerstand gegen den Kommunismus Teil der europäischen Freiheitsbewegungen. 11. Bundesweiter Kongress der Landesbeauftragten für die Stasi-Unterlagen und der Stiftung zur Aufarbeitung der SED-Diktatur, 15.-17. Juni 2007 in Görlitz, S. 42.

Entschied sich der Souverän der DDR im Herbst 1989 für eine *Revolution* oder für eine *Konterrevolution*?

Robert Steigerwald, ein marxistischer Philosoph, machte bei der Beantwortung dieser Frage auf einen interessanten Aspekt aufmerksam: »Auch das Verhalten der Massen kann eine Wurzel für Reformismus, Opportunismus sein und ergibt sich keinesfalls nur aus dem Verhalten von Führungen.«[1] Er wollte damit die Vorgänge in der DDR, die zu deren Untergang führten, nicht ausschließlich der Führung anlasten, die objektiv versagt hatte.

Zugleich muss man auch den internationalen Kontext sehen: Die DDR ging als Teil eines Systems unter, das Scheitern des sowjetischen Sozialismusmodells bedeutete das Ende aller Staaten, die ihm uneingeschränkt folgten. Auch eine intelligentere Führung hätte den Gang der Dinge nicht aufhalten können.

In Umkehrung der tradierten Begriffe spricht die heutige Propaganda von einer »friedlichen Revolution«. In gewisser Hinsicht trifft das zu: Die bis dahin existierenden gesellschaftlichen Verhältnisse wurde beseitigt, umgestülpt, neue Herrschafts- und Machtstrukturen etabliert. Dieser radikale Umbruch war eine Revolution.

Aus der Perspektive des gesellschaftlichen Fortschritts aber war das keine Revolution: In vielen Fragen war dieser frühe Sozialismus historisch eine Epoche weiter, das Rad der Geschichte wurde gleichsam zurückgedreht. In dieser Hinsicht von einer »Revolution« zu reden, verbietet sich von selbst. Die Errungenschaften der Revolution wurden geschleift, ihre Protagonisten verfolgt, die Erinnerung ausgelöscht. Die Betriebe wurden privatisiert, Einrichtungen geschlossen, Straßen und Schulen umbenannt, neue Gesetze und Regeln eingeführt, das Oberste zuunterst gekehrt, Nullen zu Chefs gemacht und Chefs in die Wüste geschickt …

Das propagandistische Dauerfeuer scheint nicht ohne Wirkung zu sein. Die Bundestagsfraktion der Linkspartei brachte beispielsweise im November 2007 einen Antrag ein, in welchem sie die »Errichtung eines Denkzeichens mit Dokumentationszentrum zur Erinnerung an die friedliche Revolution 1989« beantragte.[2]

Der Begriff der »friedlichen Revolution« wird nicht nur ahistorisch, sondern auch demagogisch benutzt. Darauf machte 2009 Hans Modrow aufmerksam. Er werde benutzt, um der Bundesrepublik Deutschland »eine Legitimität zuzusprechen, die aus einer Revolution gewachsen wäre. Das war aber nicht der Gang der Geschichte. Für mich war es eine Implosion. Die DDR ist in sich zusammengefallen – wie letztlich die Sowjetunion auch.«[3]

Christian Führer, Pfarrer an der Leipziger Nikolaikirche, der maßgeblich an den Montagsdemonstrationen beteiligt war, sieht inzwischen manches kritischer als damals. Er widerspricht der Gleichsetzung von Demokratie und Kapitalismus, dessen Einführung angeblich Wunsch der DDR-Bürger gewesen sei, also Sozialismus weg, Kapitalismus her. »Bereits 1995 habe ich formuliert, dass der Kapitalismus keine Wirtschaftsform ist, die zur Demokratie passt. Kapitalismus ist die Diktatur des Geldes. Deshalb muss man über Gesellschaftsformen nachdenken, die darüber hinaus weisen. […] Wir brauchen eine solidarische Ökonomie, bei der die Menschen nicht für die Arbeit da sind, sondern bei der die Arbeit für die Menschen da ist. Dabei muss Jesus, Mentalität des Teilens wieder eine wachsende Rolle spielen und zwar im globalen Maßstab.«[4]

Unabhängig davon, ob man die Begriffe »Wende«, Umwälzung, Evolution, Revolution oder Konterrevolution oder gar Refolution (Ash) benutzt und das Ende der DDR mit Hilfe dieser Begriffe zu erklären versucht, steht fest, dass es sich um einen vergleichsweise langen Zeitraum von möglicherweise mehr als einem Jahrzehnt der Deformation der gesamten sozialistischen Gesellschaft, seiner Staats- und Rechtsordnung, auch in der DDR, handelte. Alfred Neumann, langjähriges Mitglied des Politbüros, meinte im Jahre 1993, dass »der politische Betrug am Sozialismus« bereits im Jahre 1971 begann. Eine tiefgründige Analyse der Entwicklung der DDR, noch während ihrer Existenz, eine vorurteilsfreie, reale Einschätzung der jeweiligen nationalen und internationalen Entwicklungsbedingungen sei nicht erfolgt oder wurde von subjektiven Wunschvorstellungen getragen, sagte Neumann. »Honecker war zu einer Analyse nicht in der Lage. Das, was Hager 1989 über die wissenschaftlichen Institute angefordert hatte, war so umfangreich, dass es keiner lesen konnte. Er gab uns eine geballte Ladung von über 100 Studien und sagte nicht einmal ›Muh‹ dazu.«[5]

Die Einschätzung Neumanns ist in der Tendenz gewiss richtig, auch andere Politbüromitglieder äußerten sich nach dem Ende der SED ähnlich kritisch. Der Vorwurf allerdings kann ihnen nicht erspart bleiben: Wenn es sich so verhielt und sie nahmen die Entwicklung auch so wahr – weshalb haben sie dann diese Politik nicht korrigiert?

Gerhard Beil, seit 1958 im DDR-Außenhandel tätig und zuletzt als Minister tätig, schloss nach der internationalen Anerkennung Wirtschafts- und Handelsverträge. Zwischen 1975 und 1985 kaufte er als der dafür Zuständige über 700 Industrieanlagen für die DDR. »Es war das damals Modernste, was es auf der Welt gab. Diese Anlagen produzieren noch heute in Leuna, Eisenhüttenstadt, Schwedt, Schwarzheide etc. – und bringen Höchstprofite für die Konzerne, die sie nach 1990 übernahmen. Wir hatten damit die ökonomische Basis der DDR in Schlüsselindustrien grundlegend erneuert, womit wir die wirtschaftliche Existenz des Landes bis über die Jahrtausendwende gesichert hatten.

Jedoch hinkte die gesellschaftliche Erneuerung der wirtschaftlichen deutlich hinterher. Das wurde – neben den außenpolitischen Faktoren – der DDR zum Verhängnis«, urteilte er in seinen 2010 erschienenen Erinnerungen.

Der Souverän ging auf die Straße. Die »Oben« konnten nicht mehr, und die »Unten« wollten nicht mehr. Sie hatten – auch das darf sich die DDR auf ihre Fahnen schreiben – ein ausgeprägtes Gerechtigkeitsempfinden und ein demokratisches Gespür. Das brach sich nun Bahn. Doch was danach kam, war von den wenigsten gewollt.

»Nach Angliederung der DDR an die BRD im Jahre 1990, wurde der bereits seit Jahrzehnten geführte Kampf gegen jede Form der sozialistischen Entwicklung fortgesetzt«, stellte Beil zutreffend fest. »Der kurzen Phase der Versprechungen von den ›blühenden Landschaften‹ folgten der Einfall von Scharen politischer, ökonomischer und juristischer Berater, die den Boden für die Vertreter der Konzerne und Banken vorbereiten sollten, die Konkurrenzbetriebe der DDR auszuschalten. Damit sollte der Weg zur Erzielung von Maximalprofit freigemacht werden. Parallel dazu begann die Phase der Delegitimierung des politischen und wirtschaftlichen Systems der DDR unter der Losung ›Unrechtsstaat‹.«[6]

Wilhelm Liebknecht sagte, als die SPD noch um die Macht kämpfte: »Die Konterrevolution ist niederzuhalten. Sie richtet sich immer gegen die siegreiche Revolution, um ihre Eroberungen zunichte zu machen und die Ordnung der vor der Revolution bestand, wiederherzustellen.«[7]

Wie hätte man in der DDR »die Konterrevolution« niederhalten sollen? Mit Waffengewalt? Die sowjetischen Militärs in der DDR, die etwa eine halbe Million Soldaten kommandierten, hatten Egon Krenz militärische Hilfe angeboten. Aus gutem Grunde wurde das Angebot nicht angenommen. Die Führung der SED wollte kein Blutvergießen. Eine Verteidigung der politischen Macht mit Waffengewalt kam nicht in Frage.

War das eine Kapitulation vor der Konterrevolution?

Oder nur der Vollzug des Willens des Souveräns, der – wenngleich naiv und blauäugig – sich neuen Ufern und Herren zuwandte?

Karl Schirdewan, in den 50er Jahren ein wichtiger Mann in der SED-Führung und nicht frei vom Ehrgeiz, Walter Ulbricht als Parteichef abzulösen, was zu seinem eigenen Sturz führte, machte 1994 auf einen wesentlichen Aspekt aufmerksam. »Den Verantwortlichen kann man nicht absprechen, dass sie einst mit Idealismus ihre Entscheidung für den Sozialismus getroffen haben«, womit er auf die Gründergeneration zielte. »Aber Idealismus kann auch blind machen, zum politischen Fanatismus führen, die Gegenkraft unterschätzen, sich selbst überschätzen; und er kann zur Rechthaberei, zur Macht und Gewalt auswuchern.«

Er fragte rhetorisch: »Wie konnte Honecker 1980 davon sprechen, dass schon in wenigen Jahren mit dem Übergang zum Kommunismus begonnen wird?«[8] Doch auch er bleibt die Antwort schuldig, wann und wo alles begann.

Egon Krenz, der ein politisches Tagebuch im Herbst 89 führte, sah eine Aufbruchstimmung. »Sie hat sich zuerst an der Basis, mitten im Volk, unter den Bürgern, darunter in den Grundorganisationen der SED, geäußert. Eine Volksbewegung ist entstanden. Das drückte sich in vielen Formen aus – in selbstbewussten Demonstrationen wie im vielstimmigen Dialog. Diese Volksbewegung hat den Prozess der Überprüfung und der Veränderung ausgelöst. Unüberhörbar hat sich demokratisches Selbstbewusstsein entwickelt, das eine sozialistische Gesellschaft einfordert, in der jeder sein Leben in eigener Verantwortung leben und ein Gemeinwesen mitgestalten kann, das sich als lebendiges und schöpferisches Werk eines souveränen Volkes versteht«, notierte er. Und nur ganz schwach regte sich in ihm Kritik in dieser Euphorie: »Es gibt auch illusionäre Vorstellungen und – das kann und darf niemand überhören – ebenfalls antisozialistische Auffassungen.«[9]

Bei Stefan Heym, der wesentlich nüchterner und altersweiser urteilte, klang es mit wenig Abstand schon anders. Wenn auf die Frage, warum in der DDR kein Sozialismus war, geantwortet werde: Weil sie unterging, dann habe es wohl weniger mit der Wahrnehmung als mit der Realität zu tun. »Beim richtigen Sozialismus würden die Menschen ihn getragen haben und nicht versucht haben wegzugehen und den Kapitalismus wieder einzuführen. Ich glaube, deshalb kann etwas an diesem Sozialismus nicht richtig gewesen sein. Denn ein wirklicher Sozialismus, der wäre ja so gewesen, dass die Menschen Gefallen an ihm gefunden hätten und festgestellt hätten, dass er ihnen hilft in ihrem Leben. Und dann hätten sie ihn nicht so leicht aufgegeben.«[10]

Das klingt, obgleich richtig, ein wenig wohlfeil. Die sozialistische Gesellschaft war (und ist) ein Ideal, eine Vision, der sie entgegenstrebte. Aber eben nicht unter Laborbedingungen, sondern unter den Bedingungen internationaler und nationaler Realpolitik. Die Führung hat es insbesondere in der zweiten Hälfte der Existenz der DDR nicht verstanden, eine erträgliche Balance zwischen Anspruch und Wirklichkeit, zwischen Theorie und Praxis herzustellen. Der Marxismus wurde Phrase, der Weg das Ziel.

In der frühen DDR war das geschehen, was Friedrich Engels zur Revolution von 1848 feststellte: »Das deutsche Volk hatte sich in den Straßen fast aller großen und kleinen

Städte des Landes und speziell auf den Barrikaden [...] seine Souveränität erobert. Es hatte diese Souveränität in den Wahlen zur Nationalversammlung ausgeübt. Der erste Akt der Nationalversammlung musste sein, diese Souveränität des deutschen Volkes laut und öffentlich zu proklamieren. Ihr zweiter Akt musste sein, die deutsche Verfassung auf der Grundlage der Volkssouveränität auszuarbeiten und aus dem faktisch bestehenden Zustande Deutschlands alles zu entfernen, was dem Prinzip der Volkssouveränität widersprach. Während ihrer ganzen Session musste sie die nötigen Maßregeln ergreifen, um alle Reaktionsversuche zu vereiteln, um den revolutionären Boden, auf dem sie steht, zu behaupten, um die Errungenschaft der Revolution, die Volkssouveränität, vor allen Angriffen sicherzustellen.«[11]

Ja, der Souverän hatte sich nach Ende des Weltkrieges mit Hilfe der Sowjetunion die Macht erobert und sie seit den frühen 70er Jahren zunehmend verloren. Wurde diese DDR in der Mitte ihres Lebens von einer qualifizierten Mehrheit getragen – nicht unbedingt aus sozialistischer Überzeugung, aber durch Massenloyalität und mit Aussicht auf eine positive gesellschaftliche Entwicklung –, so ging diese Zustimmung stetig verloren. Am Ende der 80er Jahre war sie völlig aufgezehrt. Da holte sich der Souverän auf der Straße seine Souveränität zurück. »Wir sind das Volk!« lautete nicht zufällig die Parole.

Ein reichliches Jahr später hieß es angesichts der veränderten Lage nicht minder zutreffend: »Wir *waren* das Volk!«

Die DDR-Obrigkeit reagierte ob des Aufbegehrens des Souveräns überrascht, irritiert, hilflos. In einer internen Information des ZK der SED im September 1989 wird den Bürgerbewegungen »Bruch der Verfassung und des geltenden Rechts« vorgeworfen, sie betrieben – unter Missbrauch kirchlicher Einrichtungen – »das Geschäft der Feinde des Sozialismus«.

Nach tendenziöser Aufzählung der »Forderungen« des *Neuen Forum* wird geklagt, das »mit der Abschaffung der führenden Rolle der Partei, der Bildung pluralistischer Strukturen in der gesamten Gesellschaft« auf die »weitere Untergrabung der Arbeiter-und-Bauern-Macht« gezielt werde.

Weitaus kritischer werden die inzwischen entstandene Gruppierung »Demokratischer Aufbruch« und die Neugründung Sozialdemokratische Partei Deutschlands (SDP) in dieser ZK-Information gesehen.

Unter einer umgestalteten Gesellschaft und einer erneuerten demokratischen Republik verstünden sie die Pluralisierung der Eigentumsformen; die Aufgabe der Fiktion des Volkseigentums; die Gründung neuer Parteien mit konzeptionellen Alternativen; eine soziale Marktwirtschaft mit Monopolverbot; die Beseitigung der führenden Rolle der SED mit der Begründung der Aufhebung des Machtmonopols der Partei.

»Diese Gruppierungen haben wohlweislich bisher bei den zuständigen Organen keinen Antrag auf Zulassung gestellt.«[12.]

Diese interne Information für Kader der Partei, des Staatsapparates und der Nationalen Front offenbarte das tiefe Misstrauen der SED-Führung und die Fehleinschätzungen der Lage im Land. Vor allem aber zeigte sich die Unfähigkeit zur selbstkritischen Analyse und zu konstruktivem Handeln.

Wenige Wochen später zeigte sich, wie die Mehrheit des Volkes und die 2,3 Millionen Mitglieder der SED – ein gewichtiger Teil des Souveräns – die Situation tatsächlich einschätzten. Es folgte der sichtbare Vollzug eines kollektiven Willens. Dazu zähle ich die Absetzung Honeckers am 18. Oktober, den Rücktritt des Ministerrates am 7. November, den Rücktritt des Politbüros am 8. November, die Grenzöffnung am 9. November, den Aufruf namhafter Persönlichkeiten »Für unser Land! Bewahrt die Eigenständigkeit der DDR als Chance einer sozialistischen Alternative« am 26. November.

Am Tag zuvor hatten zwei Berliner Soziologie-Institute die Ergebnisse auf die berühmte Sonntagsfrage veröffentlicht. Fast jeder zweite DDR-Bürger (41,9 Prozent der Befragten) hätte bei einer freien Wahl keiner Partei oder Organisation seine Stimme gegeben. Eine »erneuerte SED« wäre immerhin auf 31,5, das Neue Forum auf neun Prozent gekommen.

Am 6. Dezember demissionierte der Staatsratsvorsitzende Egon Krenz, am 7. Dezember trat erstmals der Zentrale Runde Tisch im Dietrich-Bonhoeffer-Haus in Berlin zusammen, am 8. Dezember hielt der Außerordentliche Parteitag der SED sein Scherbengericht. Am 18. Dezember fand in Leipzig die letzte Montagsdemonstration statt. Fortan folgte die Politik den üblichen Regeln: sichtbarer Kampf auf der Bühne und verborgen in den Kulissen, assistiert und arrangiert von Beratern und Geheimdiensten aus dem Westen. Der Souverän kehrte in den Alltag zurück, er hatte die Verantwortung schon nach wenigen Wochen delegiert, abgegeben, abgehakt. Nur hin und wieder wurde er noch als Kulisse bei inszenierten Veranstaltungen benötigt wie etwa am 15. Januar 1990 beim Sturm auf die »Stasi-Zentrale«, um den geplanten Diebstahl von wichtigen Unterlagen durch auswärtige Geheimdienste zu tarnen.

Der Zentrale Runde Tisch bildete eine Arbeitsgruppe, die mit der Ausarbeitung eines »Entwurfs Verfassung der DDR« beauftragt wurde. Dieser Entwurf, an dessen Zustandekommen ich mitgewirkt hatte, wurde am 4. April allen Abgeordneten der Volkskammer – die am 18. März neu gewählt worden war – zur Kenntnis gegeben. Er erschien zeitgleich in allen Massenmedien der DDR.

Zu jenem Zeitpunkt waren die Verfasser der Überzeugung, dass der Entwurf noch vom Parlament der DDR in Kraft gesetzt werden würde. Später knüpften wir daran die

Erwartung, dass das Dokument die Basis einer neuen gesamtdeutschen Verfassung – die an die Stelle des Grundgesetzes der westdeutschen BRD treten würde – bilden könnte.

Die Frage nach der »Revolution« oder »Konterrevolution« erlebt seit 1989/89 immer wieder Auffrischung, wenngleich die Begriffe immer diffuser und irreführender verwandt werden. So überschrieb etwa die *Financial Times Deutschland* am 9. März 2010 einen Gastkommentar von Vera Lengsfeld (CDU), seinerzeit in der DDR eine der bürgerbewegten Wortführerinnen und als Mitglied der Grünen in der AG »Neue Verfassung der DDR«, mit der Zeile »Die geistige Konterrevolution um und mit Merkel«.

Darin machte Lengsfeld, geschiedene Wollenberger, auf eine interessante Entwicklung aufmerksam, die sie glaubte entdeckt zu haben: »Ausgerechnet eine Frau aus der DDR, die von vielen CDU-Mitgliedern mit einer Bürgerrechtlerin verwechselt wurde und damit viele nützliche Vorschuslorbeeren bekam, eine, die als Reformerin auftrat und dafür gefeiert wurde, führt das vereinte Deutschland zurück in neosozialistische Zeiten.«

Von dieser Rückkehr zum Sozialismus hatte nur die Autorin etwas gemerkt. »Vor 20 Jahren ist der Sozialismus gescheitert, aus Gründen, die auch alle neosozialistischen Experimente scheitern lassen werden. Wir müssen uns ernsthaft die Frage stellen, ob wir wirklich auch noch das neosozialistische Experiment über uns ergehen lassen wollen. Wir haben es mit einer *geistigen Konterrevolution* zu tun. Die Revolution von 89, der massenhafte Entschluss, sein Schicksal nicht mehr Politikern zu überlassen, sondern selbst in die Hand zu nehmen, ist ein Albtraum für alle Herrschenden und ihre geistigen Zuhälter. Daher die Neigung zum Neosozialismus. Damit soll das Volk endgültig darauf reduziert werden, was Alfred Döblin in ›Berlin Alexanderplatz‹ als die beiden vornehmsten Pflichten des Staatsbürgers karikiert hat: ›Erstens berappe, zweitens, halt die Klappe!‹« Der Gedanke ist so abwegig nicht, dass wir unser Schicksal besser nicht Politikern in die Hand geben sollten, auch nicht Politikern wie Lengsfeld, die nur deshalb aus der Bundesliga der Politik flog, weil sie von ihrer Partei 2009 nicht mehr als Bundestagskandidatin nominiert wurde und der Souverän ihr als Direktkandidatin die Gefolgschaft verweigerte. Wäre es anders gelaufen, würde die CDU-Politikerin und Ex-Grüne, Trägerin des Bundesverdienstkreuzes am Bande, gewiss anders über ihre Vorsitzende und deren Intentionen reden.

Anmerkungen

1 Robert Steigerwald (2009)
2 Dr. Lothar Bisky, Dr. Lukretia Jochimsen, Petra Pau, Dr. Petra Sitte, Dr. Gregor Gysi, Oskar Lafontaine. Deutscher Bundestag 16. Wahlperiode Drucksache 16/6926 vom 6.11.2007 Ziffer 1.
3 Modrow 2009, S. 3.
4 »Als die Kirche voller Genossen war«. Der Leipziger Pfarrer Christian Führer über die Stunden, in denen sich entschied, dass die Wende friedlich blieb. in: *Neues Deutschland*, 5. Oktober 2009, S. 3.
5 »Ulbrichts Favorit. Auskünfte von Alfred Neumann«, edition ost, Berlin 2009, S. 327.
6 Gerhard Beil, Außenhandel und Politik. Ein Minister erinnert sich, edition ost,Berlin 2010, S. 273ff.
7 Vgl. Wilhelm Liebknechts Volksfremdwörterbuch Berlin 1953 Stichwort »Konterrevolution«, S. 143.
8 Schirdewan 1994, S. 164 f.
9 Vgl. Krenz 1989, S. 3f.
10 Stefan Heym: Keine Freiheit für die Feinde der Freiheit. In: *www.sozialismus-von-unten.de/archiv/svu5/stefean-heym.htm*:
11 Friedrich Engels, Die Frankfurter Versammlung, in: *Neue Rheinische Zeitung* Nr. 1 vom 1. Juni 1848, MEW Band 3 Seite 14.
12 Vgl. *Rotfuchs,* Juli 2009, S. 10.

Wurde in der »Wende« das Recht auf Widerstand wahrgenommen?

Die 49er DDR-Verfassung proklamierte: »Gegen Maßnahmen, die den Beschlüssen der Volksvertretung widersprechen, hat jedermann das Recht und die Pflicht zum Widerstand.« (Art. 4).

Da die 49er Verfassung durch die Verfassungen der Jahre 1968 und 1974 nicht aufgehoben wurde, ergibt sich die Frage, ob auch dieser Artikel 4 geltendes Recht geblieben war? Denn Artikel 107 der 68er Verfassung enthält – im Gegensatz zu Artikel 144 der 49er Verfassung – nicht den Satz, dass der Verfassung entgegenstehendes Recht aufgehoben werde. Sind also die Vorgänge vom Herbst '89 in der DDR vom Recht und der Pflicht zum Widerstand der 49er Verfassung gedeckt? Zugleich muss gefragt werden, welche Maßnahmen den Beschlüssen der Volksvertretung widersprachen?

Halten wir zunächst fest: In der 68er und 74er DDR-Verfassung der DDR fehlen das Recht und die Pflicht zum Widerstand. Und in der BRD ergänzte der Bundestag das Grundgesetz am 24. Juni 1968 dahingehend, dass ein Absatz 4 in den Artikel 20 aufgenommen wurde. Dieser lautete: Gegen jeden, der es unternimmt, gegen die Grundlagen der staatlichen Ordnung zu verstoßen, »haben alle Deutschen das Recht zum Widerstand, wenn andere Abhilfe nicht möglich ist«. Auch hier wurde der Grundsatz der sogenannten Güterabwägung beachtet. Es besteht *kein* Widerstandsrecht gegen Entscheidungen der zuständigen Staatsorgane, die im Rahmen der rechtsstaatlichen Ordnung getroffen werden. So sind etwa Protestaktionen gegen Bau und Weiterführung von Kernkraftwerken nicht vom Widerstandsrecht erfasst, weil diese unter »intakter Gerichtsbarkeit« stattfinden.[1]

Der Boden für die Aufnahme dieses Widerstandsrechts ins Grundgesetz für die BRD wurde mit dem Verbotsurteil gegen die KPD im Jahre 1956 bereitet. »Das positivierte Widerstandsrecht des Art. 20 Abs. 4 ist letztlich [...] eine Bereicherung des juristischen Instrumentariums restaurativer Staatsbewahrung«.[2] Damit sollte beispielsweise das »Einsickern verfassungsfeindlicher Betriebskampfgruppen« in die BRD abgewehrt werden. So formulierte es der nachmalige Bundespräsident Roman Herzog 1980 in einem Verfassungskommentar.[3]

Womit aber das Wesen dieser Haltung deutlich wurde: Es ging um die Abwehr angeblicher kommunistischer Unterwanderung, um die Zurückweisung des Widerstandes gegen Remilitarisierung, Aufrüstung und Notstandsgesetze, gegen das legitime demokratische Widerstandsrecht zur Verteidigung der Demokratie.

Im Recht der BRD ist strittig, *wann* das Widerstandsrecht greift. Die einen meinen, es greife noch bevor die Ordnung gefährdet sei, bereits die Vorbereitung eines Umsturzes dürfe also bekämpft werden. Nach anderer Auffassung dürfe dieses Recht erst dann in Anspruch genommen werden, wenn die Verfassungsordnung bereits ausgehebelt worden sei. Selbst bei offensichtlichen Verstößen der Staatsorgane gegen das Grundgesetz bleibe, solange der Rechtsweg bestehe, die Möglichkeit mit Wahlen und Abstimmungen dagegen vorzugehen.[4]

Man kann die Frage auch anders formulieren: Gibt es ein Grundrecht auf Revolution?

Wenn man den Teich trockenlegen will, darf man nicht die Frösche fragen, sagt der Volksmund.

Auf der anderen Seite: Haben wir die Optionen etwa des Grundgesetzes schon hinlänglich ausgelotet? Daniela

Dahn meint zurecht: »Selbst die Abschaffung der Marktwirtschaft wäre von ihm gedeckt, da es wirtschaftspolitisch vollkommen offen ist«.[5]

Das Widerstandsrecht gilt allgemein als ein durch ein positives Gesetz statuiertes Recht jedes Menschen, sich unter bestimmten Bedingungen gegen staatliche Gesetze oder Maßnahmen auflehnen oder ihnen den Gehorsam verweigern darf. Wie schon gesagt, garantiert Artikel 20 Abs. 4 des Grundgesetzes das Recht, gegen jeden Widerstand zu leisten, der es unternimmt, die in Absatz 1 bis 3 niedergelegte Verfassungsordnung zu beseitigen. Das kann sowohl ein staatliches Organ wie auch eine Person oder eine Organisation sein.

Das Postulat eines allgemeinen Widerstandsrechts ist eine Folge dieser Erkenntnisse: Geschriebenes Recht und Gesetz muss sich an der Freiheit (die nicht als bloße Abwesenheit von Zwang verstanden werden will) messen lassen können. Wer also die Freiheit beseitigen will, beseitigt den allgemeinen Maßstab, nach dem nur Recht recht(ens) sein kann. Im deutschen Verfassungsrecht wird diese Freiheit als freiheitliche demokratische Grundordnung beschrieben und fußt ihrerseits nach dem Grundgesetz auf den in den Art. 1 und 20 GG niedergelegten Grundsätzen. So steht also jedem Deutschen – das Widerstandsrecht ist eben nicht als Menschenrecht konzipiert, sondern als Bürgerrecht – das Recht zu, Widerstand in den genannten Formen zu leisten, wenn diese Grundsätze beseitigt werden sollen und andere Abhilfe nicht möglich ist.

Anmerkungen

1 Kommentar zum Grundgesetz, Alternativkommentar Bd. 1, 1989 S. 1498.

2 a. a. O., S. 1495, 1499

3 Zitiert: Ebenda S. 1499, über die Verfassungskommentierung von Herzog aus dem Jahre 1980, S. 51-54.

4 Vgl. Internet: Wikipedia zu Artikel 20 Absatz 4 GG.

5 Dahn 2009, S. 263.

Die Verfassungen der DDR und die Staatssicherheit

Um es deutlich zu sagen: Dass auf die Staatssicherheit explizit hier eingegangen wird, ist ausschließlich der Tatsache geschuldet, dass das MfS seit 1990 ein öffentliches Thema ist. Dabei wird diesem Ministerium, seinen offiziellen und inoffiziellen Mitarbeitern eine gesellschaftliche Bedeutung zugeschrieben, die diese Einrichtung und ihre Institutionen nie besaßen. Warum das so ist, soll hier nicht erörtert werden. Je nach Herkunft und Überzeugung wird dazu jeder eine Meinung haben.

Ausgangspunkt einer sachlichen Erörterung des in der Überschrift genannten Zusammenhangs kann nur die Feststellung sein: Das Ministerium für Staatssicherheit war ein Instrument der Sicherheitspolitik des Staates DDR. Das Primat hatte die Politik.

Das MfS hatte weder das Recht, selbständig über politische, ökonomische, militärische und gesellschaftliche Grundfragen zu befinden noch gar darüber zu entscheiden. Andererseits besaß es entsprechend seinem Statut und der Stellung seines Ministers – er gehörte seit 1976 dem Politbüro an – objektiv weitreichende Machtbefugnisse. Aus den Sitzungs-Protokollen »des Politbüros lassen sich weder eine Berichterstattung noch eine Erörterung von Problemen der Staatssicherheit ablesen, so dass konzeptionelle, strategisch-politische Fragen der Sicherheit selbst für dieses Gremium ausgeblendet blieben. [...] Eine Rechenschaftslegung des Ministeriums fand weder im Zentralkomitee noch im Ministerrat statt.«[1]

Natürlich ging es vom ersten Tag der Existenz der DDR um Sein oder Nichtsein. Dem Staat, obgleich nicht anerkannt, war der Kalte Krieg erklärt worden. Nahezu jede Frage – ob in der Wirtschaft, in der Politik, beim Militär, in der Wissenschaft – hing direkt oder indirekt mit der staatlichen Sicherheit zusammen. In erster Linie waren jedoch die Schutz- und Sicherheitsorgane verpflichtet zu verhindern, dass aus dem Kalten Krieg kein heißer wurde. Der Friedenssicherung war alles untergeordnet. Minister Mielke erklärte noch am 29. Juni 1989, dass »jeder Krieg, ob nuklear oder konventionell [...] verhindert werden« müsse, Krieg dürfe kein Mittel der Politik mehr sein.[2]

Die Frage jedoch war, ob alle Maßnahmen und Entscheidungen, die sich auf das begründete Sicherheitsinteresse beriefen, auch wirklich notwendig und angemessen waren? Und: Ob nicht auch politische Fragen, die politische Antworten erheischten – etwa die wachsende Unzufriedenheit in der Bevölkerung, die Ausreisewellen, Unmutsbekundungen bezüglich der Informationspolitik etc. –, richtigerweise mit politischen und nicht mit geheimdienstlichen bzw. strafrechtlichen Mitteln hätten geklärt werden müssen?

Im Lichte der Ereignisse im Herbst 1989 scheint allerdings auch die Frage legitim, ob die personellen Veränderungen in den Führungsorganen der Volkskammer[3], die Abberufung (Rücktritt) des Vorsitzenden und der Mitglieder des Ministerrates, die Bildung eines zeitweiligen Ausschusses[4] sowie die Aussprache zur politischen Lage in der DDR auf der 11. Tagung der Volkskammer am 13. November 1989 Belege oder Signale des Aufbruchs oder Indizien der permanent befürchteten Konterrevolution waren?

Wo blieb die Staatssicherheit, »der gigantisch aufgeblähte Apparat«, fragte selbst der keineswegs DDR-freundliche Historiker Stefan Wolle, »als die Sicherheit des Staates, den es zu schützen galt, zum ersten Mal wirklich gefährdet war?«[5] Fast scheint Bedauern mitzuschwingen:

»Als wirklich die oft beschworene Konterrevolution ausbrach, trat der Stasi-Apparat dezent beiseite und überließ dem ›Klassenfeind‹ das Feld.«

Ob es sich so oder doch ein wenig anders verhalten hat, soll hier nicht erörtert werden. Sondern: Wessen Aufgabe war es, dass Prozesse unaufhaltsam liefen, die aufgehalten werden mussten, sollte die DDR nicht im Orkus der Geschichte verschwinden? Werner Großmann, letzter Chef der Aufklärung und in dieser Funktion einer der Stellvertreter Mielkes, erklärte dazu deutlich genug: »Nicht der Nachrichtendienst macht die Politik eines Staates. Er ist nicht Auftraggeber, sondern Auftragnehmer und Dienstleister.«[6]

Auch der Ex-Chef der Leipziger Bezirksverwaltung, Manfred Hummitzsch, sieht das nicht anders: »Leider waren wir es meistens, die die falschen oder fehlenden Entscheidungen der Politik ausbaden mussten.« Etwa: »Es war ein gravierender Fehler, dass die Staats- und Parteiführung keine befriedigende Lösung zur Regelung von Ausreisen geschaffen hat.«[7]

Jedoch geht es an der Wirklichkeit der DDR vorbei, ignorierte man, dass »angesichts der Stellung, der Aufgaben, der Verantwortung, der Vollmachten und Befugnisse das MfS selbst eine hohe Mitverantwortung für die Bestimmung der Sicherheitspolitik und insbesondere für ihre Umsetzung im Interesse der staatlichen Sicherheit« besaß.

Dennoch bleibt festzuhalten, dass die Sicherheitspolitik der DDR nur im Kontext der Systemauseinandersetzung des Kalten Krieges und im Rahmen der Bündnisverpflichtungen gegenüber der Sowjetunion und der sozialistischen Staatengemeinschaft (Artikel 6ff. der Verfassung) beurteilt werden kann.[8]

Auf die in diesem Zusammenhang immer wieder gestellte Frage, warum sich die DDR mit konspirativen Mitteln wehrte, geben die Autoren von »Fragen an das MfS. Auskünfte über eine Behörde«, 2010 in 3. Auflage in der edition ost erschienen, überzeugend Antwort: »Es war wie früher in einem Duell: Einer der Duellanten bestimmte die Waffen, der andere akzeptierte.

Im ersten Bundestagswahlkampf im August 1949 wurde der CDU-Vorsitzende in den Westzonen, Konrad Adenauer, gefragt:

›Wie wollen Sie die Wiedervereinigung erreichen?‹

›Mit konspirativen Mitteln.‹[9]

Diese Bemerkung ist insofern von einer gewissen Relevanz, als ›Konspiration‹ nach gegenwärtig gängiger Lesart ausschließlich dem MfS unterstellt wird. ›Heute verbindet sich mit dem Begriff der Konspiration durch die Stasi besonders der heimtückische Versuch, das Selbstvertrauen einer Person zu zerstören, indem Personen ihres Freundeskreises oder der Ehepartner für Spitzeltätigkeit angeworben und gezielt berufliche Misserfolge hergestellt wurden.‹ (*siehe http://de.wikipedia.org/wiki/Konspiration*)

Das ist natürlich hanebüchener Unsinn.

Jede geheimdienstliche Tätigkeit, das sagt bereits ihr Name, erfolgt gedeckt und nicht öffentlich. Auch westliche (›demokratische‹) Geheimdienste arbeiteten und arbeiten konspirativ. Und die Zielrichtung war auch klar, weshalb dennoch daran erinnert werden soll. Bundeskanzler Adenauer ließ sie am 20. Juni 1952 im *Rheinischen Merkur* erklären: »Es gibt nur ein Deutschland, das deutsche Bundesrepublik heißt, und was östlich von Elbe und Werra liegt, sind unerlöste Provinzen.« Die Aufgabe heiße nicht Wiedervereinigung, »sondern Befreiung des Verlorenen«.

Das Grundgesetz, faktisch das gesamte Rechtssystem, Staatsorgane, Einrichtungen und Organisationen, die materiellen, finanziellen und geistigen Ressourcen der BRD waren darauf ausgerichtet. Mit dem Ministerium für gesamtdeutsche Fragen hatte man sich 1949 ein politisches Steuerungs- und Führungsinstrument gegeben.

»Befreiung« lautete die Parole. Und das hieß: Angriff. Eine derartige Zielsetzung in Bezug auf die BRD gab es in der DDR nicht und folglich auch keine diesbezüglichen Aufträge! Zu keiner Zeit wurde von einer ›Befreiung‹ Westdeutschlands oder der Bundesrepublik geträumt oder gar geredet. Niemand dachte daran, an der europäischen Nachkriegsordnung zu rütteln. Der Status quo wurde anerkannt. Die Grenzen galten als unverletzlich. Der Auftrag der bewaffneten Organe inklusive MfS lautete: Schutz des friedlichen Aufbauwerkes in der DDR, Sicherung der Errungenschaften.

Dies erfolgte auch mit den spezifischen Mitteln eines Geheimdienstes. Dieser hatte die geheim vorgetragenen Angriffe äußerer und innerer Feinde auch unter Anwendung geheimer, abgedeckter Mittel, Methoden und Kräfte aufzuklären und abzuwehren. Folgerichtig bestand das MfS aus zwei Elementen: aus der Abwehr und der Aufklärung.

Die Abwehr diente vorrangig dem Schutz im Innern und die Aufklärung einschließlich der Gegenspionage – auch als Konterspionage oder offensive Abwehrmaßnahme bezeichnet – der Aufklärung von Geheimdienstzentralen in der BRD und Westberlin, dem sogenannten Operationsgebiet. Personalbestand und Struktur des MfS wurden im Laufe der Jahre den politischen Lagebedingungen angepasst. Ob dabei stets die richtigen Entscheidungen getroffen wurden, steht auf einem anderen Blatt.

Vor allem das im letzten Satz aufgeworfene Problem muss uns bei der ehrlichen und unvoreingenommenen Auseinandersetzung mit der DDR und der Verfassungswirklichkeit beschäftigen.

In Auswertung des XX. Parteitages der KPdSU fand Ende 1956 eine wissenschaftliche Konferenz statt, die sich unter anderem mit dem Geständnis als Beweis befasste. Bekanntlich hatten sich in Strafprozessen wiederholt Angeklagte selbst beschuldigt, womit sie als überführt galten. Selbst wenn das Geständnis des Beschuldigten/Angeklagten später durch ihn widerrufen wurde, galt er als überführt.[10]

Wie kamen »Geständnisse« etwa von Außenminister Georg Dertinger (Spionage), Justizminister Max Fechner (Staatsfeind), den Politbüromitgliedern Paul Merker und Karl Schirdewan zustande? Ohne hier auf Einzelheiten einzugehen, ging es um die grundsätzliche Frage des Schutzes der von Verfassung und vom Gesetz garantierten Grundrechte jedes Bürgers. Das hat im Strafverfahren eine besondere Bedeutung, denn dort geht es um Eingriffe in die Freiheit und Ehre des Angeklagten. Die theoretische und praktische Auseinandersetzung um die Bedeutung des Beweises stand im Zentrum der damaligen Tagung. Natürlich ging es im Verfahren um den Nachweis, dass die Straftat vom Beschuldigten und Angeklagten auch tatsächlich begangen worden war.[11] Hermann Klenner erklärte, dass die Aufgabe des Strafprozesses darin bestehe, »den Beweis nur auf die Wahrheit, nicht aber auf die Unwahrheit der staatlichen Anklage, oder anders: nur auf die Schuld, nicht aber auf die Unschuld des Angeklagten« gerichtet sein dürfte.[12]

In das Strafverfahren/Ermittlungsverfahren durften nur zugelassene Beweise eingeführt werden. Das hieß, konspirativ ermittelte Fakten besaßen keinen Beweiswert für das Ermittlungsverfahren und wurden folglich auch nicht eingeführt.[13] Aber die strikte, ausnahmslose Einhaltung von Gesetzen[14] hatte den entscheidenden Nachteil, über den wir diskutieren müssen. Wenn die (Straf-)Gesetze erstens inhaltlich nicht den Verfassungsnormen entsprachen und zweitens diese Verfassungsbestimmungen – ich denke an Artikel 6 der 49er Verfassung (Boykotthetze) sowie Meinungs-, Presse- und Versammlungsfreiheit (Artikel 27ff.) der 74er Verfassung – nicht so ausformuliert waren, dass sie einer Prüfung eines Verfassungsgerichtshofes standgehalten hätten, dann stellt sich die Frage nach deren Zulässigkeit.

An einem Beispiel aus dem Jahre 1989 soll die Arbeitsweise des MfS im Zusammenhang mit den Kommunalwahlen im Mai 1989 verdeutlicht werden.[15] In dem internen Papier des MfS hieß es: Auf der Grundlage von am Wahltag durchgeführten Kontrollen der Wahlhandlung und der Stimmenauszählung in Wahllokalen am 7. Mai 1989 wollten innere Feinde der DDR den Nachweis einer angeblichen Fälschung von Wahlergebnissen führen.

Zur wirksamen Zurückweisung bzw. Unterbindung der festgestellten bzw. beabsichtigten provokativen rechtswidrigen Handlungen wurde zentral durch Generalstaatsanwalt, Ministerium des Innern und MfS, eine differenzierte Verfahrensweise festgelegt, die den Text eines Antwortschreibens der Sekretäre der entsprechenden Wahlkommission enthielt.

»In jedem Fall ist zu vermeiden, dass zur Sache selbst oder zu den angeblichen Fakten argumentiert wird. Schreiben, die vorher den westlichen Medien übermittelt worden sind, werden nicht bearbeitet. [...]

Anzeigen, die nach § 211 Strafgesetzbuch[16] erstattet werden, sind ohne Kommentar entgegenzunehmen. Nach Ablauf der vorgesehenen Fristen für die Anzeigenbearbeitung ist von den jeweils zuständigen Organen zu antworten, dass keine Anhaltspunkte für den Verdacht einer Straftat vorliegen. Außerdem ist auf die offizielle Verlautbarung über die ordnungsgemäße Durchführung der Wahlen zu verweisen. Beschwerden gegen die getroffenen Entscheidungen sind gemäß § 91 StPO291 zu bearbeiten und abschlägig zu entscheiden.« Dieser Paragraph (»Beschwerde gegen Maßnahmen der Untersuchungsorgane und des Staatsanwalts«) lautete:

»(1) Beschuldigte, Verteidiger, Zeugen, Sachverständige, Geschädigte und andere Personen haben das Recht, gegen jede sie betreffende Maßnahme der Untersuchungsorgane Beschwerde beim Staatsanwalt einzulegen. Zuständig für die Bearbeitung der Beschwerde ist der Staatsanwalt, der die Aufsicht über die Untersuchungen führt. Über Beschwerden gegen Maßnahmen des Staatsanwalts entscheidet der übergeordnete Staatsanwalt.

(2) Der Staatsanwalt hat über die Beschwerde innerhalb von fünf Tagen zu entscheiden, das Ergebnis aktenkundig zu machen und dem Beschwerdeführer mitzuteilen. Wird der Beschwerde stattgegeben, hat der Staatsanwalt eine entsprechende Weisung zu erteilen.

(3) Durch die Beschwerde wird der Gang der Untersuchung nicht aufgehalten. Die Durchführung der Maßnahme kann ausgesetzt werden.«

Während nach Absatz 2 die Entscheidung über die Beschwerde ergebnisoffen sein sollte, wurde entsprechend dieses vorn genannten internen Dokuments vom 19. Mai 1989 rechtswidrig bestimmt, dass alle Beschwerden gegen Wahlmanipulationen ausnahmslos abschlägig zu entscheiden waren.

Gemäß § 10 Buchstabe e) des Wahlgesetzes[17] hatten die Wahlkommissionen »über Beschwerden gegen die Tätigkeit nachgeordneter Wahlkommissionen, von Wahlvorständen bzw. staatlichen Organen im Zusammenhang mit der Vorbereitung und Durchführung der Wahlen« allein zu entscheiden.

Abschließend wurden die Leiter der Bezirksverwaltungen und Kreisdienststellen des MfS verpflichtet, »die 1. Sekretäre der Bezirksleitungen bzw. Kreisleitungen der SED über den wesentlichen Inhalt der zentral getroffenen Festlegungen mündlich zu informieren.«[18] Das Dokument ist unterschrieben mit »Mielke, Armeegeneral«.

Zwischenzeitlich ist bewiesen, dass die Wahlergebnisse der Kommunalwahlen vom 7. Mai 1989 manipuliert wurden. In einem Urteil des Bezirksgerichts Leipzig[19] heiß es, dass diese Veränderungen aufgrund dienstlicher Unterstellungsverhältnisse und aus Parteidisziplin erfolgten. Dies hatte aber »infolge der Veränderung der politischen Machtverhältnisse in der DDR nur noch geringe schädliche Auswirkungen«.[20]

Gleichwohl wurden dadurch das Ansehen der staatlichen Organe der DDR und die moralische Integrität der sozialistischen Gesellschaft nicht zum ersten Male, aber diesmal irreparabel beschädigt.

Es wurden, wie schon das MfS-Dokument zeigt, in der Wahrnehmung und auch in der Behandlung »feindlich, oppositionell und andere negative Kräfte« undifferenziert miteinander vermischt. Die öffentliche Teilnahme an der Stimmenauszählung war keineswegs eine provokative rechtswidrige Handlung, sondern eine legitime, von Recht und Gesetz gedeckte, Handlung.

Dass die Leiter der Bezirksverwaltungen und Kreisdienststellen des MfS die 1. Sekretäre der SED ihres Verantwortungsbereichs vertraulich informieren sollten, belegt, dass Minister Mielke als Politbüromitglied offensichtlich vom Generalsekretär Honecker den Auftrag dazu hatte.

Das gesamte Dokument zeigt, das für das MfS klar war, dass Wahlmanipulationen jeglicher Art, wenn schon nicht ausgeschlossen, dann aber zumindest von den hier genannten zentralen Organen unter den Tisch gekehrt und Diskreditierungen der Ergebnisse vorbeugend verhindert werden sollten. Auf der anderen Seite: Ein anderes Dokument[21], in welchem akribisch für die Führung des MfS Fakten zusammengetragen wurden, legt den Schluss nahe, dass es sich um ein stabsmäßig organisiertes und koordiniertes Vorgehen feindlicher, oppositioneller Kräfte, besonders in Berlin, handelte. Es habe ein abgestimmtes Zusammenwirken mit in Westberlin agierenden Feinden der DDR sowie mit in der DDR akkreditierten westlichen Korrespondenten gegeben.[22]

Ohne auf die Details des Dokuments vom 7. Juli 1989 einzugehen, werden festgestellte Verstöße gegen das Wahlgesetz[23] der DDR mit »unterschiedlichen Verhaltensweisen Wahlberechtigter« wie Aufsuchen der Wahlkabinen, Ungültigmachen von Stimmzetteln durch Auftragen von feindlichen Parolen, Erhöhung der Gegenstimmen im Verhältnis zu anderen Wahlen, Zunahme besonders (jugendlicher) Nichtwähler u. a. aufgelistet. Allein die Nennung »Aufsuchen der Wahlkabinen« verdeutlicht, dass offenbar § 32 des Wahlgesetzes nicht ernst genommen wurde. Dort hieß es nämlich: »Im Wahllokal sind Wahlkabinen aufzustellen, die es dem Wähler ermöglichen, die Stimmzettel unbeobachtet für die Abgabe vorzubereiten.«

§ 35 Absatz 4 hieß: »Der Wähler bereitet den Stimmzettel zur Stimmabgabe vor. Er hat das Recht, eine Wahlkabine zu benutzen. In der Wahlkabine darf sich gleichzeitig nur ein Wähler aufhalten.«

Die geltende 74er Verfassung enthielt im Artikel 22 eine Festlegung des aktiven und passiven Wahlrechts sowie die Aufstellung und Prüfung der zu wählenden Kandidaten als »unverzichtbare sozialistische Wahlprinzipien«.

§ 5 des Wahlgesetzes lautete: »(1) Nicht wahlberechtigt und nicht wählbar sind Personen, die entmündigt sind oder denen rechtskräftig durch gerichtliche Entscheidung die staatsbürgerlichen Rechte aberkannt wurden.

(2) Das Wahlrecht ruht bei Personen, die wegen krankhafter Störung der Geistestätigkeit in einer Einrichtung für psychisch Kranke untergebracht sind, unter vorläufiger Vormundschaft oder wegen geistiger Gebrechen unter Pflegschaft stehen, sowie bei Personen, die eine Strafe mit Freiheitsentzug verbüßen, sich in Untersuchungshaft befinden oder vorläufig festgenommen wurden.«

Der Artikel 38 Grundgesetz für die BRD lautet:

»(1) Die Abgeordneten des Deutschen Bundestages werden in allgemeiner, unmittelbarer, freier, gleicher und geheimer Wahl gewählt. Sie sind Vertreter des ganzen Volkes, an Aufträge und Weisungen nicht gebunden und nur ihrem Gewissen unterworfen.

(2) Wahlberechtigt ist, wer das achtzehnte Lebensjahr vollendet hat; wählbar ist, wer das Alter erreicht hat, mit dem die Volljährigkeit eintritt.

(3) Das Nähere bestimmt ein Bundesgesetz.«

Das Bundeswahlgesetz[24] lautet im § 13: »Ausgeschlossen vom Wahlrecht ist, wer infolge Richterspruchs das Wahlrecht nicht besitzt, derjenige, für den zur Besorgung aller seiner Angelegenheiten ein Betreuer nicht nur durch einstweilige Anordnung bestellt ist; dies gilt auch, wenn der Betreuer die in § 1896 Abs. 4 und § 1905 des Bürgerlichen Gesetzbuchs bezeichneten Angelegenheiten nicht erfasst, wer sich auf Grund einer Anordnung nach § 63 in Verbindung mit § 20 des Strafgesetzbuches in einem psychiatrischen Krankenhaus befindet.«

Ähnlich wie im Wahlrecht der DDR wird im Bundesrecht ausdrücklich hervorgehoben, dass das Wahlrecht auch die Wählbarkeit[25] umfasst. Der § 15 BWahlG regelt die Wählbarkeit und lautet: »(1) Wählbar ist, wer am Wahltage 1. seit mindestens einem Jahr Deutscher im Sinne des Artikels 116 Abs. 1 des Grundgesetzes ist und 2. das achtzehnte Lebensjahr vollendet hat.

(2) nicht wählbar ist, 1. wer nach § 13 vom Wahlrecht ausgeschlossen ist, 2. wer infolge Richterspruchs die Wählbarkeit oder die Fähigkeit zur Bekleidung öffentlicher Ämter nicht besitzt oder 3. wer, ohne die deutsche Staatsangehörigkeit zu besitzen, Deutscher im Sinne des Artikels 116 Abs. 1 des Grundgesetzes ist und diese Rechtsstellung durch Ausschlagung der deutschen Staatsangehörigkeit nach dem Gesetz zur Regelung von Fragen der Staatsangehörigkeit vom 22. Februar 1955 (BGBl. I S. 65) erlangt hat.«

Warum wird hier das Wahlrecht in der BRD so ausführlich erläutert? Weder in den §§ 13 und 15 noch an anderer Stelle des Bundeswahlgesetzes ist gesagt, dass beispielsweise ehemalige offizielle oder inoffizielle Mitarbeiter des MfS vom Wahlrecht ausgeschlossen bzw. nicht wählbar sind.

Doch selbst bei jüngsten Wahlen – etwa nach der Landtagswahl in Brandenburg oder in Nordrhein-Westfalen – wurde das Thema neuerlich aufs Tapet gebracht. In Potsdam wurde 2009 wieder skandiert »Stasi in die Produktion« und eine Stasi-Beauftragte installiert, in Niedersachsen (2009) und NRW (2010) wurde die ungenügende Distanzierung von MfS und DDR zur Gretchenfrage für Abgeordnete der Linkspartei erklärt. 1992 wurde erstmals bei gewählten Abgeordneten dieses Geschütz in Stellung gebracht. Im Februar jenen Jahres »enttarnte« man drei Bundestagsabgeordnete der PDS/Linke Liste und stellte sie wegen ihrer Zusammenarbeit mit dem MfS an den Pranger in der Absicht, dass sie ihr Mandat niederlegten. In der *Frankfurter Allgemeinen Zeitung* vom 15. Februar 1992 hieß es: »Dies ist das Ergebnis der Überprüfung durch die ›Gauck-Behörde‹. Es handelt sich um die Abgeordneten Jutta Braband, Ilja Seifert und Gerhard Riege. Die PDS betonte in ihrer Stellungnahme, dass sich die PDS-Gruppe im Bundestag schon im September 1991 zu einer Überprüfung auf Stasi-Kontakte bereit gefunden habe.«

In einem Interview im *Neuen Deutschland* bestätigte Andrea Lederer, Vizevorsitzende der Gruppe PDS/LL im Bundestag, die zur »Stasi-Überprüfung« der Abgeordneten in der *FAZ* dargelegten Fakten.[26]

MdB Gerhard Riege, 1990 frei gewählter Rektor der Friedrich-Schiller-Universität Jena, nahm sich am 15. Februar 1992 das Leben. Ein enger Kampfgefährte[27] sah Riege als Opfer des Abrechnungskurses mit der DDR. »Am schwersten wog dabei wohl die Reaktion auf seine Rede am 13. März 1991. Das Protokoll verzeichnet in der siebenminütigen Rede nicht weniger als 33 Zwischenrufe wie ›Jetzt verteidigen Sie das alte Regime! Ich würde mich an Ihrer Stelle schämen!‹, ›Sie sollten das Wort Recht überhaupt nicht in den Mund nehmen. Peinlich so etwas!‹, ›Was man sich hier von so einem Stasi-Heini anhören muss‹. Ich merkte, wie stark ihn die geradezu hysterische Reaktion von CDU/CSU-Abgeordneten getroffen hatte.«[28]

Die »Stasi-Keule« wird geschwungen, um Bürger einzuschüchtern, sie von der demokratischen Willensbildung oder der Wahrnehmung des passiven Wahlrechts abzuhalten. Und wenn sie – wie etwa der sächsische Landtagsabgeordnete Volker Külow – trotz öffentlichen Outings als IM dennoch ins Parlament gewählt wird, erfolgen Wählerschelte und Denunziation.

Wenn schon die Wahlmanipulationen in der DDR kritisch hinterfragt werden, dann darf aber auch nicht übersehen werden, dass es im größer gewordenen Deutschland, im Rechtsstaat BRD, auch zu »ergebnisrelevanten Wahlfehlern« kommt.

Oder man manipuliert wie bei der Landtagswahl am 27. September 2009 im Wahlbezirk Husum 3. Bei der erzwungenen Nachzählung korrigierte der Landeswahlausschuss am 22. Januar 2010 das Zweitstimmenergebnis der Linken. Im Ergebnis werde die FDP einen Sitz verlieren, sagte Landeswahlleiterin Manuela Söller-Winkler nach der mehr als vierstündigen Auszählung in Kiel. Dieser gehe nun an die Linke. »Bei der Neuauszählung seien ›tatsächlich Unregelmäßigkeiten‹ festgestellt worden, sagte Söller-Winkler. So sei dort eine Stimme mehr abgegeben worden, als bislang vermerkt. Bei CDU, SPD, FDP und Grünen habe es jedoch keine Abweichungen bei den Zweitstimmen gegeben«, schrieb der *Focus*. »Landtagspräsident Torsten Geerdts (CDU) sprach angesichts der 32 ungezählten Stimmen von einem ›erheblichen Unterschied‹. ›Ich denke, es ist ziemlich einmalig in Deutschland, dass so etwas passiert.‹«

Ob das wirklich »ziemlich einmalig« war, kann ruhig bezweifelt werden.

Aber kehren wir vor der eigenen Tür. Handlungsgrundlage für das MfS waren deren Statuten von 1953 und 1969. Das zweiseitige Statut von 1953 wurde von Ministerpräsident Otto Grotewohl bestätigt, das von 1969 von Erich Honecker. Dieser war damals als ZK-Sekretär für Sicherheitsfragen zuständig, seit 1960 zudem Sekretär des

Nationalen Verteidigungsrates.

War er in diesen Funktionen überhaupt legitimiert, das Statut eines Ministeriums zu bestätigen. Rahmenstatuten der Industrieministerien und anderer Ministerien wurden durch Beschlüsse des Ministerrates bestätigt.[29]

Verfassungsrechtlich war dafür in der Tat allein der Ministerrat zuständig. Er leitete, koordinierte und kontrollierte die Tätigkeit der Ministerien (Artikel 79 Absatz 2). Offenbar galten die verfassungsrechtlichen Bestimmungen zum Ministerrat nicht für das MfS. Das aber kann nicht dem MfS angelastet werden.

Der Nationale Verteidigungsrat, das nur nebenbei, wurde in der Verfassung lediglich im Zusammenhang mit dem Staatsrat als Organisator der Landesverteidigung (Artikel 73) genannt, quasi als ein Hilfsorgan. Der Minister für Staatssicherheit hatte alle zur Durchsetzung des Statutes erforderlichen Maßnahmen zu treffen. Es wurde aus Geheimhaltungsgründen nicht veröffentlicht. Dadurch blieb es selbst Mitarbeitern des MfS unbekannt.

Die erste und einzige Rede des Volkskammerabgeordneten Mielke vor der Kammer am 13. November 1989 war politisch ein Desaster. Des Ministers Auftritt konnte kaum der Konterrevolution in der DDR zugeschrieben werden, er war eher Ausdruck subjektiver Überforderung, Hilf- und Kopflosigkeit der DDR-Führung.[30]

»Wir haben, Genossen, liebe Abgeordnete, einen außerordentlich hohen Kontakt zu allen werktätigen Menschen. (Heiterkeit)

Ja, wir haben den Kontakt. Ihr werdet gleich hören, warum. Ich fürchte mich nicht, ohne Rededisposition hier Antwort zu stehen. Auch eine Demokratie. Ich habe kein Referat vorher fertig gemacht ... Wir haben Hervorragendes, Genossen, geleistet, unsere Arbeit gemacht.

(Zuruf: Zur Geschäftsordnung: Ich bitte doch endlich dafür zu sorgen. In dieser Kammer sitzen nicht nur Genossen.) (Beifall)

Ich bitte, das ist doch nur eine formale Frage.

(Missfallensäußerungen)

Ich liebe doch alle Menschen ... (*Nach der Geschäftsordnung der Volkskammer vom 7. Oktober 1974 war es möglich, dass das Protokoll innerhalb von maximal 6 Tagen in der stenographischen Niederschrift zu korrigieren.*[31] *Tatsächlich sagte Mielke: »Ich liebe euch doch alle« – K. E.*)

(Gelächter)

Ich setze mich doch dafür ein. Also ich bitte um Verständnis. Wenn ich das gemacht haben sollte, dann bitte ich um Verzeihung für diesen Fehler ... Wir haben, Genossen, ich weiß nicht, soll ich hier die Wahrheit sagen oder nicht, berichtet über diese ganzen Fragen.

(Zuruf: Wo?)

Wir haben Vorschläge gemacht an die Stelle, der ich verpflichtet bin als Minister für Staatssicherheit zu berichten, an die betreffenden Genossen ... Die haben die Fragen bekommen, für die sie zuständig sind, die anderen.

(Zuruf: Konkret!)

Aber gestattet doch mal, was heißt konkret? ... Das einzigste ist, dass vieles, was wir gemeldet haben, nicht immer berücksichtigt wurde und nicht eingeschätzt wurde.

(Zuruf: Von wem?)

Wir haben in dieser Beziehung versucht, nach der Verfassung und nach den bestehenden Gesetzen einwandfrei zu arbeiten«.[32]

War das so?

Im »Fahneneid der Angehörigen des MfS«[33] fehlt jeglicher Bezug zur Verfassung. In der »Verpflichtungserklärung für hauptamtliche Mitarbeiter des MfS« wird Bezug genommen auf die Beschlüsse der SED »und die Verfassung, die Gesetze und Beschlüsse der Volkskammer, die Erlasse und Beschlüsse des Staatsrates, die Verordnungen und Beschlüsse des Ministerrates, die Beschlüsse und Anordnungen des Nationalen Verteidigungsrates sowie die dienstlichen Bestimmungen des Ministers für Staatssicherheit und der anderen Vorgesetzten«. Diese seien einzuhalten und mit schöpferischer Initiative durchzuführen«.[34]

Wie ließ sich die Verfassung »mit schöpferischer Initiative durchführen«?

Mielke, inzwischen als Minister demissioniert, versuchte noch am Folgetag sich vor dem Kollegium des MfS zu rechtfertigen. »Er verstehe unsere Aufregung nicht, lasse aber die Meinung der anderen gelten. Das ist ungewöhnlich. Nun wird uns bewusst: Da vorn sitzt ein alter, gebrochener Mann, der die Tragweite seines Tuns intellektuell nicht mehr begreift. Er hat resigniert. Der Greis an der Stirnseite des Tisches ist nicht mehr jene Persönlichkeit, die die meisten Mitarbeiter des Ministeriums für Staatssicherheit einst vor Augen hatten«, erinnerte sich Werner Großmann.[35]

Im Statut des MfS § 1 wurde das MfS als ein Organ des Ministerrates charakterisiert, das seine Aufgaben auf der Grundlage des Programms der SED, der Beschlüsse des ZK und des Politbüros des ZK der SED, der Verfassung der DDR, der Gesetze und Beschlüsse der Volkskammer, der Erlasse und Beschlüsse des Staatsrates, der Beschlüsse und Anordnungen des NVR und der Befehle, Direktiven und seines Vorsitzenden, der Verordnungen und Beschlüsse des Ministerrates sowie anderer allgemeinverbindlicher Rechtsvorschriften verwirklichte.

Der Minister führte »das MfS nach dem Prinzip der Einzelleitung«. Er war persönlich für die gesamte Tätigkeit des MfS verantwortlich und der Volkskammer, dem Staatsrat, dem Nationalen Verteidigungsrat und dem Ministerrat rechenschaftspflichtig. Ob und wie diese Rechenschaftspflicht verwirklicht wurde, bleibt weiteren Forschungen vorbehalten.

Da auch im 2002 erschienenen Zweibänder »Die Sicherheit. Zur Abwehrarbeit des MfS« nichts über die Rechenschaftspflicht des MfS gegenüber dem Staatsrat, dem Nationalen Verteidigungsrat und dem Ministerrat gesagt ist, muss davon ausgegangen werden, dass diese Rechenschaftspflicht nur auf dem Papier stand. Praktisch hätte die Rechenschaftspflicht im Parlament im Plenum oder in den Ausschüssen realisiert werden müssen. Dergleichen ist mir nicht bekannt.

Studiert man zum Beispiel in diesem Band den Beitrag von Willi Opitz[36], dann verblüfft, dass in den Lehrprogrammen der Juristischen Hochschule Potsdam (JHP) die Verfassung der DDR nicht erwähnt wird. Offenbar besaß sie auch für die Hochschule keine große Bedeutung, zumindest erwähnte sie dessen Leiter in seinen Text nicht.

Die Sektion Rechtswissenschaft verfügte zwar über den Lehrstuhl Staats- und Rechtstheorie/Staatsrecht/Verwaltungsrecht[37], zugleich aber wurde festgestellt, dass durch Realisierung von Schwerpunktaufgaben verhindert wurde, dass »Angehörige der JHP in ›wissenschaftliche Selbstbeschäftigung‹ abglitten und ihre Beziehungen zur Praxis verloren«.[38]

Fiel unter diesen Verdacht auch die Forschung zu Problemen der DDR-Verfassungen?

Auch das »Lehrgebiet 3 – Grundlagen der Theorie des sozialistischen Staates und des sozialistischen Recht, des Staatsrechts der DDR und des Völkerrechts« und die Prüfungsschwerpunkte der JHP lassen keinen anderen Schluss als den eines gewissen Verfassungsnihilismus zu.[39]

In den Dokumenten[40] werden 166 Dissertationen der JHP aufgelistet, aber nicht eine befasste sich direkt mit der Verfassung der DDR.[41] Die meisten hatten »operative Probleme« zum Gegenstand.

Im Juni und Juli 1989 gab es zwei Dissertationen, die sich mit der »weiteren Entfaltung und Vervollkommnung der sozialistischen Demokratie« und mit der »Öffentlichkeitsarbeit des MfS« befassten.

Die »Bibliographie der Diplomarbeiten und Abschlussarbeiten« an der JHP[42] wurde unter dem Gesichtspunkt der Verfassung nicht geprüft.

Im 27seitigen Stichwortverzeichnis des Zweibänders fehlt der Begriff »Verfassung« ebenso wie im Wörterbuch der politisch-operativen Arbeit.[43] Den Begriff scheint es überhaupt nicht zu geben.

»Verfassung« kommt allenfalls in Verbindung vor – etwa als Verfassungsschutz in der BRD[44] und bei der Definition der »Feindtätigkeit«, die als »Angriffe auf die verfassungsmäßigen Grundlagen« der DDR charakterisiert werden.[45] Und es gibt in Kunst und Kultur »verfassungsfeindliche Zusammenschlüsse«.[46]

Auch wenn das MfS mit seiner Bildung in den »Rang eines Verfassungshüters« erhoben wurde[47], ist davon auszugehen, dass die Meinung des Ministers, dass nämlich die Verfassung auf dem Willen der Partei fuße, es sich gleichsam »um höhere Beschlüsse« handelte, im MfS als verbindlich galt.[48]

Die »Politisch-ideologische Diversion« (PID) und die »Politische Untergrundtätigkeit« (PUT)[49] sind für Mielke von außen gesteuerte oppositionelle Haltungen und Unmutsbekundungen von DDR-Bürgern jeglicher Art. Dass ein großer Teil der Probleme in der DDR hausgemacht war und »nicht vom Klassengegner inszeniert«, wohl aber von ihm ausgenutzt und verstärkt wurden, ignorierte der Minister weitgehend. Die HV A sollte beweisen, dass ausländische Regierungen, Parteien, politische Institutionen und Organisationen, besonders die Geheimdienste der NATO-Staaten, hinter allem stecken.

Obwohl die Oppositionellen und Bürgerrechtler in der DDR »im Prinzip das gleiche wollen wie wir«, erinnerte sich Werner Großmann 2007, »erklären wir sie zu Feinden. Was sie aber objektiv nicht sind.« Und er kam zu dem Schluss: »Ein konterrevolutionäres Zentrum in der DDR lässt sich jedoch nicht finden. Kein Wunder: Es gibt dieses nicht.«[50]

Grundsätzlich bestanden im MfS jedoch »keine Zweifel an der Richtigkeit der von der SED-Führung [...] getroffenen Wertungen und Entscheidungen. Die ›Linie der Partei‹ galt es bedingungslos durchzusetzen, selbst wenn bei der Realisierung bestimmter Aufträge auch Bedenken kamen und eigene Erkenntnisse den Vorgaben widersprachen.«[51]

War es in der BRD etwa anders?

Ob Verfassungsschutz, Militärischer Abschirmdienst, Bundesnachrichtendienst und andere gegen die DDR handelnde Organisationen: Sie standen explizit auf dem Boden des Grundgesetzes. Sie handelten in dessen Auftrag für die »Befreiung« des Ostens. Und wurden, um es vorsichtig zu formulieren, dabei nur mäßig kontrolliert.

Im Wörterbuch des MfS hieß es dazu: Die Formen und Methoden »sind äußerst vielfältig: reaktionäre Aufstände, Entfesselung von Bürgerkriegen, Putsche, Revolten, Verschwörungen, individueller Terror, Versuche der ökonomischen und der politisch-ideologischen Unterwanderung (politisch-ideologische Diversion, wirtschaftliche Störtätigkeit, politische Untergrundtätigkeit) usw. Zur Erreichung ihrer Ziele arbeiten die innere und internationale Reaktion eng zusammen […] Die Geheimdienste und andere Organe und Organisationen […] versuchen, […] feindlich-negative Kräfte zu politischer Untergrundtätigkeit und zahlreichen anderen feindlich-negativen Handlungen zu inspirieren und zu mobilisieren und zu einer […] sogenannten inneren Opposition für die geplante Zersetzung und Zerstörung des Sozialismus von innen heraus zu organisieren und zusammenzuschließen.«

Der Kampf gegen jegliche Art der Konterrevolution muss von der marxistisch-leninistischen Partei »und vor allem mittels des sozialistischen Staates geführt werden«. Eine besondere Verantwortung »für die rechtzeitige Aufklärung und vorbeugende, offensive Zerschlagung der feindlichen Pläne« trägt auch das MfS.[52]

Von der Aufklärung erwartete Ministers Mielke auch noch in der Endphase der DDR Dokumente und Einschätzungen aus den gegnerischen Zentren, die beweisen sollten, »dass die Konterrevolution von außen gesteuert wird«. Grossmann resignierend: »Das können wir nicht. Es existiert kein Gremium im Westen, in dem die Fäden gezogen werden. Sicher, jede politische Institution, nicht zuletzt die Medien, trägt ihren Teil dazu bei, dass die Bewegung in der DDR am Laufen gehalten wird. Insbesondere die täglichen Fernsehbilder aus Notaufnahmelagern und besetzten Botschaften, von glücklichen Ankömmlingen im Westen, polizeilichen Übergriffen im Osten usw. heizen spürbar die Stimmung an. Doch machen wir uns nichts vor: Der Beginn erfolgt in der DDR. Hier lief das Fass über. Hier brach der Unmut auf. Der Westen verstärkt nur, was hier geschah.«[53]

Insgesamt, da ist Ekkehard Lieberam zuzustimmen, spielte die Verfassung der DDR als höchstes rechtliches Normensystem »weder in der Rechtsprechung noch im Massenbewusstsein eine große Rolle. Verfassungsaufsicht und Normenkontrolle seitens des Staatsrates bzw. der Volkskammer wurden nicht wirksam«, das galt nicht nur für das MfS. Wenn Rechtsnormen im Widerspruch zu Verfassungsgrundsätzen standen, wurde das hingenommen. Es gab weder ein funktionsfähiges Verfassungsorgan noch allgemein anerkannte Rechtswege, um die Einhaltung von Verfassungsnormen zu erzwingen.[54]

Die gesellschaftlichen Probleme waren in den sozialistischen Staaten virulent. Doch nirgendwo bekommt man sie in den Griff. In der DDR postulierte man »Kontinuität und Erneuerung«, wobei die Betonung auf Kontinuität lag. Das sollte die Antwort auf die sowjetische Perestroika sein, die sich keineswegs als Umbau, sondern als Abriss zeigte. Konzeptionslos versuchte die Führung um Gorbatschow der Probleme Herr zu werden, doch dabei produzierte man unablässig neue. Perestroika und Glasnost waren schon bald nicht die Lösung, sondern die Ursache eines existentiellen Problems. Für Honecker kam die Konterrevolution aus der Sowjetunion, womit er im Prinzip nicht unrecht hatte. Dazu erinnerte er sich nach seinem Sturz, wobei er auch die Verfassung erwähnte, die für ihn seinerzeit kaum eine Rolle gespielt hatte: und auch an dieser Stelle deplatziert wirkte: »Wir hatten ja an einigen Hochschulen bestimmte Erscheinungen, wo unter der Flagge von Perestroika und Glasnost Ideen verbreitet wurden, die nicht mit der Verfassung der DDR übereinstimmten. Ich erwähne deshalb die Verfassung der DDR, weil das Parteiprogramm für die Kommunisten gilt, aber die Verfassung der DDR ist natürlich für alle Bürger da, ist für alle Bürger voll gültig.

Jenen, die von Perestroika und Glasnost reden, die davon sprechen, dies in der DDR einzuführen, muss man mit der Bibel sagen, sie wissen nicht, was sie tun.«[55]

Unter dem neuen Generalsekretär Egon Krenz wurde ein Aktionsprogramm der SED am 8. November 1989 beschlossen. Es mahnte auch die Transparenz der Arbeit der Schutz- und Sicherheitsorgane an. Es wurde vorgeschlagen, »dass alle mit der öffentlichen Ordnung und staatlichen Sicherheit zusammenhängenden Fragen in einem Gesetz geregelt werden« sollten. Im Wesen wollte man zu den Ursprüngen zurückkehren: »Ein Volkskammerausschuss sollte die Kontrolle über die Tätigkeit der Schutz- und Sicherheitsorgane ausüben.«[56]

Das ZK der SED schlug ferner vor, »die Militärdoktrin der DDR nach öffentlicher Diskussion in der Volkskammer zu beraten und zu beschließen«.

Aber auch bei dieser wie auch schon auf den vorangegangenen ZK-Tagungen wurde so gut wie kein Wort zur Verfassung gesagt. Lediglich Erich Postler machte auf der 10. ZK-Tagung als einziger Redner darauf aufmerksam, dass sich auf »die in der Verfassung verankerte Führungsrolle der Partei [...] der Hauptangriff der oppositionellen Kräfte« richten werde. »Und sie finden dabei viel Unterstützung durch die Bevölkerung und durch die Enttäuschung der Genossen sogar aus den Reihen der Partei.

Diese Frage entsprechend den heutigen Bedingungen neu zu formulieren, ist eine unserer wichtigsten auch theoretischen Aufgaben, und ich meine, wir müssen die Sache im Aktionsprogramm ganz klar formulieren […] Man kann die Führungsrolle nicht verordnen. Sie muss durch uns vorgelebt werden. Anders geht es nicht.«[57]

Als auf der 12. Tagung das Politbüro und das ZK zurücktraten, geschah dies mit der Floskel, man wolle der Modrow-Regierung »volle Unterstützung« geben. Wie und auf welche Art und Weise das geschehen sollte, blieb wie vieles andere ungeklärt.[58]

Ungeachtet notwendiger Kritik an der konkreten Tätigkeit und des vagen Verhältnisses zur Verfassung, war die Forderung des *Neuen Forum*, am Zentralen Runden Tisch am 15. Januar 1990 erhoben, »die Staatssicherheitsorgane zu einer verfassungsfeindlichen Organisation zu erklären«, gänzlich haltlos und absurd. Und man ging noch weiter: »Für die verfassungswidrige Tätigkeit des MfS trägt die SED Verantwortung. Eine Namensänderung und der Austausch von Funktionären kann sie hiervon nicht entbinden. Damit ergibt sich die Notwendigkeit, gegen die SED-PDS wegen des Verdachtes verfassungswidriger Aktivitäten zu ermitteln. Hiervon leiten wir ab, dass die immer noch bestehenden Machtstrukturen der SED-PDS aufgelöst werden müssen.«[59]

Neben dieser vermeintlichen Verfassungswidrigkeit des MfS lautete das zweite Stichwort: »offenlegen«, mit der die Stasi-Hysterie losgetreten wurde. Bekanntlich wurde auch an jenem 15. Januar 1990 auch die »Stasi-Zentrale« in der Berliner Normannenstraße gestürmt. Der Souverän ging souverän mit dieser Haltung und ihren Protagonisten um. Bei den Volkskammerwahlen am 18. März erhielten das Neue Forum, Demokratie jetzt!, Initiative Frieden und Menschenrechte und Bündnis 90 336.074 Stimmen, zusammen also zwölf Mandate.[60]

Anmerkungen

1 Wilfriede Otto 2000, S. 353, unter Hinweis auf Erinnerungen von Politbüro-Mitglied Kurt Hager.

2 Referat Erich Mielkes auf der Sitzung der SED-Kreisleitung des MfS. In: Otto Dokument 58, S. 666.

3 Wahl eines neuen Volkskammer-Präsidenten im zweiten Wahlgang und seines Stellvertreters sowie der Mitglieder des Präsidiums.

4 Vk-Ausschuss »Zur Überprüfung von Fällen des Amtsmissbrauchs, der Korruption; der ungerechtfertigten persönlichen Bereicherung und anderer Handlungen, bei denen der Verdacht auf Gesetzesverletzung besteht.«

5 Wolle 1992, S. 235f.

6 Großmann 2007, S. 283.

7 Hummitzsch 2009.

8 Grimmer/Irmler/Neiber u. a. 2002, S. 45.

9 Helmut Roewer: Im Visier der Geheimdienste. Deutschland und Russland im Kalten Krieg, Bergisch-Gladbach 2008

10 Vgl. z. B. Beckert 1995, S. 100ff., Prozesse zum Schutze der Volkswirtschaft vor dem Obersten Gericht betreffend

11 Vgl. Fragen zum Beweisrecht 1957.

12 a. a. O., S. 71.

13 Coburger/Skiba 2002, S. 428.

14 a. a. O., S. 445, ähnlich S. 455ff.

15 Maßnahmen zur Zurückweisung und Unterbindung von Aktivitäten feindlicher, oppositioneller und anderer negativer Kräfte zur Diskreditierung der Ergebnisse der Kommunalwahlen am 7. Mai 1989. MfS, Dokumentenverwaltung. Nr. 103590 Berlin, den 19.5.1989, Mielke an Leiter der Diensteinheiten VVS-Nr. 0008, MfS Nr. 38/89. In: Mitter/Wolle (1990) Dokument 9. Seite 42 bis 45.

16 § 211 STGB (Wahlfälschung). In der Fassung des 3. Strafrechtsänderungsgesetzes vom 28. Juni 1979 (GBl. I Nr. 17 Seite 139)

17 Vom 24. Juni 1976 (GBL. I Nr. 22 Seite 301). Mit diesem Gesetz alte Wahlgesetze und Beschlüsse des Staatsrates der Jahre 1963, 1965, 1967, 1969 und 1974 außer Kraft gesetzt.

18 Vgl. Dokument 9. Seite 43, 45.

19 BG Leipzig, Urteil vom 27. September 1990-BSB 134/90. In: Neue Justiz 12/90 Seite 559 f.

20 Vgl. a. a. O., S. 560.

21 Hinweise über ausgewählte bedeutsame Probleme im Zusammenhang mit den Ergebnissen der Kommunalwahlen am 7. Mai 1889. MfS, ZAIG, K 3/103 Berlin , Juni 1989 (7.7. 1989), ZAIG an Mittag (Mittig?), Neiber, Schwanitz, intern MfS. In: Mitter/Wolle 1990 Dokument 18. Seite 97 bis 107.

22 Vgl. ebenda Seite 97.

23 Grundsätzlich wurden zu jeder Wahl besondere Wahlgesetze beschlossen.

24 In der Fassung vom 23. Juli 1993 (BGBl. I Seite 1288, 1595) zuletzt geändert durch Gesetz vom 17. März 2008 (BGBl. I Seite 394).
25 Der gesamte dritte Abschnitt des BWahlG heißt »Wahlrecht und Wählbarkeit«.
26 *Neues Deutschland* vom 15. Februar 1992 »Wir werden die Entscheidung der Betroffenen respektieren«.
27 Heuer, Ein Jahr danach. In: In memoriam Gerhard Riege, 1993 S. 6- 7.
28 Ebenda.
29 Vgl. GBl. I 1975 Nr.4, 7, 18,30, 34, 36 u.a.; GBl. I 1976 Nr. 4,8, 12,15..
30 Mielke 13. November 1989, Volkskammer Sitzungsprotokolle 1989/90, S. 262f.
31 GBl. I Nr. 50, S. 469.
32 Mielke 13. November 1989, Volkskammer Sitzungsprotokolle 1989/90, S. 262f.
33 Grimmer/Irmler/Neiber u. a. 2002, S. 235.
34 a. a. O., S. 236.
35 Vgl. Großmann 2007, S. 160-163.
36 Die Juristische Hochschule Potsdam (JHP) des MfS in: Die Sicherheit 2002, Bd. 2, S. 520-558.
37 a. a. O., S. 529.
38 a. a. O., S. 527.
39 a. a. O., S. 544ff.
40 Dissertationen des MfS, S. 55-105.
41 Vgl. auch Förster 1994, S. 47ff.
42 a. a. O., S. 29-533.
43 Wörterbuch des MfS 1993.
44 a. a. O., S. 419.
45 a. a. O., S. 113.
46 a. a. O., S. 233.
47 Otto 2000, S. 121.
48 Vgl. ebenda Dokument 42 Seite 586.
49 Nicht unerwähnt soll bleiben, dass auch der Verfassungsschutz ähnliche Kürzel, PMK, für politisch motivierte Kriminalität nutzt. Vgl. Verfassungsschutzbericht 2008, S. 33 bis 49.
50 Vgl. Großmann 2007, S. 117 ff.
51 Grimmer/Irmler 2002, S. 249.
52 Wörterbuch des MfS, S. 226.
53 Großmann 2007, S. 151f.
54 Lieberam 1989, S. 1011f.
55 Honecker 1988, S. 137.
56 Aktionsprogramm, S. 52.
57 Tagungen 1997b, S. 358.
58 Vgl. Tagungen 1997c, S. 465.
59 Zentraler Runder Tisch, Band V Seite 96 f.
60 Amtliches Endergebnis der Wahlen zur Volkskammer am 18. März 1990.

Sicherheitsorgane im Westen

Die 68er und 74er DDR-Verfassung nannte im Artikel 7 unter »Landesverteidigung« ausdrücklich den »Schutz der sozialistischen Ordnung und des friedlichen Lebens der Bürger«. Dafür hatten alle Sicherheitsorgane Verantwortung zu tragen. Zu diesen zählten sowohl die Nationale Volksarmee (NVA) mit ihren Teilstreitkräften, die Organe des Ministeriums des Innern (MdI) von Volkspolizei über Feuerwehr bis Strafvollzug, die Zollverwaltung und das Ministerium für Staatssicherheit (MfS). Das war per Gesetz am 8. Februar 1950 gebildet worden.[1]

Es ist absurd zu behaupten, das MfS wäre »Staat im Staate« gewesen und hätte diesen dominiert. Das schloss die »führende Rolle der SED« schon deshalb aus, weil sie das MfS als Instrument zur Durchsetzung ihrer Sicherheitspolitik betrachtete und auch benutzte. Es ist auch m. E. unzutreffend, wenn in einem Nebensatz Gerhard Niebling und Wolfgang Schwanitz »Defizite bei der verfassungsgemäßen Realisierung der sozialistischen Demokratie sowie die Reduzierung politischer Freiheitsrechte« ausmachte und diese als Hauptfaktoren für die Niederlage auch der Sicherheitsorgane der DDR bezeichneten.[2] Defizite konnte es nur geben, wenn man die Verfassung zur Grundlage der eigenen Tätigkeit gemacht hätte. Das aber war nicht der Fall. Das aber war nicht primär das Problem des MfS. Das gesamte Verfassungsdenken hat sich nach Grotewohl und Ulbricht bei den führenden Politikern der SED nicht mehr entwickelt. Das fand auch seinen Niederschlag im Verhältnis zu den Schutz- und Sicherheitsorganen. Dabei ist es wenig tröstlich zu wissen, dass das Grundgesetz der BRD auch keine Regelungen für den »Verfassungsschutz« kennt.

Darauf machten Ost- und Westdeutsche in einem »Offenen Brief von Bürgerrechtsorganisationen beider deutscher Staaten an die Fraktionen des Bundestages« aufmerksam, der am 31. März 1990 in der *tageszeitung* erschien. Sie forderten, den »Verfassungsschutz« als Produkt des Kalten Krieges »ersatzlos aufzulösen«. Die Bürgerbewegungen der DDR wollen nicht, dass »nach der Vereinigung und Rechtsangleichung« die Ämter für Verfassungsschutz die Aufgaben der Staatssicherheit übernähmen. »Auch in der Bundesrepublik haben die Ämter für Verfassungsschutz kritische Bürger und Bürgerinnen das politische Frösteln gelehrt, wurden auf Grundlage der Verfassungsschutz-Dossiers offizielle und inoffizielle Berufsverbote ausgesprochen«, hieß es in dem Papier. »Die Ämter haben, von den ersten Jahren ihrer Tätigkeit an, den Rechtsbruch zum System gemacht.«

Statt Abschaffung des Inlandsgeheimdienstes der Bundesrepublik bekam dessen Tätigkeit erstmals am 20. Dezember 1990 eine gesetzliche Grundlage. Das »Gesetz zur Fortentwicklung der Datenverarbeitung und des Datenschutzes«, auch Bundesdatenschutzgesetz (BDSG) kam so harmlos daher, dass Uneingeweihte seinen Sinn nicht erfassten.

In 27 Paragraphen sind all jene Bestimmungen enthalten, die den Sicherheitsfachleuten notwendig erschienen, die Aufgaben der Verfassungsschutzbehörden (VS) bei der »Sammlung und Auswertung von Informationen, insbesondere von sach- und personenbezogen Auskünften, Nachrichten und Unterlagen über Bestrebungen, die sich gegen die freiheitlich demokratische Grundordnung, den Bestand oder die Sicherheit des Bundes oder eines Landes gerichtet sind oder eine ungesetzliche Beeinträchtigung der Amtsführung der Verfassungsorgane des Bundes oder eines Landes oder ihrer Mitglieder zum Ziele haben«, zu unterstützen. Gesammelt und ausgewertet werden ferner Informationen über »sicherheitsgefährdende oder geheimdienstliche Tätigkeiten im Geltungsbereich dieses Gesetzes für eine fremde Macht, Bestrebungen im Geltungsbereich dieses Gesetzes, die durch Anwendung von Gewalt oder darauf gerichtete Vorbereitungshandlungen auswärtige Belange der Bundesrepublik Deutschland gefährden, [...] Bestrebungen im Geltungsbereich dieses Gesetzes, die gegen den Gedanken der Völkerverständigung (Artikel 9 Abs. 2 GG), insbesondere gegen das Zusammenleben der Völker (Artikel 26 Abs. 1 GG) gerichtet sind. Die Verfassungsschutzbehörden sind an die allgemeinen Rechtsvorschriften gebunden (Artikel 20 des Grundgesetzes) (§ 3 Absatz 1 und 3).«

Gleichzeitig wurde das Zusammenwirken des VS von Bund und Ländern bei der Sicherheitsüberprüfung von Personen sowie bei technischen Sicherheitsmaßnahmen im Detail geregelt.[3]

Wie es sich für einen republikanischen, demokratischen und sozialen Rechtsstaat gehört, wurden unbestimmte Rechtsbegriffe wie *Bestrebungen* und *freiheitlich-demokratische Grundordnung* im Sinne dieses Gesetzes mit einer Vielzahl anderer unbestimmter Rechtsbegriffe *definiert.* Etwa politisch bestimmte, ziel- und zweckgerichtete Verhaltensweisen, Personenzusammenschluss, Bestrebungen, tatsächliche Anhaltspunkte, Verhaltensweisen von Einzelpersonen [...] Aus diesem rechtlichen *Eintopf* wird dann die FDGO im Sinne dieses Gesetzes »definiert«: das Recht des Volkes, die Staatsgewalt in Wahlen und Abstimmungen zu bestätigen, die Existenz besonderer Organe der Gesetzgebung, der vollziehenden Gewalt und der Rechtsprechung, die Wahl von Volksvertretungen in allgemeinen, unmittelbaren, freien, gleichen und geheimen Wahlen, das Recht auf Bildung und Ausübung einer parlamentarischen Opposition, die Abwählbarkeit der Regierung und ihre Verantwortlichkeit gegenüber der Volksvertretung sowie die im Grundgesetz konkretisierten Menschenrechte.[4]

Auch in diesem Zusammenhang weise ich darauf hin, dass das Grundgesetz den Begriff »Menschenrechte« nicht kennt.

Das Gesetz über den Verfassungsschutz eröffnete die Möglichkeit einer unbegrenzten Ausforschung jeglicher Opposition.

Auch wenn Vergleiche von MfS und BRD-Sicherheitsdiensten weder bei Freund noch Feind gern gesehen werden, erlaube ich mir den Hinweis, dass der spezifische Begriffsapparat des MfS wie PID und PUT heute lediglich durch Begriffe wie »organisierte Kriminalität« (OK), »internationaler Terrorismus«, »terroristische Vereinigung«, »extremistische Organisation«, »linksextreme Kreise«, »Taliban-Anhänger« ersetzt wurden. Kritiker setzten unter das Konterfei des seinerzeit zuständigen Innenministers Wolfgang Schäuble die Unterschrift »Mielke.2«, obgleich der weder die Raster- noch Schleppnetzfahndung, den große Lauschangriff oder die Online-Durchsuchung erfunden hatte, wohl aber praktizieren ließ.

Der Datenschutz, verbunden mit massiven Eingriffen in die Grundrechte, wurde ausgehöhlt.

Beim Treffen von Ministerpräsident Modrow mit Kanzler Kohl am 3. Februar 1990 in Davos teilte der Kanzler mit, »dass dem BND Anweisung gegeben worden sei, keine Briefe aus der DDR mehr zu kontrollieren und auch die Telefonkontrolle einzustellen. Es liege ihm daran, wenn Herr Modrow sich – was die Kontrolle in der DDR angehe – massiv in dem gleichen Sinne äußere. Er halte dies für wichtig, weil diese Frage hochgespielt werde.«[5]

Durch eine Kleine Anfrage Petra Paus[6] wurde 2009 bekannt, dass der Postverkehr aus der DDR in die BRD durch bundesdeutsche Sicherheitsbehörden systematisch überwacht worden war. Grundlage bildete die Interzonenüberwachungsverordnung vom 9. Juli 1951,[7] die grundgesetzwidrig regelte, den Postverkehr aus der DDR in das Bundesgebiet durch die Zollbehörden zu kontrollieren. Diese Verordnung (kein Gesetz) war bis 31. Dezember 1991 in Kraft.

Das bedeutete, das Kohls Äußerung am 3. Februar 1990, dass er dem BND Anweisung gegeben habe, »keine Briefe aus der DDR mehr zu kontrollieren«, entweder nicht befolgt wurde oder er nicht der Wahrheit gesagt hatte.[8]

Grundlage der Kontrolle sei die sogenannte Interzonenüberwachungsverordnung vom 9. Juli 1951 gewesen. Die Linkspolitikerin und Vizepräsidentin des Bundestages Pau sagte nach Bekanntwerden der Antwort der Bundesregierung, sie sei »fassungslos, dass es für diese Überwachung noch nicht einmal ein Gesetz gab, sondern dass auf Grund einer Verordnung so weitreichende Eingriffe in das Postgeheimnis vorgenommen worden sind«.

Aber diese flächendeckende, systematische Brechung des Postgeheimnisses durch Geheimdienste der Bundesrepublik ist natürlich in keiner Weise vergleichbar mit der punktuellen Postkontrolle in der DDR durch das MfS.

Seit 1960 kommt jedes Jahr ein Verfassungsschutzbericht heraus. Er ist Teil der Öffentlichkeitsarbeit der Bundesregierung, wie es heißt, und soll den Eindruck von Transparenz und demokratisch legitimierter Überwachungstätigkeit vermitteln. Die Vorlage des Bundesamtes für Verfassungschutz wird vom Bundesamt redigiert. Ihrem Selbstverständnis nach sollen die Verfassungsschutzberichte einen Beitrag zur »geistig-politischen Auseinandersetzung mit den verschiedenen Formen des Extremismus« leisten.

Unterteilt sind die Verfassungsschutzberichte in rechts- und linksextremistische Bestrebungen (seit der Bundesregierung Kohl seitlich mit einem braunen bzw. roten Balken farblich gekennzeichnet), sicherheitsgefährdende und extremistische Bestrebungen von Ausländern (grüner Farbbalken am Seitenrand), Spionage und die Arbeit von ausländischen Nachrichtendiensten in der Bundesrepublik, sowie über Scientology. Des Weiteren führt der Bericht die gesetzlichen Grundlagen für die Arbeit von Bundesamt für Verfassungsschutz, Militärischem Abschirmdienst und Bundesnachrichtendienst auf.

Wiederholt bezog das Bundesverfassungsgericht Stellung zu verfassungsrechtlichen Problemen dieser Berichte. Grundsätzlich nannte es diese Praxis »verfassungskonform«, machte allerdings an 29. Oktober 1975 darauf aufmerksam, dass man »eine nicht verbotene politische Partei in der Öffentlichkeit nachhaltig verfassungswidriger Zielsetzung und Betätigung« nicht verdächtigen dürfe, vor allem dann nicht, wenn der Verdacht »auf sachfremden Erwägungen beruhte«.

Aber genau das geschieht bis heute mit der Partei Die Linke und deren Landesverbänden sowie Plattformen.

Der Politikwissenschaftler Richard Stöss zitierte in einem Beitrag für die Bundeszentrale für politische Bildung (*www.bpb.de/themen/QIBIMY,0,Die_Linke.html*) zunächst das Bundesverfassungsgericht im KPD-Urteil von 1956: »Eine Partei ist auch nicht schon dann verfassungswidrig, wenn sie diese obersten Prinzipien einer freiheitlichen demokratischen Grundordnung nicht anerkennt, sie ablehnt, ihnen andere entgegensetzt. Es muss vielmehr eine aktiv kämpferische, aggressive Haltung gegenüber der bestehenden Ordnung hinzukommen, sie muss planvoll das Funktionieren dieser Ordnung beeinträchtigen, im weiteren Verlauf diese Ordnung selbst beseitigen wollen.« Trifft das auch auf die Links-Partei zu, fragt der Professor.

»Eine Beobachtung der Partei Die Linke durch den Verfassungsschutz kommt mithin nur dann in Betracht, wenn Anhaltspunkte dafür vorliegen, dass sich die Partei aktiv kämpferisch bzw. aggressiv gegen die Grundordnung des Grundgesetzes oder gegen den Bestand des Staates richtet. Derartige Bestrebungen gelten im amtlichen Sprachgebrauch als ›extremistisch‹.

Für die Tätigkeit der Verfassungsschutzbehörden wurde der Begriff ›Linksextremismus‹ sehr breit gefasst. Folgende Merkmale gelten als charakteristisch:

- Das Bekenntnis zum Marxismus-Leninismus und der Rückgriff auf Theorien von Stalin, Trotzki, Mao Tse-tung etc.
- Das Bekenntnis zur sozialistischen oder kommunistischen Transformation der Gesellschaft mittels eines revolutionären Umsturzes oder langfristiger revolutionärer Veränderungen.
- Das Bekenntnis zur Diktatur des Proletariats oder einer herrschaftsfreien (anarchistischen) Gesellschaft.
- Das Bekenntnis zur revolutionären Gewalt.

Dieser Merkmalskatalog bietet den Verfassungsschutzbehörden breiten Interpretationsspielraum bei Beobachtungsentscheidungen. Dabei spielen offenbar auch politische Erwägungen eine Rolle.«

Das Fazit von Stöss am 13. März 2008: »Insgesamt besteht nach meiner Überzeugung überhaupt kein Anlass und schon gar nicht die Notwendigkeit, den Verfassungsgrundsatz der allgemeinen Parteifreiheit durch eine geheimdienstliche Beobachtung der Partei oder einzelner ihrer Gliederungen zu durchbrechen.«

Und während sich immer mehr Prominente dafür aussprachen, diese verfassungsfeindliche Observation durch den Verfassungsschutz zu beenden, erklärte der Kandidat von SPD und Grünen für die Bundespräsidentenwahl, genau das Gegenteil. Der *Rheinischen Post* sagte er Ende Juni 2010, dass es »dafür Gründe gebe«, wenn der Verfassungsschutz diese Partei observiere. Er arbeite nicht im luftleeren Raum, sondern befolge einen gesetzlichen Auftrag. »Er ist nicht eine Vereinigung von Leuten, die neben unserem Rechtsstaat existiert und Linke verfolgt.«

Das Bundesverfassungsgericht hat mit Beschluss vom 24. Mai 2005[9] Maßstäbe formuliert, die vom VS in Bund und Ländern (damals ging es um Nordrhein-Westfalen) bei der Abfassung ihrer »Verfassungsschutzberichte einzuhalten sind. Dazu gehören vor allem die rechtlichen Anforderungen an die Berichterstattung, die gesetzliche Grundlage, die gesetzlichen Voraussetzungen der Berichte; die Unzulässigkeit der Verdachtsberichterstattung und die Beachtung der Verhältnismäßigkeit.[10]

Ohne es so zu benennen, muss davon ausgegangen werden, dass auch die Bundeswehr ein bedeutendes Sicherheitsorgan der BRD ist. Die Streitkräfte haben gemäß GG ausschließlich der Verteidigung zu dienen.[11] Wenn von der tatsächlichen Situation ausgegangen wird (»Deutschland wird am Hindukusch verteidigt«), müsste das GG etwa folgenden Wortlaut erhalten: Die Bundeswehr wird auch zur militärischen Abwehr von Risiken jeglicher Art weltweit eingesetzt, wenn deutsche Interessen bedroht erscheinen.

»Deutschlands Gewicht in der internationalen Politik ist seit der Wiedervereinigung gewachsen. Größere Gestaltungsmöglichkeiten und Einfluss bedeuten auch Verpflichtungen. Wir sind heute stärker als früher gefordert, Verantwortung in Europa und der Welt zu übernehmen.«[12] Die gesamte Sicherheitspolitik der BRD beruht auf einen umfassenden Sicherheitsbegriff. Das Gesamtkonzept der Bundesregierung besteht in »Ziviler Krisenprävention, Konfliktlösung und Friedenskonsolidierung.«[13]

Das Grundgesetz für die BRD und das humanitäre[14] Völkerrecht bilden die Grundlage aller Einsätze der Bundeswehr. »Beachtung und Durchsetzung des Rechts sind unverzichtbare Komponenten internationaler Friedenspolitik. Humanitäres Völkerrecht und die für Einsätze festgelegten Regeln über die Anwendung militärischer Gewalt (Rules of Engagement, ROE) sind in den deutschen Streitkräften integrales Element des Führungsprozesses.«

Das Grundgesetz für die BRD »gewährt einen weiten Gestaltungsspielraum, sodass auch veränderten sicherheitspolitischen Bedingungen Rechnung getragen werden kann.«[15]

Als verfassungsrechtliche Vorgaben wird das Urteil des Bundesverfassungsgerichts vom 12. Juli 1994 herangezogen,[16] das Einsätze der Bundeswehr im Ausland im Rahmen des Artikels 24 GG für die BRD (Übertragung von Hoheitsrechten – Kollektives Sicherheitssystem) ermöglicht. Die Entscheidung über Bundeswehreinsätze im Ausland ist in erster Linie Aufgabe der Bundesregierung. Diese Einsätze »bedürfen jedoch grundsätzlich[17] der vorherigen« Zustimmung des Bundestages.

Mit dem Parlamentsbeteiligungsgesetz vom März 2005 sind erstmals die formalen und verfahrensrechtlichen Einzelheiten des Bundeswehreinsatzes im Ausland gesetzlich fixiert worden.[18] Der Absatz 3 lässt es im Verteidigungs- und Spannungsfalle zu, dass die Bundeswehr auch Aufgaben im Inland (Schutz ziviler Objekte, Verkehrsregelung) erhalten kann. Absatz 4 bestimmt, dass »zur Abwehr einer drohenden Gefahr für den Bestand oder die freiheitlich demokratische Grundordnung« die Bundeswehr zur Unterstützung von Polizei und BGS einbezogen werden kann. Als Beispiel sollte das G8-Treffen in Heiligendamm dienen. Außer zur Verteidigung der BRD (auch am Hindukusch!) darf die Bundeswehr nur eingesetzt werden, soweit es das GG für die BRD (Artikel 87 a Absätze 2 bis 4) ausdrücklich zulässt.

Bis zum Zwei-plus-vier-Vertrag (1990) bestand in der Alt-BRD Einigkeit darüber, dass die Bundeswehr nur zur Verteidigung des Bundesgebietes sowie innerhalb des NATO-Gebietes eingesetzt werden darf. Nach Herstellung der vollen Souveränität des vereinigten Deutschland darf sich die BRD an friedenssichernden Missionen der UNO, der NATO und der WEU beteiligen, sofern ein Mandat des Sicherheitsrates vorliegt. Mit dem Urteil des Bundesverfassungsgerichts wurde der außenpolitische Handlungsspielraum der BRD erheblich erweitert.

Natürlich darf auch die Rechts-, Amts- und Katastrophenhilfe gemäß Artikel 35 GG Absatze 2 und 3 nicht übersehen werden. »Angesichts der wachsenden Bedrohung des deutschen Hoheitsgebietes durch terroristische Angriffe gewinnt der Schutz der Bevölkerung und kritischer Infrastrukturen im Inland an Bedeutung«, erklärte 2005 Bundespräsident Köhler. »Eine vorausschauende und verantwortliche staatliche Sicherheitspolitik muss derartige Extremsituation in die Betrachtungen mit einbeziehen.«[19]

Es scheint kein Zufall zu sein, dass eben dieser Köhler von der herrschenden Klasse 2010 fallengelassen wurde, als er einmal die Wahrheit sprach bezüglich der Auslandseinsätze der Bundeswehr. Verschwiemelt, aber doch verständlich, hatte der Bundespräsident beim Rückflug aus Afghanistan erklärt: »Meine Einschätzung ist aber, dass insgesamt wir auf dem Wege sind, doch auch in der Breite der Gesellschaft zu verstehen, dass ein Land unserer Größe mit dieser Außenhandelsorientierung und damit auch Außenhandelsabhängigkeit auch wissen muss, dass im Zweifel, im Notfall auch militärischer Einsatz notwendig ist, um unsere Interessen zu wahren, zum Beispiel freie Handelswege, zum Beispiel ganze regionale Instabilitäten zu verhindern, die mit Sicherheit dann auch auf unsere Chancen zurückschlagen negativ durch Handel, Arbeitsplätze und Einkommen.«

Köhler müsse seine Bemerkung zurücknehmen, forderte Grünen-Fraktionschef Jürgen Trittin. Es sei mit der Verfassung nicht zu vereinbaren, bewaffnete Außenhandelspolitik zu betreiben. Köhler nahm nicht zurück, er trat zurück.

Die »demokratische Öffentlichkeit« war noch nicht reif für diese Wahrheit.

Die Debatte über Außen-, Sicherheits- und Verteidigungspolitik »braucht klare Analysen, welche deutschen Interessen es zu schützen und zu fördern gilt, vor welchen Herausforderungen und Bedrohungen wir dabei stehen, auf welche Ressourcen wir zählen können, wie wir vorgehen und welche Rolle dabei die Bundeswehr übernimmt«[20], so Horst Köhler schon einmal, damals auf der Kommandeurstagung der Bundeswehr in Bonn am 10. Oktober 2005. »Dies dient der Sicherheit Deutschlands am besten und ist zugleich ein Beitrag zum Frieden in der Welt.«[21]

Auf die Frage wie und auf welche Art und Weise das Grundgesetz geschützt und verteidigt wird, gibt seit 1997 der »Grundrechte-Report«[22] Auskunft.

Mit Bezug auf die sogenannten Verfassungsschutzberichte werden die von den staatlichen Organen ausgehenden Verstöße unter die Lupe genommen. Bürgerrechtsorganisationen wie die Humanistische Union, das Komitee für Grundrechte und Demokratie und andere befassen sich mit einem breiten Themenkreis, die die Frage in den Mittelpunkt stellen, wer das Grundgesetz für die BRD nun tatsächlich schützt.

Im Jahrgang 2009 wurden die Konsequenzen für den Schutz der Grundrechte bei zunehmender Kompetenzverlagerung auf die EU, Fragen des Datenschutzes, der Einsatz der Bundeswehr im Innern der BRD einer kritischen Wertung unterzogen.

Im Grundrechte-Report gibt es detaillierte Auskunft auf viele Fragen wie: Wer schützt die Verfassung (das Grundgesetz) tatsächlich? Darf der Staat alles? Ist die Abschiebehaft für Ausländer grundgesetzkonform? Warum werden 98 Prozent der Verfahren gegen prügelnde Polizisten eingestellt? Ist erzwungene Leiharbeit für Erwerbslose mit Artikel 12 (1) GG vereinbar? Wird Deutschland am Hindukusch verteidigt? Gelten manchmal die Grundrechte auch für die Kirchen? Gibt es ein neues Computergrundrecht? Kinderarmut oder sozialer Rechtsstaat? Nothelfer Bundeswehr? Ist die Bundeswehr ein »Parlamentsheer«? Sind die jährlichen Verfassungsschutzberichte Verrufserklärungen? Ist die Vorratsdatenspeicherung grundgesetzkonform?

Der Bundestag hatte am 9. November 2007 mit den Stimmen von CDU/CSU und SPD gegen die Stimmen von FDP, Grüne und Linke ein Gesetz beschlossen, das die »Vorratsdatenspeicherung« gestattet.[23] Dieses Gesetz ändert in sieben Artikeln die Strafprozessordnung, das Telekommunikationsgesetz, die Abgabenordnung, das Strafgesetzbuch, das Artikel 10-Gesetz, das Vereinsgesetz und das Bundeskriminalamtsgesetz.

Mit Änderung der Strafprozessordnung und des Telekommunikationsgesetzes wurden durch dieses Gesetz »das Brief-, Post- und Fernmeldegeheimnis (Artikel 10 des Grundgesetzes) eingeschränkt.«[24]

Nach diesem Gesetz, das zum 1. Januar 2008 grundsätzlich in Kraft trat, ist es möglich geworden, alle Verbindungs- und Standortdaten (Telefon, Handy und Internet) für sechs Monate (verdachtsunabhängig) aufzubewahren. Ordnungsgemäß und rechtstaatlich erhielt der Verfassungsschutz die Möglichkeit zur Massendatenvorhaltung und -speicherung.

Der CDU-Bundestagsabgeordnete Siegfried Kauder sagte zur Gesetzesbegründung, die Koalition wolle »keinen gläsernen Menschen, wir wollen einen gläsernen Verbrecher«. Es gelte, »die innere Sicherheit in diesem Land zu stärken«.

Der SPD-Bundestagsabgeordnete Uwe Benneter sah in der wirksamen »Strafverfolgung eine der wesentlichen Aufgaben, die der Staat leisten muss«. Die Bürger würden nicht unter Generalverdacht gestellt. Der rechtspolitische Sprecher von Bündnis90/Grüne, Jerzy Montag, sprach von einem »tiefschwarzen Tag für die Bürgerrechte in Deutschland«. Alle Punkte, der von der Justizministerin Zypries zur Verteidigung des Gesetzentwurfs vorgebracht wurden, seien in der Sache falsch und unrichtig. Die FDP-Abgeordnete Leutheusser-Schnarrenberger wies darauf hin, dass mit der Vorratsdatenspeicherung auf Grund des Telekommunikationverhaltens eines Bürgers sehr wohl Profile erstellt werden können. Der Abgeordnete der Linken, Jan Korte, beklagte eine »Totalregistrierung menschlichen Kommunikationsverhaltens ohne jeden Verdacht und ohne jeden Anlass.«[25] Das Gesetz war eines der umstrittensten Vorhaben der Großen Koalition von CDU/CSU/SPD (2005 bis 2009). Datenschützer und Gutachter bemängelten immer wieder die tiefen Eingriffe in die Grundrechte, eine Generalverdächtigung aller BürgerInnen und sich in der BRD aufhaltenden Fremden sowie eine Abkehr von den bis dahin geltenden Prinzipien zur Datensparsamkeit und Datenvermeidung.

Neben den in Artikel 15 des Gesetzes genannten Einschränkungen des Grundgesetzes wurde auch das Recht auf informelle Selbstbestimmung, das Recht auf freie Meinungsäußerung und freie Entfaltung der Persönlichkeit, die Wahrung des Prinzips der Unschuldsvermutung, der Schutz des Vertrauenverhältnisses von Anwälten, Ärzten, Journalisten, die Pressefreiheit und die Freiheit der Berichterstattung, der unbeobachtete Aufenthalt und die unkontrollierte Bewegung im öffentlichen Raum jedes Menschen unter den Generalverdacht von Gesetzesverletzungen gestellt.

Fast 35.000 Beschwerdeführer, zahlreiche Abgeordnete und Journalisten hielten die Vorratsdatenspeicherung für grundgesetzwidrig und reichten Klage beim Bundesverfassungsgericht ein.[26]

Der Präventionsstaat – der Rechtsstaat BRD – zwingt dazu, konspirativ zu denken und zu handeln, obwohl man kein Rechtsbrecher ist und nichts zu verbergen hat, heißt es in einem 2008 veröffentlichten Forschungsbericht. Als Präventionsstaat wird jeder Staat eingeschätzt, der »die ihm zur Verfügung stehenden Informationen aus diversen Überwachungseinrichtungen massiv einsetzt, um unerwünschtes Verhalten der Bürger von vornherein zu verhindern. Der Präventionsstaat ist die logische Weiterentwicklung des Überwachungsstaates. Im Überwachungsstaat werden die Erkenntnisse aus der allgegenwärtigen Überwachung noch größtenteils zur nachträglichen Ahndung von Gesetzesverstößen und zur Gewinnung von geheimdienstlichen Informationen über die einzelnen Individuen und Bevölkerungsgruppen genutzt.«[27]

In einem Gutachten[28] wurde klar und unmissverständlich davon gesprochen, dass es bei der Vorratsdatenspeicherung »um die Analyse von Entwicklungen strafrechtlicher Sozialkontrolle [geht], die ausgelöst werden durch Formen der organisierten und vernetzten Kriminalität. […] Ausgelöst durch den dramatischen technologischen Fortschritt verändern sich Kommunikations- und Verhaltensmuster und damit Ausgangspunkte für Gefahrenabwehr und Strafverfolgung, die in den aus Informations- und Kommunikationstechnologien folgenden Datenströmen eine breite Ansatzfläche finden. Verdeckte Ermittlungsmethoden tragen zu der deutlich erkennbaren Verschiebung der Gewichte von der Hauptverhandlung zum Ermittlungsverfahren bei.«[29]

Das verfassungsrechtliche Spannungsverhältnis zwischen Grundrechten und Sicherheit wird zwar dargestellt, aber dass das anlasslose Speichern von Kommunikationsdaten eine Umkehrung der bisherigen Grundrechtslage darstellt, wird von den Gutachtern billigend in Kauf genommen.

In einer Anhörung vor dem Ersten Senat des Bundesverfassungsgerichts wurde darauf aufmerksam gemacht, dass mit den Verfassungsbeschwerden »grundlegende Fragen zum Verhältnis von Freiheit und Sicherheit« aufgeworfen werden. In Eilentscheidungen hat das Bundesverfassungsgericht die Vorratsdatenspeicherung bereits eingeschränkt. Nun geht es darum, ob eine anlasslose Datenspeicherung »überhaupt mit dem Telekommunikationsgeheimnis vereinbar« ist.

Der Vorsitzende des Senats zeigte sich verwundert, dass es keinen politisch Verantwortlichen aus der Gesetzgebung gab, der das Gesetz verteidigte.[30]

Am 2. März 2010 erklärte das Bundesverfassungsgericht das Gesetz über die Vorratsdatenspeicherung für null und nichtig . Nach dem verkündeten Urteil verstößt es gegen das vom Grundgesetz geschützte Fernmeldegeheimnis. Überraschend ordneten die Karlsruher Richter die unverzügliche Löschung aller bisher gesammelten Verbindungsdaten von Telefonkunden und Internetnutzern an. Damit hatte die mit fast 35.000 Unterzeichnern bisher größte Massenklage in Karlsruhe einen unerwartet deutlichen Erfolg.

»Eine solch umfassende Datenspeicherung auf Vorrat ist nicht schlechthin verfassungswidrig, wie der scheidende Gerichtspräsident Hans-Jürgen Papier bei seiner letzten großen Urteilsverkündung hervorhob. Nötig ist dafür aber ein völlig neues Gesetz, für das die Karlsruher Richter strenge Auflagen machten«, berichtete NZZ online am 2. März 2010. »So muss die Sicherheit der gespeicherten Daten mit wesentlich schärferen Bestimmungen geschützt werden. Vor allem aber dürfen sie von den Sicherheitsbehörden nur noch bei begründetem Verdacht auf schwerste Straftaten, konkreter Gefahr für Leib und Leben oder Bestand und Sicherheit des Landes abgerufen werden. Und auch dann muss die Entscheidung laut Urteil unter Richtervorbehalt stehen.«

Und es deutet sich bereits der nächste Konflikt auf diesem Feld ab. 2011 soll in der Bundesrepublik eine Volkszählung stattfinden. Warum viele Menschen dagegen Sturm laufen, machte in einem Gespräch mit der jungen Welt am 24. Juni 2010 Suat Kaem klar. Das Mitglied des Arbeitskreises *Zensus* unter dem Dach des Arbeitskreises Vorratsdatenspeicherung (AK Vorrat), nannte den Grund der Verfassungsklage: »Bei der Volkszählung 2011 wird zum Beispiel nach der Religionszugehörigkeit gefragt, obgleich die Vorlage der Europäischen Union das nicht vorschreibt. Insgesamt geht es also um eine umfangreiche Befragung, deren Zuordnung auf die betreffende Person über eine Personenkennziffer möglich sein soll. Eine solche Ordnungsnummer hatte das Bundesverfassungsgericht in seinem Volkszählungsurteil von 1983 jedoch ausdrücklich verboten.

Ohne Anonymisierung bewerten wir deshalb die Befragung in ihrer jetzigen Form als klaren Verstoß gegen das Grundrecht auf informationelle Selbstbestimmung – sie ist somit verfassungswidrig. Befragungen sollten nach unserer Auffassung freiwillig sein.«

Anmerkungen

1 GBl. Seite 95.
2 Diestel 2002, S. 13f.
3 Gesetz über die Zusammenarbeit des Bundes und der Länder in Angelegenheiten des Verfassungsschutzes und über das Bundesamt für Verfassungsschutz (Bundesverfassungsschutzgesetz-BVerfSchG) vom 20.12.1990 BGBl. I Seite 2954, Artikel 2) i. d. F. des Gesetzes vom 23. November.2007 (BGBl. I Seite 2590 Nr. 73), § 2, Absatz 3
4 Vgl. ebenda § 4 Absatz 2. Anmerkung: Im offiziellen Text des GG gibt es den Begriff »Menschenrechte« überhaupt nicht.
5 Dokumente DzD 1998, S. 753.
6 Deutscher Bundestag 17. Wahlperiode, Drucksache 17/81 bzw. 17/367.
7 (IZÜVO) BGBl. I, S. 439.
8 Gespräch (Kohl mit Modrow am 3. Februar 1990), S. 753.
9 1 BvR 1072/01; Pressemitteilung Nr. 57/2005 vom 28. Juni 2005.
10 Ebenda.
11 Im Artikel 87 a Absatz 1und 2 heißt es: »Der Bund stellt Streitkräfte zur Verteidigung auf. [...] Außer zur Verteidigung dürfen die Streitkräfte nur eingesetzt werden, soweit dieses Grundgesetz es ausdrücklich zulässt.«
12 Dr. Angela Merkel, Bundeskanzlerin, Berlin, am 25. Oktober 2006. In: Bundesministerium für Verteidigung 2006, S. 2.
13 a. a. O., S. 9.
14 Das humanitärem Völkerrecht hat sich nach Zweiten Weltkrieg im Rahmen des Kriegsvölkerrechts herausgebildet. Im Prinzip wird darunter das humane Sterben im Krieg und in der Nachkriegszeit verstanden. Es ist ein Minimum an Menschlichkeit für eine an sich unmenschliche Situation. (Vgl. Volger, Lexikon der Vereinten Nationen München/Wien 2000, S. 240). Ob Pariser Seerechtsdeklaration, Rotkreuzkonvention, Haager Landkriegsordnung [die Ordnung der Gesetze und Gebräuche

des Landkriegs betreffend]) Das Recht der Staaten auf Krieg (ius ad bellum), seit Bestehen des sozialistischen Welt vom Grundsatz her abgeschafft, wird wieder neu belebt. Schlagworte wie Kampf gegen den internationalen Terrorismus werden zur Begründung von Krieg herangezogen.

15 Bundesministerium für Verteidigung 2006, S. 75.

16 2 BvE 3/92, 2 BvE 5/93, 2 BvE 7/93 und 2 be 8/93.

17 Es gibt also Ausnahmen!

18 Bundesministerium für Verteidigung, S. 75f.

19 a. a. O., S. 76.

20 Bundespräsident Horst Köhler auf der Kommandeurstagung der Bundeswehr in Bonn am 10. Oktober 2005. In: a. a. O., S. 168.

21 a. a. O., S. 169.

22 Zur Lage der Bürger- und Menschenrechte in Deutschland, Hamburg 1997.

23 Gesetz zur Neuregelung der Telekommunikationsüberwachung und anderer verdeckter Ermittlungsmaßnahmen sowie zur Umsetzung der Richtlinie 2006/24/EG vom 21. Dezember 2007 BGBl. I Nr. 70, S. 3198-3212.

24 a. a. O., Artikel 15.

25 Alle Zitate aus der Bundestagsdebatte vom 9.November 2007: Heise online >News>2007>KW 45>

26 Vgl. *FAZ* vom 16. Dezember 2009, S. 1 und 2.

27 *http://de.wikepedia.org/wiki/Pr%A4ventionsstaat* 28. September 2009

28 Hans-Jörg Albrecht/Adina Grafe/Michael Kilchling: Rechtswirklichkeit der Auskunfterteilung über Telekommunikationsverbindungsdaten nach §§ 100g, 100h StPO. Forschungsbericht im Auftrag des Ministeriums der Justiz. Max-Planck-Institut für ausländisches und internationales Strafrecht Freiburg i. Br., Februar 2008, S. 1, 3.

29 a. a. O., S. 1, 3.

30 Vgl. *FAZ* vom 16. Dezember 2009, S. 1f.

Die DDR-Verfassungen im Taumel der »Wiedervereinigung«

Wenn Gorbatschow am 15. November 1989 in Moskau erstmals den Begriff »Wiedervereinigung« benutzte und betonte, dass das keine Frage der aktuellen Politik sei, dann entsprach das damals vermutlich seiner Überzeugung.[1] Oder doch nicht?

Bereits am 12./13. Juni 1989 hatte Gorbatschow mit Kohl dreimal unter vier Augen in Bonn konferiert.[2]

Kohl präsentierte im November 1989 im Bundestag ein 10-Punkte-Programm. Es ging ihm darum, eine Vertrauensgrundlage mit der DDR-Bevölkerung herzustellen, um »das Gesetz des Handelns in der Hand zu behalten.«[3]

Bereits am 29. November 1989 erteilte der Bundesminister für innerdeutsche Beziehungen den Auftrag an zwei Rechtswissenschaftler, »der Frage nachzugehen, welche Konsequenzen aus dem Wegfall der Verfassungsgarantie der führenden Rolle der Arbeiterklasse und ihrer marxistisch-leninistischen Partei (Art. 1 Abs. 1 DDR-Verfassung von 1968/1974) zu ziehen sind.«[4]

Dabei hatte die Volkskammer diesen Passus noch gar nicht aus der Verfassung gestrichen?

Aber die »Volksmassen« waren in Bewegung, sie skandierten »Wir sind das Volk!«, zunehmend aber »Wir sind *ein* Volk!«

Am 18. März 1990 wählten jene Volksmassen mehrheitlich die »Allianz für Deutschland«, die Kohl und seine Drückerkolonnen in der DDR geschmiedet hatten. Die Wahlbeteiligung betrug in den 225 Wahlkreisen 93,3 Prozent. Diese hohe Wahlbeteiligung wird wie vieles aus der DDR von Freund und Feind einfach ignoriert.

An der Wahl nahmen 24 Parteien und Gruppierungen teil. Es gab keine Sperrklausel, wie in der BRD üblich.

Die Volkskammerwahl war eine reine Parteienwahl, keine Personenwahl.

Die CDU erreichte 163, die SPD 88, die PDS 66 und die Deutsche Soziale Union (DSU) 25 Mandate. Die Liberalen kamen auf 21 Sitze, das Bündnis '90 einschließlich Neues Forum auf zwölf, die Demokratische Bauernpartei Deutschlands (DBD) neun, Grüne und Unabhängiger Frauenverband erhielten je acht Mandate; der Demokratische Aufbruch vier, die NDPD zwei, der Demokratische Frauenbund Deutschlands und das Aktionsbündnis Vereinigte Linke kamen auf je einen Sitz im DDR-Parlament.[5] Wenn man berücksichtigt, dass die CDU aus den Wahlen im Frühjahr 1990 als stärkste Kraft hervorging, sich im Wahlkampf zur Einheit der deutschen Nation und zur zügigen Überwindung der Spaltung Deutschlands bekannte, dann hat ihre Position zu Verfassungsfragen auch in diesem Zeitraum besondere Bedeutung.

Die ursprüngliche Absicht der Ost-CDU, in der Volkskammer zu beantragen, die 49er Verfassung unter Aufhebung der derzeit geltenden wieder in Kraft zu setzen, wurde fallengelassen, um die breite Verfassungsdiskussion in der DDR nicht abzuwürgen. Der Runde Tisch hatte in seiner letzten Sitzung den Entwurf einer neuen Verfassung vorgelegt. Die CDU wollte diesen demokratischen Prozess weder stören noch präjudizieren. Dennoch legte sie allen mit Verfassungsfragen Beschäftigten die 49er Verfassung in besonderer Weise ans Herz. Umkehr in die Zukunft heißt auch, sich seines Ursprungs erinnern.[6]

Im Entwurf des Parteiprogramms der Ost-CDU vom März 1990 hieß es dazu: Grundlagen eines »Rechtsstaates und einer Solidargemeinschaft […] müssen in einer Verfassung (Grundgesetz) festgeschrieben werden, die als einzigen Souverän das Volk kennt, die auf Gewaltenteilung zwischen Gesetzgebung, Regierung und Rechtsprechung beruht, die allen Versuchungen eines irgendwie gearteten Zentralismus wehrt und Chancengleichheit für alle bei der Wahrnehmung der Bürgerrechte sichert.«[7]

Eine repräsentative Meinungsumfrage bei Infas nach der Wahl am 28. März 1990 ergab, dass nur neun Prozent der befragten DDR-Bürger für eine direkte Übernahme des Grundgesetzes der BRD waren, 42 Prozent sprachen sich für eine neue DDR-Verfassung und 38 Prozent für eine gesamtdeutsche Verfassung aus.[8]

Der Soziologe Karl-Otto Richter zog viele Schlüsse aus den Wahlen zur Volkskammer, etwa aus nachweisbaren Zusammenhängen zwischen Industrialisierungsgrad, Altersstruktur der Bevölkerung und Spareinlagen. Mit Blick auf das Geschehen im Vorfeld der Wahlen machte er darauf aufmerksam, dass man von »rechts bis zur SPD« ein von »bundesparteilichen Finanzen, von erprobter Wahlkampf-Logistik, von westlichem Glanzpapier und von Bundesprominenz« beherrschten Wahlkampf so noch nie erlebt habe, und zwar so, »als hätte es nie eine gegenteilige Stimme des Runden Tisches gegeben. Am Ende war jedenfalls klar, dass konservativ zu wählen hatte, wer die einheimische Wirtschaft durch gewaltige Ströme hilfsbereiten Kapitals saniert sehen und kaufkräftiges Hartgeld in der eigenen Tasche klimpern haben wollte.«[9]

Während die Bürgerbewegten gern über eine neue Verfassung für die DDR diskutieren wollten, hatte die Mehrheit der Staatsbürger andere Interessen und Sorgen.[10]

Das »Zusammenwuchern« von zwei deutschen Staaten benötige keine neue Verfassung der DDR, sagte beispielsweise Zillig.

Im Folgenden soll versucht werden, am Beispiel von Verfassungstext und Verfassungswirklichkeit, anhand der Tätigkeit des Ministerrates unter Modrow und de Maizière, des Wirkens von Volkskammer und Zentralen Runden Tisch im Zeitraum von Mitte 1989 bis 2. Oktober 1990 einige Fragenstellungen zu erörtern.

Die Verfassung der DDR vom 7. Oktober 1949 formulierte im Artikel 1 »Deutschland ist eine unteilbare demokratische Republik; sie baut auf den deutschen Ländern auf. Die Republik entscheidet alle Angelegenheiten, die für den Bestand und die Entwicklung des deutschen Volkers und seiner Gesamtheit wesentlich sind.« Diese Verfassung, das ist leicht zu erkennen, war für das *gesamte Deutschland* konzipiert, obwohl klar war, dass mit der Gründung der BRD und der DDR auf »deutschem Hoheitsgebiet« (in seinen Grenzen vom Mai/Oktober 1949) es bereits *zwei deutsche Staaten* gab.

Die Verfassung vom 6. April 1968 fixierte im Artikel 1, dass die DDR »ein sozialistischer Staat deutscher Nation« sei und sie unter Führung der Arbeiterklasse und ihrer marxistisch-leninistischen Partei den Sozialismus verwirkliche. Die führende Rolle der SED im Verfassungstext war keine Erfindung der DDR, sie war aber auch nicht linear aus der sowjetischen Verfassung abgeschrieben worden. Deren gültige Verfassung aus dem Jahre 1936 kam ohne diese Formulierung aus.

In der neuen Verfassung der UdSSR von 1977 hieß es aber in der Präambel: »Nach Erfüllung der Aufgaben der Diktatur des Proletariats ist der Sowjetstaat ein Staat des ganzen Volkes geworden. Erhöht hat sich die führende Rolle der Kommunistischen Partei, der Avantgarde des ganzen Volkes.«

Und in Artikel 6: »Die führende und lenkende Kraft der sowjetischen Gesellschaft, der Kern ihres politischen Systems, der staatlichen Organe und gesellschaftlichen Organisationen ist die Kommunistische Partei der Sowjetunion. Die KPdSU ist für das Volk da und dient dem Volk. Mit der marxistisch-leninistischen Lehre ausgerüstet, legt die Kommunistische Partei der Sowjetunion die Grundrichtung der gesellschaftlichen Entwicklung, die Linie der

Innen- und Außenpolitik fest.« Da die Verfassung der DDR analog von der *führenden Rolle der marxistisch-leninistischen Partei* ausging, war es eigentlich erforderlich zu erklären, was darunter verstanden wird. Der Verfassungstext beantwortete diese Frage aber nicht.

In der Präambel und in § 1 des Gesetzes über die örtlichen Volksvertretungen und ihre Organe in der DDR vom 12. Juli 1973[11] wird auf die »Erfüllung der vom VIII. Parteitag der SED beschlossenen Hauptaufgabe« und ihre Verwirklichung »unter Führung der Partei der Arbeiterklasse« abgestellt. Die Außerkraftsetzung dieser Passage erfolgte mit dem Gesetz über die örtlichen Volksvertretungen der DDR vom 4. Juli 1985.[12] »Auf der Grundlage *der Verfassung*«, so eingangs, »beschließt die Volkammer folgendes Gesetz«. Der § 1 Absatz 1 begann dann mit »die örtlichen Volksvertretungen verwirklichen unter Führung der Sozialistischen Einheitspartei Deutschlands …«

Aus »marxistisch-leninistischer Partei« im Verfassungstext war 1973 im Gesetz über die örtlichen Volksvertretungen »Partei der Arbeiterklasse« und 1985 im Gesetz über die örtlichen Volksvertretungen nur noch »SED« geworden. In der Rede des Vorsitzenden des Verfassungs- und Rechtsausschusses der Volkskammer hieß es jedoch, dass der vorliegende Gesetzentwurf über die örtlichen Volksvertretungen »mit den Grundsätzen und dem Wortlaut der Verfassung voll übereinstimmen«.[13] Das stimmte eben nicht!

Es wurde ignoriert, dass in der Verfassung die führende Rolle der *marxistisch-leninistischen Partei*, nicht der SED bestimmt worden war. Es hat den Anschein, dass durch diese heimlich-stille Verfassungsänderung, über den Umweg eines Gesetzes, versucht wurde, in diesem entscheidenden Punkt die KPdSU und deren Verfassung zu »überholen«.

Der demokratische Zentralismus wurde als »das bewährte Prinzip« hervorgehoben, welches »nach unserer

Verfassung die Grundlage für die Verwirklichung der Souveränität des werktätigen Volkes ist.«[14] In der DDR kursierte dazu ein Witz. Was macht den Unterschied zwischen Zentralismus und Demokratie? Zentralismus sei, wenn Wasser von oben nach unten gegossen werde, Demokratie hingegen, wenn man Wasser von unten nach oben schütte. Damit war alles gesagt über die Wechselwirkung von »oben« und »unten«.

Die Präambel des Arbeitsgesetzbuches vom 16. Juni 1977[15], selbst die am 26. Mai 1977 erlassene Straßenverkehrsordnung[16] postulierte bereits den *allmählichen Übergang zum Kommunismus* in der DDR.

Und: Im Gesetz über das Jagdwesen der DDR vom 15 Juni 1984[17] wird in der Präambel neuerlich die »Führung der marxistisch-leninistischen Partei« hervorgehoben.

Diese wenigen Beispiele belegen, wie »klassenbewusst« mit Texten der Verfassung umgegangen wurde.

Die Länder waren 1952 durch die Bezirke, die föderale durch eine der sowjetischen Verwaltungsstruktur ähnliche ersetzt worden. Der Staatsapparat wurde fortan zentralistisch geleitet. Die Gesellschaft, das Volk als Souverän wurde geführt von einer Partei, genauer: durch dessen Politbüro, und noch präziser: durch dessen ersten Mann. Der von Walter Ulbricht 1963 begonnene Reformprozess, den staatlichen Organen den ihnen gebührenden dominierenden Platz zuzuweisen und die Partei zurückzunehmen, wurde gegen Ende der 60er Jahre bereits gestoppt und endete mit seinem Sturz. Unter Honecker wurde der Prozess nicht nur umgekehrt, sondern merklich in Richtung einer Ein-Mann-Herrschaft forciert und die »führende Rolle der Partei« weiter ausgebaut.

Die Maßgabe »Achtung und Schutz der Würde und Freiheit der Persönlichkeit« als »Gebot für alle staatlichen Organe« (Artikel 19 Absatz 2 in der 68er Verfassung) wurde gegenstandslos, weil jegliche Kontroll- und Durchsetzungsmechanismen für ihre Verwirklichung fehlten.

Unabhängig vom Text der Verfassungen aus den Jahren 1949/1968/1974 veränderten sich Staat und Gesellschaft der DDR in einer Art und Weise, dass sie nicht nur aus verfassungstheoretischer Sicht einer neuen Verfassung bedurft hätte. Was aber wäre dabei herausgekommen? Das bestehende System unter Führung der Partei wäre nicht aufgebrochen oder angetastet worden. Ende 1989 verhielten sich die Partei- und Staatsführung sowie die Volkskammer in dieser Frage ablehnend.

Im damaligen Aktionsprogramm der SED wurde zwar für »eine Reform des politischen Systems« und die Schaffung des »sozialistischen Rechtsstaats« plädiert, aber eine neue Verfassung war nicht vorgesehen. Man schlug lediglich die »Einrichtung eines Verfassungsgerichts« und neue Gesetze über Vereinigungs- und Versammlungsfreiheit, ein Wahlgesetz und ein Mediengesetz vor, über eine Veränderung des Strafrechts wurde laut nachgedacht.[18]

Selbst die 4. rechtswissenschaftliche Konferenz Mitte September 1989, die unter dem Thema »Die Verfassung der DDR – das Grundgesetz zur Gestaltung der entwickelten sozialistischen Gesellschaft« stand, erklärte: »Das Hauptaugenmerk sollte [...] darauf gerichtet sein, das vorhandene Potenzial unserer Verfassung im Interesse der Entwicklung der schöpferischen Kräfte des Menschen und der Mobilisierung der Triebkräfte des Sozialismus noch wirksamer zu erschließen. Dazu gehört auch, dass verstärkt mit der Verfassung gearbeitet wird.« Die »Führungsrolle der SED« wurde unverändert betont.[19] Was bedeutete, verstärkt mit der Verfassung zu arbeiten?

Die Abgeordneten der Volkskammer aller Parteien gingen Ende 1989 zunächst nur von Veränderungen, Korrekturen der Verfassung aus, die allein mit der Änderung des Artikels 1 (Streichung der führenden Rolle) am 1. Dezember 1989 dazu führen mussten, dass die gesamte Konstruktion der Verfassung nicht mehr dem Führungsanspruch einer Partei entsprach.

Das gesamte Rechtssystem der DDR wurde durch diese Streichung im Text der Verfassung in seinen Grundfesten nicht nur erschüttert, sondern faktisch in Frage gestellt und außer Kraft gesetzt.

Auch die führenden Personen der Partei- und Staatsführung bezeugten inzwischen die »Stagnation im Verfassungsdenken, die willfährige Unterordnung unter das Diktat einer Partei- und Staatsführung, die das Vertrauen des Volkes längst verloren hatte, eines Legitimationsdenkens für ein hinter und mit Unterstützung der Verfassung real existierendes bürokratisch-administratives politisches und juristisches System.«[20]

An anderer Stelle hieß es, dass »die revolutionäre Erneuerung der sozialistischen Gesellschaft der DDR [...] entscheidend von der revolutionären Umgestaltung ihres politischen Systems ab[hinge]. Nur wenn es gelingt, das bisher bei uns herrschende bürokratisch-administrative System durch ein die Volkssouveränität realisierendes neues System zu ersetzen, das das Volk tatsächlich zum Subjekt politischer Macht werden lässt [...], das bewusst politisch handelnde Individuum, den mündigen und kreativen Bürger als Kern aller politischen und gesellschaftlichen Erneuerung begreift, kann ein menschenwürdiger neuer Sozialismus gelingen.«[21]

In jener bereits zitierten internen Information des ZK der SED vom September 1989 war den Bürgerbewegungen noch »Bruch der Verfassung und des geltenden Rechts« vorgeworfen worden. Unter einer »umgestalteten Gesellschaft« und einer »erneuerten demokratischen Republik« verstünden sie deren Abschaffung.

Stefan Heym hatte in seinem 1984 erschienenen Roman »Schwarzenberg« die Versuche einer Stadt, welche 1945 kurzzeitig im Niemandsland zwischen den Besatzungszonen lag, beschrieben, eigene und unabhängige, demokratische Strukturen zu entwickeln. Die Utopie, die Heym in Schwarzenberg zeichnet, ist sozialistisch geprägt, basisdemokratisch und plural. Die »Verfassung« dieser fiktiven Republik Schwarzenberg liest sich bei Heym so:

Alle Staatsgewalt geht vom Volke aus.

Das Volk ist der Gesetzgeber, vertreten durch seine in freier, allgemeiner und geheimer Wahl gewählten Deputierten.

Es kann aber auch durch Volksbegehren und Volksentscheid Gesetze direkt beschließen und vorhandene abändern. Die im öffentlichen Dienst stehenden Bürger begreifen sich als Diener des Volkes, nicht als dessen Oberherrn.

Schutz und Sicherheit der Republik liegen in den Händen der Arbeitermiliz.

Eine Berufsarmee sowie eine Berufspolizei, insbesondere eine geheime, gibt es nicht.

Das Recht auf freie Meinung und diese in wie immer gearteter Form zu äußern sind in der Republik Schwarzenberg gewährleistet.

Keiner darf wegen seiner Überzeugungen, seien diese politischer, religiöser, philosophischer, wissenschaftlicher oder künstlerischer Art verfolgt werden.

Das Postgeheimnis ist gewahrt, eine Pressezensur findet nicht statt.

Heym schloss hintersinnig: Ich weiß, es ist noch sehr früh. Ich bitte um Entschuldigung, aber wir brauchen diese Verfassung.[22]

Damit zog er seinerzeit einigen Ärger in der DDR auf sein Haupt. Diese Forderungen sind noch immer unverwirklicht.

Anmerkungen

1 Vgl. Teltschik 1991, S. 37.
2 Gorbatschow 1995. S. 708.
3 Aufzeichnungen Hartmann 1998, S. 729.
4 Klein/Lörler 1990, S. 2.
5 Vgl. Hausmann 2000 Volkskammer.

6 Vgl. Volkskammer Sitzungsprotokolle 10. Wahlperiode 1990, Minister de Maizière, Vorsitzender der CDU, 20./21.02 1990. S. 501.

7 Parteiprogramm CDU 1990. Ziffer V. Demokratie und Recht.

8 Vgl. Simon 1990; *Deutschlandsender der DDR,* 10. April 1990, 17 Uhr.

9 Richter 1991. S. 33f.

10 Vgl. Interview Goering-Eckardt 2009, S. 11.

11 GBl. I Nr. 32, S. 313.

12 GBl. I Nr. 18, S. 213.

13 Weichelt, S. 20.

14 Ebenda.

15 GBL. I Nr. 18, S. 285.

16 GBl. I Nr. 20, S. 257

17 GBl. I Nr. 18, S. 217.

18 Aktionsprogramm der SED, S. 52.

19 Steding 1990, S. 870.

20 Schöneburg, K. H. 1989, S. 963f.

21 a. a. O., S. 964.

22 Stefan Heym, Schwarzenberg. Berlin 1990, S. 134.

Die 9. Wahlperiode der Volkskammer (1989/90)

Die Führung der SED hielt nicht viel von der Volkskammer, es schien ihr wohl ein bürgerliches Relikt. Erich Honecker, am 29. Oktober 1976 von diesem Parlament zum Staatsratsvorsitzenden gewählt und dort auch vereidigt, hat nie – bis auf jene Eidesformel – im DDR-Parlament in dieser Funktion gesprochen. Das sagt einiges.

Indiz dafür, dass man dem Parlament keine Bedeutung zumaß, ist auch die Besetzung an der Spitze. Präsident der Volkskammer von 1949 bis 1969 war Johannes Dieckmann von der LDPD und nach ihm der CDU-Vorsitzende Gerald Götting. Da Honecker 1976 auf den Platz des Staatsratsvorsitzenden wechselte, den bis dahin Willi Stoph innehatte, wurde dieser Ministerpräsident. Horst Sindermann, der bis dahin Ministerpräsident war, wurde daraufhin mit dem Amt des Volkskammerpräsidenten abgefunden, was er bis zum Herbst 1989 blieb. Dass mit ihm ein Politbüromitglied erstmals an die Spitze des DDR-Parlaments trat, hatte also keineswegs etwas mit dessen Aufwertung zu tun.[1]

Gregor Schirmer, einst Abteilungsleiter im ZK der SED, beschrieb das Verhältnis von Volkskammer und politischer Führung so: Die Volkskammer hatte die Aufgabe, die Beschlüsse des Politbüros in Rechtsnormen mit Gesetzeskraft zu transformieren und damit den Staatswillen zu artikulieren.[2]

In der 9. Wahlperiode, konkret mit der 11. Tagung am 13. November 1989,[3] änderte sich das schlagartig. Auf dieser Tagung zeigte sich deutlich, dass die Volkskammer es in ihrer Gesamtheit – wenngleich auch viel zu spät – verstand, die tatsächlichen Fragen ihrer Wähler, der Staatsbürger der DDR, in den Mittelpunkt der Debatte zu stellen. Erstmals wurde deutlich, dass die Volkskammer ein wahrhaftiges Sprachrohr des Volkes war.

Die Volkskammer nahm das Rücktrittsgesuch der Regierung Stoph an und wählte Hans Modrow zum neuen Vorsitzenden des Ministerrates und beauftragte ihn mit der Regierungsbildung. Seine Wahl erfolgte mit einer Gegenstimme.[4]

Der Sprecher der SED-Fraktion, Dr. Jarowinsky, erklärte, dass zur revolutionären Erneuerung Änderungen der Verfassung erforderlich seien.

Der Abgeordnete Koplanski (DBD) bemerkte, dass die Führung der SED für die besorgniserregende Lage in der DDR verantwortlich sei. »Sie verlor den in Artikel 1 der Verfassung fixierten Führungsanspruch.« Auch deshalb sei eine Veränderung der Verfassung notwendig.[5]

Die CDU-Abgeordnete Wieynk dehnte die Forderung nach Überarbeitung der Verfassung auf die Artikel 1 bis 3 aus.

Die Abgeordneten Raspe und Trumbold von der LDPD sprachen sich ebenfalls für eine Änderung des Artikels 1 aus.

Der Sprecher der NDPD-Fraktion, Hartmann, erläuterte die Position seiner Partei, dass es notwendig sei, die Ausarbeitung einer neuen Verfassung »ohne jede Überstürzung und Voreile [...], die eines Volksentscheides bedarf«, ins Auge zu fassen.[6]

Die Abgeordneten des FDGB, des DFB, der VdgB und der FDJ bezogen zur Forderung nach Überarbeitung der Verfassung während dieser Tagung keine Stellung.

Der Sprecher der Fraktion des Kulturbundes, Manfred von Ardenne, warnte vor halbherzigen Schritten. Er nannte als Gebot der Stunde, radikale Veränderungen in Struktur von Wirtschaft und Gesellschaft vorzunehmen, wozu zweifellos die Verfassung gehörte.[7]

Mit Drucksache Nr. 47 vom 16. November 1989 wurde ein Antrag des Präsidiums der Volkskammer eingebracht, der die Bildung einer Kommission zur Änderung und Ergänzung der Verfassung vorsah.[8] Dieser Kommission sollte aus Vertretern aller Fraktionen und gesellschaftlichen Bewegungen, die nicht der Volkskammer angehörten, sowie aus Vertretern von Kirchen und Religionsgemeinschaften gebildet werden. Personelle Vorschläge sollten innerhalb von 14 Tagen dem Präsidium der Volkskammer unterbreitet werden, die dann die personelle Zusammensetzung der Verfassungskommission beschließen sollte.

Während der mitunter stürmisch verlaufenden Volkskammer-Tagung erklärte der neu gewählte Parlamentspräsident Dr. Günther Maleuda (DBD) zu diesem Beschlussentwurf: »Es gibt zu dieser Frage von allen Fraktionen und von vielen Organisationen und Bürgern unseres Landes Meinungen, Forderungen und Vorschläge. Sie alle werden dieser Kommission zugeleitet.«

Trotzdem wurde der Beschluss ohne Anfragen und Bemerkungen einstimmig angenommen.[9]

Einige Verfassungslosungen aus der 68er Verfassung sollen deutlich machen, was neben der »führenden Rolle« und dem »demokratischen Zentralismus« aus dem Verfassungstext gestrichen werden sollte:

- Die Ausbeutung des Menschen durch den Menschen ist für immer beseitigt. Was des Volkes Hände schaffen, ist des Volkes Eigen. Das sozialistische Prinzip ›Jeder nach seinen Fähigkeiten, jedem nach seiner Leistung‹ wird verwirklicht. (Artikel 2 Absatz 3).
- Das sozialistischen Eigentum hat sich bewährt (Artikel 9 Absatz 1)
- imperialistische Unkultur (Artikel 18 Absatz 1,3. Satz).
- Es gilt der Grundsatz »Arbeite mit, plane mit, regiere mit!« (Artikel 21 Absatz 1).

- Die Souveränität des werktätigen Volkes, verwirklicht auf der Grundlage des demokratischen Zentralismus, ist das tragende Prinzip des Staatsaufbaus (Artikel 47 Absatz 2).

Bereits Mitte der 70er Jahre war deutlich geworden, dass mindestens punktuelle Änderungen/Ergänzungen der Verfassung notwendig geworden waren. Dazu war eine unvoreingenommene Analyse der gültigen Verfassung in ihrer widersprüchlichen Einheit von Verfassungstext und Verfassungsanwendung erforderlich. Diese Analyse erforderte, den Nachweis dafür, »welche Positionen des noch gültigen Verfassungsgesetzes letztlich auf Vorstellungen aus der Zeit des Personenkults zurückgehen und daher strikt zu negieren sind«,[10] wie Karl-Heinz Schöneburg 1990 schrieb.

Aus damaliger und auch aus heutiger Sicht (im Sinne der Diskussion um eine Gesamtdeutschc Vcrfassung) ist erwähnenswert, dass die 49er Verfassung in vielen Details inhaltlich über die 68er und 74er Verfassung hinausging. Einige Beispiele seien genannt.

Im Artikel 37 der *49er Verfassung* heißt es: Die Schule erzieht die Jugend im Geiste der Verfassung zu selbständig denkenden, verantwortungsbewusst handelnden Menschen.

Im Artikel 25 Absatz 2 der *68er Verfassung* heißt es: Die DDR sichert das Voranschreiten des Volkes zur sozialistischen Gemeinschaft allseitig gebildeter und harmonisch entwickelter Menschen.

Artikel 34 der *49er Verfassung*, Satz 1, lautet: Die Kunst, die Wissenschaft und ihre Lehre sind frei.

Artikel 17 Absatz 1 der *68er Verfassung* sagt: Wissenschaft und Forschung sowie die Anwendung ihrer Erkenntnisse sind wesentliche Grundlagen der sozialistischen Gesellschaft und werden durch den Staat allseitig gefördert.

Absatz 3 der *68er Verfassung*: Die DDR fördert Wissenschaft und Bildung mit dem Ziel, die Gesellschaft und das Leben der Bürger zu schützen und zu bereichern, die wissenschaftlich-technische Revolution zu meistern sowie den ständigen Fortschritt der sozialistischen Gesellschaft zu gewährleisten.

Artikel 17 Absatz 1 der *74er Verfassung*: Die DDR fördert Wissenschaft, Forschung und Bildung mit dem Ziel, die Gesellschaft und das Leben der Bürger zu schützen und zu bereichern.

Verfassungsrealität jedoch war: Die Freiheit von Kunst und Wissenschaft blieb weitgehend auf der Strecke. Sie wurde ersetzt durch staatliche Gängelung.

Artikel 9 Satz 3 der *49er Verfassung* heißt: Eine Pressezensur findet nicht statt.

Artikel 27 Absatz 2 der *68er* und der *74er Verfassung* sagt zu diesem Thema überhaupt nichts.

Trotz dieser Notwendigkeit der zunächst punktuellen Änderungen an den Verfassungen von 1968 und 1974 wurde zum 40. Jahrestag der DDR ein »neuer« Kommentar zur Verfassung von etwa 40 Rechtswissenschaftlern erarbeitet.

Die Abschlussverteidigung des »druckreifen« Kommentars dazu fand am 29. Juni 1988 im Institut für Theorie des Staates und Rechts an der Akademie der Wissenschaften statt.

Der Staatsrechtler Erich Buchholz bezeichnete diesen Kommentar in Bezug auf ausgewählte Grundrechte mehr als »propagandistische und apologetische Auslassung denn juristische Analyse.«[11]

Dieser Kommentar erblickte nicht das Licht der Öffentlichkeit, obwohl er um vieles aussagekräftiger und inhaltsreifer war als der zweibändige Kommentar zur 68er Verfassung.[12]

Der Kommentar hätte beispielsweise offenlegen müssen, wie und auf welche Art und Weise die Änderungen und Ergänzungen der 74er Verfassung zustandegekommen waren und wie die 68er Verfassung ausgehebelt wurde. Zumindest wäre es notwendig gewesen, dem sozialistischen Rechtsstaat einen verfassungsrechtlichen Rahmen zu geben. Jegliche Diskussion erübrigte sich damals aber angesichts der Unveränderlichkeit dieses Gesetzes der Gesetze. Das »Aktionsprogramm der SED« anderthalb Jahre später, dass nunmehr diese Diskussion einforderte, kam bereits zu spät.[13]

Anmerkungen

1 Vgl. Schirmer 2002, S. 187.
2 Vgl. a. a. O., S. 189.
3 Volkskammer Sitzungsprotokolle, 9. Wahlperiode, Abgeordneter Fichtner, S. 254.
4 a. a. O., S. 264.
5 a. a. O., S. 234.
6 a. a. O., S. 238f.
7 a. a. O., S. 246.
8 a. a. O., S. 308, Tagesordnungspunkt 11.
9 Ebenda.
10 Schöneburg, K-H. 1990a, S. 7.
11 Buchholz 1990b, S. 863, Fußnote 2.
12 Verfassungskommentar der DDR 1969.
13 Vgl. Buchholz 1990b, S. 51f.

Entwurf einer Verfassung der DDR der Arbeitsgruppe des Zentralen Runden Tisches vom April 1990

Der Zentrale Runde Tisch arbeitete vom 7. Dezember 1989 bis zum 12. März 1990. Es war der erfolgreiche Versuch einer Alternative zu der bis dahin zentralistischen Führung. Das Gremium aus Vertretern der fünf etablierten Parteien, alten und neuen Organisationen war natürlich auch nicht demokratisch legitimiert, die Delegierten waren von ihren Institutionen entsandt und keineswegs vom Volk gewählt worden. Bald bekam der Runde Tisch den Charakter einer Neben- oder Überregierung, was auch nicht unbedingt sinnvoll war. Aber in einer Phase staatlicher Instabilität repräsentierte das Gremium eine größere gesellschaftliche Basis als die Regierung und war darum wichtig für Ruhe und Ordnung im Lande. Dort sammelte man auch praktische Erfahrungen in Sachen Demokratie.[1]

Die Teilnehmer des Runden Tisches arbeiteten in gemeinsamer Sorge um das Land konstruktiv zusammen. Man entwickelte Vorschläge zur Überwindung der Krise, beriet die Regierung, berief Arbeitsgruppen und Kommissionen zu rechtlichen, wirtschaftlichen und politischen Fragen, überprüfte Sachverhalte und Berichte, lud Funktionäre und Mandatsträger zur Befragung vor usw.[2]

Kritische Stimmen hielten auch im Nachgang den Zentralen Runden Tisch – der zunächst im kirchlichen Bonhoeffer-Haus in Berlin-Mitte, später in Schloss Niederschönhausen in Pankow zusammenkam – »in seinem

Anspruch als Macht- und Kontrollorgan« für verfassungswidrig. Er habe sich Kompetenzen angemaßt, die nicht von den Artikeln 28 (Versammlungsfreiheit), 29 (Vereinigungsfreiheit) und 85 (Aufgaben und Befugnisse der örtlichen Volksvertretungen) gedeckt waren. Der Runde Tisch übte »entgegen der Verfassung der DDR Macht aus«, folglich hätten seine Vertreter »zielgerichtet Verfassungsbruch« begangen.[3]

Auf der ersten Sitzung am 7. Dezember 1989 wurde im Tagesordnungspunkt 13 über das Selbstverständnis und die Geschäftsordnung, über Termine und Modalitäten für Wahlen, Volksentscheide und Verfassungsänderungen beraten.[4]

Die 17. Volkskammertagung hatte bereits am 18. November 1989 beschlossen, eine Kommission zur Änderung und Ergänzung der DDR-Verfassung zu bilden. Diese konstituierte sich nunmehr am 7. Dezember 1989. Sie sollte die bisherige Verfassung nur ändern.

Die Arbeitsgruppe »Neue Verfassung der DDR« hingegen sollte eine *völlig neue Verfassung* ausarbeiten. Die Arbeitsgruppe ging unverzüglich in Klausur.

Der Runde Tisch legte fest, dass die Bestätigung dieser neuen Verfassung nach den Neuwahlen zur Volkskammer – die ursprünglich für den 6. Mai 1990 vorgesehen waren – wie 1968 in einem Volksentscheid erfolgen sollte. Die für die Durchführung der Neuwahlen erforderlichen Verfassungsänderungen waren unverzüglich zu erarbeiten.

Der Runde Tisch nahm das Angebot zur Mitwirkung an diesem Volkskammerausschuss zur Kenntnis und bestimmte eigenständig seine Mitarbeit.[5]

Am 12. März 1990 kam der Runde Tisch letztmalig zusammen und beschloss, die vorgelegten Teile[6] des Entwurfs der neuen Verfassung der DDR von der Arbeitsgruppe zu einem Gesamtentwurf zusammenzuführen zu lassen. Dieser soll im April 1990 der Öffentlichkeit zur Diskussion übergeben werden. Ferner wird der neugewählten Volkskammer empfohlen, die Arbeitsgruppe »Neue Verfassung der DDR« in die Tätigkeit des zu bildenden Verfassungsausschusses einzubeziehen, wenn er die Ergebnisse der Verfassungsdiskussion auswertet.

Der Runde Tisch schlägt vor, für den 17. Juni 1990 einen Volksentscheid über die Verfassung der DDR und ein Ländereinrichtungsgesetz auszuschreiben. Der Verfassungsentwurf des Runden Tisches soll zudem in die Debatte um eine neue gesamtdeutsche Verfassung einbezogen werden, wie dies auch in der Präambel und im Artikel 146 des Grundgesetzes für die Bundesrepublik Deutschland vorgesehen ist.[7] Denn dass alles auf die Beendigung der deutschen Zweistaatlichkeit hinausläuft, ist nicht zu übersehen. Allerdings ist zum damaligen Zeitpunkt nicht erkennbar, in welchen Zeiträumen und in welcher Weise die »deutsche Frage« beantwortet werden wird.

Der Theologe Richard Schröder hat »eine Zeitlang für die SPD mitgearbeitet«, wird er später schreiben und wie meist in seinen Äußerungen zwischen Dichtung und Wahrheit schwanken. Der Verfassungskommission sei es »nicht gelungen, dem Runden Tisch einen Verfassungsentwurf vorzulegen. Die sogenannte Verfassung des Runden Tisches wurde erst vollendet, nachdem der Runde Tisch seine Tätigkeit eingestellt habe. Trotzdem hätte der Runde Tisch noch beschlossen, dass der zu erwartende Verfassungsentwurf am 17. Juni durch Volksentscheid in Kraft gesetzt werden solle.«[8]

Das ist nicht korrekt. Ich war dabei.

Die »sogenannte Verfassung des Runden Tisches« war ein Entwurf der Verfassung der DDR, und er wurde fristgemäß als Gesamtentwurf fertig und allen Abgeordneten der neugewählten Volkskammer übergeben, auch dem VK-Abgeordneten Richard Schröder.

Auf der 3. Tagung der Volkskammer am 19. April 1990 führte der Theologe und SPD-Sprecher unter Beifall der Abgeordneten, während einer Aktuellen Stunde zum Verfassungsentwurf des Runden Tisches, aus: »Aber was jetzt vorliegt, ist nach meinem Urteil eine sehr gute Verfassung!« Soviel Anerkennung hörte man aus diesem Munde selten. »Ich will hervorheben, dass der Grundrechtsteil vorzüglich ist. Er hat den Katalog der klassischen Freiheitsrechte um die sozialen Sicherheitsrechte erweitert: das Recht auf Wohnraum [...], das Recht auf soziale Sicherheit [...], das Recht auf Arbeit oder Arbeitsförderung, das durch das Staatsziel einer aktiven Beschäftigungspolitik gewährleistet wird.«[9]

Wahrheitswidrig behauptete dieser Schröder später, dass die Abgeordneten der Volkskammer den Text des Entwurfes nicht kannten und »sich noch gar keine gründliche Meinung darüber bilden« konnten.[10]

Im Begleitbrief hieß es: »Sehr geehrte Damen und Herren Abgeordnete, die Arbeitsgruppe *Neue Verfassung der DDR* des Runden Tisches hat in ihrer Plenarsitzung am 4. April 1990 einen Gesamtentwurf der Verfassung der DDR einstimmig verabschiedet. Der Entwurf hat damit die Zustimmung der Repräsentanten all jener Parteien und Vereinigungen gefunden, die den Runden Tisch bildeten und die in der neu gewählten Volkskammer eine verfassungsgebende Mehrheit besitzen.

Der Runde Tisch hat uns durch seinen Beschluss vom 12. März 1990 beauftragt, den Entwurf der Öffentlichkeit zu übergeben.

Wir übergeben Ihnen, sehr geehrte Abgeordnete, den Gesamtentwurf der Verfassung mit der Bitte, sich dafür einzusetzen, dass die Volkskammer der Inkraftsetzung dieses Verfassungsentwurfs der Beschlussfassung über verfassungsändernde Einzelgesetze den Vorzug gibt. Wir sind überzeugt, dass wir für die Probleme, denen sich unser Land gegenübersieht, sachgerechte und am Standard modernen Verfassungsdenkens orientierte Verfassungsregelungen gefunden haben. Wir möchten unterstreichen, dass der Entwurf eine in sich zusammenhängende und aufeinander abgestimmte Regelung darstellt, die für den Aufbau und die Arbeitsweise eines demokratischen und sozialen Rechtsstaates und für die Sicherheit seiner Bürger erforderlich ist. Wir glauben, dass die Verabschiedung dieses Verfassungsentwurfs der weiteren Entwicklung unseres Landes auf dem Weg zur deutschen Einheit und insbesondere auch dem Wirken der Volkskammer eine gute Grundlage geben würde.

Die Arbeitsgruppe erklärt sich bereit und bittet darum, an der Arbeit des Verfassungsausschusses der Volkskammer beratend mitzuwirken.«

Anlagen[11]

In der Arbeitsgruppe »Neue Verfassung der DDR« waren abwechselnd vertreten:

für die Demokratische Bauernpartei Deutschlands: Herbert Blahnik, Kerstin Spyrka;
für den Unabhängigen Frauenverband: Ministerin Tatjana Böhm, Tatjana Forner;
für den Freien Deutschen Gewerkschaftsbund: Klaus Emmerich, Sekretär der AG, Gerd Quilitzsch;
für die SPD: Erich Fischer, Richard Schröder;
für die Vereinigte Linke: Bernd Gehrke;
für den Bund Freier Demokraten: Erwin Gehrt, Witho Holland, Elfgard Künstler;
für die PDS: Karl-Friedrich Gruel;
für Demokratie Jetzt!: Minister Wolfgang Ullmann, Reinhard Gruhl, Gerhard Weigt;
für den Demokratischen Aufbruch: Rainer Hannemann;
für die CDU: Bernhard Hellner;
für den Bauernverband e. V.: Rainer Huhle, Gert Schoppa;
für die Grüne Liga: Mareile Löber;
für die Domowina: Erich Pannach;
für die Initiative Frieden und Menschenrechte: Minis-

ter Gerd Poppe, Wolfgang Templin;
für das Neue Forum: Werner Schulz, Klaus Wolfram;
für die Grüne Partei: Christine Weiske, Vera Wollenberger.

Der Expertengruppe gehörten an:

Dr. sc. Tatjana Ansbach (Berlin, DDR)
Prof . Dr. Axel Azzola (Darmstadt)
Prof. Dr. Alexander von Brünneck (Hannover)
Prof. Dr. Bernhard Graefrath (Berlin, DDR)
Dr. Bernd Hohmann (Berlin, DDR)
Dr. Peter Müller (Oberkirchenratspräsident, Schwerin)
Prof. Dr. Ulrich K. Peuß (Bremen)
Dr. Gerd Quilitzsch (Berlin, DDR)
Prof. Dr. Bernhard Schlink (Bonn)
Prof. Dr. Karl-Heinz Schöneburg (Berlin, DDR)
Dr. Dr. h.c. Helmut Simon (Bundesverfassungsrichter a. D., Karlsruhe)
Doz. Dr. Fritz Tech (Berlin, DDR)
Doz. Dr. sc Hans-Jürgen Will (Berlin, DDR)
Prof. Dr. sc. Rosemarie Will (Berlin, DDR)[12]

Die Redaktionsgruppe bestand aus:

Dr. Klaus Emmerich als Sekretär
Dr. sc. Erich Fischer
Dr. sc. Karl-Friedrich Gruel
Reinhard Gruhl
Doz. Dipl.-Staatswiss. Bernhard Hellner
Dr. D. Meltzer
Dr. Peter Müller
Dr. Gerhard Weigt
Dr. Hans-Jürgen Will
Prof. Dr. Rosemarie Will
Klaus Wolfram[13]

Weil der Entwurf der Verfassung eine in sich geschlossene, zusammenhängende und aufeinander abgestimmte Regelung darstellt, wird im Folgenden weitgehend auf eine Einzeldarstellung von Problemen verzichtet. Es werden nur Beispiele kommentiert.

Die Grundfrage, warum der Entwurf überhaupt erarbeitet wurde und ob er überhaupt noch eine Chance hatte, angesichts des hohen Tempos zur Einheit Deutschlands, angenommen zu werden, konnte damals nicht beantwortet werden. Mit der Ausarbeitung eines Verfassungsentwurfs für die DDR war das Bestreben verbunden, nach umfassender Volksdiskussion ein Grundgesetz der DDR zu schaffen, das dem Selbstwertgefühl der StaatsbürgerInnen, dem Selbstbewusstsein und dem Selbstbestimmungsrecht, der Volkssouveränität entsprach. In den 40 Jahren der Existenz der DDR waren Werte und Errungenschaften geschaffen worden, die es zu sichern galt. Dazu gehörten soziale Grundrechte, die es in der BRD bis heute nicht gibt. Diese Grundrechte sollten in ihrem Bestand verfassungsrechtlich verankert werden.

Die Einheit Deutschlands sollte als allmähliches Zusammenwachsen und nicht als Anschluss erfolgen.

In der DDR herrschte faktisch ein Verfassungsnotstand, der darin zum Ausdruck kam, dass zahlreiche Regelungen der 68er und 74er Verfassung *nicht* den internationalen Standards entsprachen und politische und persönliche Grundrechte auch nicht einklagbar waren.

Mit Verabschiedung einer neuen Verfassung durch Volksentscheid hätten diese Mängel beseitigt werden können. »Mit dem Verfassungsentwurf wurde die Zweistaatlichkeit nicht für die Zukunft festgeschrieben, aber es würde eine verfassungsrechtliche Gleichstellung beider Staaten als selbständiger Souverän vorausgesetzt. Nur so ist für Verhandlungen Parität gegeben.«[14]

Auch die Bürger und Bürgerinnen der alten BRD sollten nachvollziehen können, welche Erfahrungen aus der DDR für ein menschenwürdiges Leben *aller* Deutschen nutzbar gemacht werden sollten. Mit einer neuen Verfassung, die eine wesentliche rechtliche und politische Bedeutung für ein vereintes Deutschland besaß, wären die DDR-Bürger selbstbewusst in diese Einheit gegangen.[15]

Die PDS, aus der SED hervorgegangen, erklärte, mit »dem Scheitern des stalinistischen Modells eines real existierenden Sozialismus« wäre ein »Verfassungsnotstand« entstanden, der nun mit der neuen Verfassung beseitigt werden könne. Die demokratischen Sozialisten betonten zudem, dass der Vereinigungsprozess in einen »Rahmen des gesamteuropäischen Einigungswerkes eingebettet« werden müsse und »dass über die konkreten Schritte und Pläne das Volk der DDR in Ausübung seines Selbstbestimmungsrechts« zu entscheiden habe. Der Staat kann nicht länger das Instrument einer Klasse oder einer Partei sein.« Die Opposition wurde als notwendiger Bestandteil der parlamentarischen Demokratie (Artikel 51 Absatz 2 des Verfassungsentwurfs) besonders hervorgehoben.[16]

Der Verfassungsentwurf machte deutlich, dass Volkssouveränität mehr ist als die Wahrnehmung von Wahlen. Das Volksgesetzgebungsverfahren über Volksbegehren und Volksentscheide (Artikel 98ff. des Verfassungsentwurfs) wurde als wesentliches Merkmal der Ausübung der Volkssouveränität angesehen.[17]

Die Kommentare maßgeblicher Persönlichkeiten stimmten auch optimistisch. Rudolf Bahro z. B. warnte davor, dass bei den Wahlen nur ein Aufguss des bürgerlichen Parlamentarismus herauskäme, der die Menschen gleich wieder politisch enteigne. Parteiendemokratie sei gar keine Demokratie, meinte er.

Für den bürgerbewegten Dokumentarfilmer Konrad Weiß war der Runde Tisch allenfalls ein Kriseninstrument, seine einzige Aufgabe sei es gewesen freie und demokratische Wahlen vorzubereiten. Mit dem Tag der Wahlen zur Volkskammer am 18. März 1990 hatte er sich erledigt, womit er sagen will, dass es nicht unsere Aufgabe gewesen sei, einen Verfassungsentwurf vorzulegen. In einer funktionierenden Demokratie, die nicht vom Konsens, sondern von der Konfrontation lebe, würden Runde Tische nach seiner Ansicht grundsätzlich nicht benötigt.

Trotzdem schätzt Weiß ein, dass die Runden Tische wirkliche Schulen der Demokratie waren.[18] Was Wunder: Der bürgerbewegte Konrad Weiß saß für Demokratie Jetzt! am Runden Tisch und dann, von 1990 bis 1994, für Bündnis90/Grüne im Bundestag.

Der Zentrale Runde Tisch war für ein Vierteljahr Legislative und Exekutive zugleich. Vieles wurde vorbereitet, was von der Volkskammer aufgegriffen und als Gesetz verabschiedet wurde. Am wichtigsten war sicher der Verfassungsentwurf für die DDR. Er hat jedenfalls der deutschen Demokratie wichtige Impulse gegeben und darf nicht als abgehakt gelten.

Die Staatsflagge der DDR ist schwarz-rot-gold. An die Stelle des Ährenkranzes mit Hammer und Zirkel sollten »Schwerter zu Pflugscharen« treten. Mit diesem Artikel 43 des Entwurfs der Verfassung sollte das Bekenntnis zur Einheit Deutschlands und sein Wille zur Erhaltung des Friedens und zur Abrüstung symbolisiert werden.

Die Abschaffung des alten Staatswappens der DDR (Artikel 1 der 68er Verfassung) war umstritten. Schließlich wurde mit Stimmenmehrheit »Schwerter zu Pflugscharen« gewählt. Diese Darstellung folgte der biblischen Darstellung aus Micha 4,3: »Sie werden ihre Schwerter zu Pflugscharen und Spieße zu Sicheln machen. Es wird kein Volk wider das andere das Schwert erheben, und sie werden hinfort nicht mehr lernen, Krieg zu führen.« 1957 schenkte die Sowjetunion der UNO eine solche Plastik, die in den 80er Jahren zum Symbol der nichtstaatlichen Friedensbewegung in der DDR wurde, mit dem zugleich opponiert wurde, weshalb Aufnäher nicht gelitten waren. Mit diesem Symbol auf der Staatsflagge bekannte sich die DDR zu einer gesamteuropäischen Friedensordnung, welche die Folgen des Zweiten Weltkrieges überwinden sollte. In diesem Rahmen wird das deutsche Volk über die staatliche Gestaltung Deutschlands selbst bestimmen (Artikel 41 Absatz 1).

Die DDR bekannte sich zu dem Ziel der Herstellung der Einheit der beiden deutschen Staaten (Artikel 41 Absatz 2).

Christa Wolf entwickelte im Auftrag der Arbeitsgruppe den Text einer Präambel, die im Wesentlichen unverändert übernommen wurde und die folgenden Wortlaut hatte:

»Ausgehend von den humanistischen Traditionen, zu welchen die besten Frauen und Männer aller Schichten unseres Volkes beigetragen haben,

eingedenk der Verantwortung aller Deutschen für ihre Geschichte und deren Folgen,

gewillt, als friedliche, gleichberechtigte Partner in der Gemeinschaft der Völker zu leben, am Einigungsprozess Europas beteiligt, in dessen Verlauf auch das deutsche Volk seine staatliche Einheit schaffen wird,

überzeugt, dass die Möglichkeit zu selbstbestimmten verantwortlichen Handeln höchste Freiheit ist,

gründend auf der revolutionären Erneuerung,

entschlossen, ein demokratisches und solidarisches Gemeinwesen zu entwickeln, das Würde und Freiheit des einzelnen sichert, gleiches Recht für alle gewährleistet, die Gleichstellung der Geschlechter verbürgt und unsere natürliche Umwelt schützt,

geben sich die Bürgerinnen und Bürger der Deutschen Demokratischen Republik diese Verfassung.«

Besonders heftig und kontrovers wurde über die Passage diskutiert: Gleiches Recht (wird) für alle gewährleistet.

Ausgehend von der Marxschen These, dass alles Recht immer Recht der Ungleichheit ist[19], wurde darüber gestritten, ob das Recht »seiner Natur nach nur in Anwendung von gleichem Maßstab« bestehe. Die ungleichen Individuen (und sie wären nicht verschiedene Individuen, wenn sie nicht ungleiche wären) aber seien nur an gleichem

Maßstab messbar, soweit man sie unter gleichen Gesichtspunkt bringt, sie nur von einer bestimmten Seite fasst«.

Die Regelung im Artikel 3 GG für die BRD, alle Menschen sind vor dem Gesetz gleich, fand dann im Artikel 2 des Entwurfs seinen Niederschlag, indem es heißt: »Vor der öffentlichen Gewalt sind alle Menschen gleich. Jede Willkür und jede sachwidrige Ungleichbehandlung ist untersagt.

Ob damit der Marxschen These entsprochen wurde, soll hier nicht diskutiert werden.

Exkurs: Gleichberechtigung von Frau und Mann[20]

Ein anderer Streitpunkt war der Artikel 4 Absatz 3, der da lautete: Frauen haben das Recht auf selbstbestimmte Schwangerschaft. Der Staat schützt das ungeborene Leben durch das Angebot sozialer Hilfen.

Im folgenden soll am Beispiel des Artikels 3 der Entwurfs skizziert werden, wie das Ringen um die Gleichberechtigung von Frauen und Männern und die Verpflichtung des Staates, auf die Gleichstellung der Frau in Beruf und öffentlichem Leben, in Bildung und Ausbildung, in der Familie sowie im Bereich der sozialen Sicherung hinzuwirken (Absatz 2), im vereinigten Deutschland tatsächlich umgesetzt wurde.

Im Artikel 31 des Einigungsvertrages wurde die Aufgabe für den gesamtdeutschen Gesetzgeber formuliert, die Gesetzgebung zur Gleichberechtigung zwischen Männern und Frauen weiterzuentwickeln.

Damit war die Hoffnung verknüpft, dass praktische Verbesserungen der Situation von Frauen in Gesamtdeutschland möglich wären.

Tatsächlich wurden aber Frauenrechte und sozialpolitische Maßnahmen, die das Leben berufstätiger Frauen mit Kindern erleichterten im Osten Deutschlands rigoros beseitigt. Ich denke an die Rechtsvorschriften, die den Schutz und die Förderung der Frauen, die staatliche Hilfe bei Erkrankung der Kinder oder die Unterstützung alleinstehender Werktätiger (heute: Alleinerziehende), das Renteneintrittsalter von Frauen (grundsätzlich mit 60 Altersjahren) und die Berücksichtigung von Kindergeburten betrafen. Namentlich seien beispielhaft genannt:

- das Gesetz über die Mutter- und Kinderschutz und die Rechte der Frau vom 27. September 1950[21]
- das Gesetz zur Änderung des Gesetzes über den Mutter- und Kinderschutz und die Rechte der Frauen vom 28. Mai 1958[22]
- Gesetzbuch der Arbeit vom 12. April 1961[23] in der jeweiligen Fassung, insbesondere 11. Kapitel §§ 123, 128 bis 133 (Förderung der werktätigen Frauen)
- der Beschluss vom 19. April 1962 über die Aufgaben der Staatsorgane zur Förderung der Frauen und Mädchen in Durchführung des Kommuniqués des Politbüros des ZK der SED vom 23. Dezember 1961[24]
- das Gesetz vom 9. März 1972 über die Unterbrechung der Schwangerschaft.[25]

Die Gleichberechtigung von Frau und Mann, die Umsetzung der Rechtsvorschriften zum Schutz und Förderung der Frauen war in der DDR eine Selbstverständlichkeit, über deren Verwirklichung viel gestritten wurde. Dazu gehörte die Herstellung der Gleichheit durch Bevorzugung der Frau oder das der Gleichheitssatz auch die Gleichheit an Pflichten impliziert.

Die meisten Frauen und Mädchen in der DDR definierten sich selbstbewusst über ihre qualifizierte Erwerbstätigkeit und über eine seit Generationen erlebte wirtschaftliche Unabhängigkeit vom Mann.

Bereits Artikel 7 der 49er Verfassung erklärte Mann und Frau als gleichberechtigt. Alle Gesetze und Bestimmungen, die der Gleichberechtigung der Frau entgegenstanden, wurden aufgehoben: im Artikel 6 (alle Bürger sind vor dem Gesetz gleichberechtigt); im Artikel 11 (Verbot der Diskriminierung fremdsprachiger Volksteile); im Artikel 18 (gleicher Lohn für gleiche Arbeit von Mann und Frau); im Artikel 30 (Gleichberechtigung von Frau und Mann in der Familie); im Artikel 33 (Gleichstellung des unehelichen mit dem ehelichen Kind); Artikel 35 (gleiches Recht auf Bildung und Berufswahl); Artikel 42 (Niemand ist verpflichtet, seine religiöse Überzeugung zu offenbaren).

In den Artikeln 51 und 140 (gleiches Wahlrecht für Mann und Frau) wurde die Gleichberechtigung konkret ausgestaltet.

Der Artikel 20 Absatz 2 der *68er* und der *74er Verfassung* lautet: »Mann und Frau sind gleichberechtigt und haben die gleiche Rechtsstellung in allen Bereichen des gesellschaftlichen, staatlichen und persönlichen Lebens. Die Förderung der Frau, besonders in der beruflichen Qualifizierung, ist eine gesellschaftliche und staatliche Aufgabe.«

Im Grundgesetz für die BRD in der *49er Fassung* lautet Artikel 3 Absatz 2: »Männer und Frauen sind gleichberechtigt.«

Im Kommentar[26] kann nachvollzogen werden, dass dieser Gleichberechtigungssatz praktisch bis zum 31. März 1953 nicht wirksam wurde, weil die entsprechenden Anpassungsgesetze bis zu diesem Zeitpunkt nicht ergingen. Erst mit diesem Tag, traten die der Gleichberechtigung von Männern und Frauen widersprechenden Rechtssätze außer Kraft.

Der Artikel 117 Absatz 2 GG in der *49er Fassung* lautete: »Das dem Artikel 3 Absatz 2 entgegenstehende Recht bleibt bis zu seiner Anpassung an diese Bestimmung des Grundgesetzes in Kraft, jedoch nicht länger als bis zum 31. März 1953.«

Besonders heftig wurde bei der Erarbeitung des Grundgesetzes für die Bundesrepublik Deutschland um die Gleichberechtigung der Frauen gerungen. Der Versuch, durch die Einführung des Wortes »grundsätzlich« den Stand der Weimarer Reichsverfassung wieder zu erreichen, wurde abgewehrt.

Das Recht auf gleichen Lohn für gleiche Arbeit wurde nicht durchgesetzt.[27]

Es gab zahlreiche Initiativen in der erweiterten BRD, das Grundgesetz hinsichtlich der Gleichberechtigung der neu entstandenen Lage anzupassen. Eine davon war die des Deutschen Juristinnenbundes.[28]

Gestützt auf Artikel 5 und Artikel 31 Absatz 1 des Einigungsvertrages, wurde eine Kommission gebildet, die Änderungen des GG bei den Artikeln 2, 3 und 6 vornehmen sollte. Schwerpunkt der Kommissionsarbeit betraf die Gleichberechtigung im Artikel 3 Absatz 2 (Männer und Frauen sind gleichberechtigt). Die Kommission war der Meinung, dass es unverzichtbar sei, im Rahmen einer Grundgesetzreform zusätzliche Akzente zu setzen. Es wurden deshalb zwei Ergänzungen vorgeschlagen.

Die erste Ergänzung betraf die Verpflichtung des Staates, die gleichberechtigte und damit auch die faktische Teilnahme von Frauen in allen gesellschaftlichen Bereichen sicherzustellen und zu gewährleisten.

Die zweite stellte klar, dass »wegen der bestehenden breiten faktischen Defizite auch aktive Maßnahmen zur Förderung der Frauen zulässig sind (Satz 3).

Zusätzliche Änderungen des Art. 33 hielt die Kommission nicht für erforderlich, wenn Art. 3 GG die vorgeschlagene Fassung erhalte.[29]

Die erste Ergänzung fand ihren Niederschlag im Änderungsgesetz vom 27. Oktober 1994[30], indem der Art. 3 Satz 2 lautete: »Der Staat fördert die tatsächliche Durchsetzung der Gleichberechtigung von Frauen und Männern und wirkt auf die Beseitigung bestehender Nachteile hin.«

Der zweite Änderungsvorschlag/Ergänzung wurde nicht berücksichtigt. Es konnte aber durchgesetzt werden, dass

Artikel 3 Absatz 3 um den Satz »Niemand darf wegen seiner Behinderung benachteiligt werden« erweitert wurde.

Der Einigungsvertrag bestimmte im Artikel 31 Absatz 2 die Aufgabe des gesamtdeutschen Gesetzgebers, angesichts unterschiedlicher rechtlicher und institutioneller Ausgangssituationen bei der Erwerbstätigkeit von Müttern und Vätern die Rechtslage unter dem Gesichtspunkt der Vereinbarkeit von Familie und Beruf zu gestalten.

Nach zwei Jahrzehnten Anschlusspolitik und Übernahmepraxis muss festgestellt werden, dass die Grundlagen (unterschiedliche Ausgangslagen) für Vereinbarkeit von Familie und Beruf und für die Gleichberechtigung von Frau und Mann der DDR zwar beseitigt, aber wenig substanziell Neues durch den gesamtdeutschen Gesetzgeber geschaffen wurde, was über den Standard der DDR hinausgeht. Im Gegenteil. Die Schließung von Kindertagesstätten, die Erhöhung der Kosten für die Pflege alter und kranker Menschen und damit Abwälzen der Lasten vor allem auf die Frauen verschlechtern deren Chancen auf Vollzeitarbeitsplätze zusätzlich.

In diesem Zusammenhang soll nicht unerwähnt bleiben, dass die Volkskammer von ihrer 2. bis 9. Wahlperiode (1954 bis April 1990) eine selbstständige Frauenfraktion besaß, deren Mandatsträgerin der Demokratische Frauenbund Deutschlands (DFD) war. Insgesamt gehörten in der Zeit von 1950 bis 1990 insgesamt 128 Frauen dieser Fraktion an.[31]

Als Abgeordnete wirkten seit der 1. bis 9. Wahlperiode insgesamt 651 Frauen in der Volkskammer.[32]

Anmerkungen

1 Vgl. Modrow 2009, S. 2.

2 Ebenda.

3 Czichon/Marohn 1999, S. 304.

4 Vgl. Thaysen Bd. 1, S. 41.

5 Beschlüsse 1989.
6 Vgl. ebenda.
7 Um das gewaltige Arbeitspensum zu bewältigen, wurden in der Arbeitsgruppe »Neue Verfassung der DDR« Untergruppen gebildet, die sich mit der Problematik Menschen- und Bürgerrechte, Grundsätze und Organe des Staates, Funktionen des Staates, Übergangs- und Schlussbestimmungen, entsprechend der Gliederung des Verfassungsentwurfs, vorrangig befassten. Das Kapitel IV die Staatsfinanzen betreffend wurde dem GG für die BRD »nachempfunden«.
8 Schröder 1993.
9 Richard Schröder (SPD): Volkskammer der DDR 10. Wahlperiode, 3. Tagung – Donnerstag, den 19. April 1990 (Stenographische Niederschrift), S. 53f.
10 a. a. O., S. 54
11 Verfassungsentwurf 1990, S. 76 f.
12 Vgl. a. a. O., S. 77 f.
13 Gruel/Schiffers 1990, S. 2.
14 Vgl. a. a. O., S. 3
15 Vgl. Gewaltenteilung 1990. S. 1.
16 a. a. O., S. 4.
17 Weiß 1999, S. 4.
18 Kritik des Gothaer Programms, MEW Band 19, S. 21.
19 Auch die BRD ist dem »Übereinkommen zur Beseitigung jeder Form von Diskriminierung der Frau« vom 18. Dezember 1979 (BGBl. II 1985, S. 648), dem Fakultativprotokoll und den Allgemeinen Empfehlungen beigetreten bzw. verpflichtet.
20 GBl. Nr. 111, S 1037.
21 GBl. I Nr. 33, S. 416.
22 GBl. I, S. 27
23 GBl. II Nr. 32, S. 295.
24 GBl. I Nr. 5, S. 89.
25 Mangoldt/Kein, Das Bonner Grundgesetz Berlin/Frankfurt a. M. 1957 Bd. 1, S. 203 ff.
26 Vgl. Kommentar zum Grundgesetz 1989, Bd. 1, S. 315.
27 Ebenda.
28 a. a. O., S. 60.
29 BGBl. I, S. 3146.
30 ebenda.
31 Vgl. Pawlowski 2007, S. 12.
32 Vgl. a. a. O., S. 7, Anhang Tabelle 1 bis 5 Seite 315 bis 344.

Die 10. Wahlperiode der Volkskammer vom 5. April bis zum 3. Oktober 1990

In der 1. (konstituierenden) Tagung der 10. Wahlperiode der Volkskammer am 5. April 1990 wurde Lothar de Maizière von der größten Fraktion als Ministerpräsident nominiert, dem Hohen Hause vorgeschlagen, gewählt und mit der Regierungsbildung beauftragt.[1]

Während dieser Tagung wurde auf Antrag aller Fraktionen einstimmig beschlossen, die Präambel der DDR-Verfassung von 1974 zu streichen, die Artikel 55, 67 und 79 zu ändern und einen neuen Artikel 75 a einzufügen. Es fand über diese grundlegenden Änderungen keine Aussprache statt.

Die nunmehr gestrichene Präambel hatte folgenden Wortlaut: »In Fortsetzung der revolutionären Traditionen der deutschen Arbeiterklasse und gestützt auf die Befreiung vom Faschismus hat das Volk der Deutschen Demokratischen Republik in Übereinstimmung mit den Prozessen der geschichtlichen Entwicklung unserer Epoche sein Recht auf sozial-ökonomische, staatliche und nationale Selbstbestimmung verwirklicht und gestaltet die entwickelte sozialistische Gesellschaft. Erfüllt von dem Willen, seine Geschicke frei zu bestimmen, unbeirrt auch weiter den Weg des Sozialismus und Kommunismus, des Friedens, der Demokratie und Völkerfreundschaft zu gehen, hat sich das Volk der Deutschen Demokratischen Republik diese sozialistische Verfassung gegeben.«

War das die juristische Konterrevolution vor dem 3. Oktober 1990?

Als die Mehrheit in der Volkskammer Monate später entschied, den Beitritt der DDR zum Grundgesetz für die BRD nach Artikel 23 zu vollziehen – handelt es sich dabei um den Bruch der DDR-Verfassung?

Und falls ja: Welche Verfassung ist damit gemeint?

Die vom 7. Oktober 1974 in der jeweils geltenden Fassung der Änderungen und Ergänzungen, welche bis zum 17. Juni 1990 erfolgten, oder gar die Verfassungsgrundsätze vom gleichen Tage?

Ohne auf weitere Details einzugehen, stand meiner Meinung bereits Anfang der 80er Jahre fest, dass die Veränderungen in Staat und Gesellschaft der DDR grundsätzlich eine neue Verfassung erforderten. Es erfolgte jedoch keine unvoreingenommene Analyse der geltenden Verfassung in ihrer widersprüchlichen Einheit von Verfassungstext und Verfassungswirklichkeit.

Bereits der Ausarbeitung der 68er Verfassung ging keine tatsächliche Analyse des verfassungstheoretischen und verfassungsrechtlichen Erbes voraus. Otto Grotewohl machte auf dem 3. Deutschen Volkskongress 1949 darauf aufmerksam, dass es »auf die reale Verankerung einer Verfassung in den realen gesellschaftlichen Zuständen eines Volkes« ankäme. »Politische Formen können nicht beliebig wie Etiketten auf eine Weinflasche aufgeklebt werden. Politische Formen sind nichts als der notwendige und eigentümliche Ausdruck, den sich reale tatsächliche Lagen geben.«[2]

Orientierende Bemerkungen wie diese blieben unbeachtet.

Wenn von Erbe die Rede war, dann war damit auch das der revolutionären Bourgeoisie, der Juristen der Weimarer Republik, das verfassungsrechtliche Erbe der KPD und der DDR, des Runden Tisches und auch des Grundgesetzes für die BRD gemeint. Auch die Verfassungen der Sowjetunion und anderer sozialistischer Staaten sollten nicht unbeachtet bleiben. Betrachtet man den Verfassungskommentar der DDR von 1969 genauer, dann wird deutlich, dass es sich weitgehend um eine politisch-ideologische Begründung des Verfassungstextes mit Reden und Kommentaren führender Funktionäre handelte.

Der Vollständigkeit halber soll nicht unkommentiert bleiben, dass der Ministerrat in der Volkskammer Verfassungsgrundsätze beantragte, die am 17. Juni 1990 beschlossen wurden, die in zehn Artikeln die DDR-Verfassung ergänzten. Faktisch wurde damit die geltende Verfassung gegenstandslos. Verfassungsrechtlich wog der eingeleitete Zerfall der Verfassung. Es wurden Verfassungsgrundsätze eingeführt, entgegenstehende wurden für rechtsungültig erklärt, wurden aber nicht benannt. »Und – das ist entscheidend – Artikel 9 hebt Artikel 106 der Verfassung auf«, monierte mit Recht der Abgeordnete Ullmann. »Mit dieser Regelung ist überhaupt keine Verfassungsrechtslage mehr feststellbar. Niemand wird mehr mit Überzeugungskraft sagen können, was verfassungsmäßig ist und was nicht.«[3]

Da diese Verfassungsgrundsätze kurz sind, soll an dieser Stelle der komplette Text zitiert werden:

Gesetz zur Änderung und Ergänzung der Verfassung der DDR (Verfassungsgrundsätze) vom 17. Juni 1990:

In der Erkenntnis, dass in der DDR im Herbst 1989 eine friedliche und demokratische Revolution stattgefunden hat, und in der Erwartung einer baldigen Herstellung der staatlichen Einheit Deutschlands wird für eine Übergangszeit die Verfassung der DDR um folgende Verfassungsgrundsätze ergänzt. Entgegenstehende Verfassungsgrundsätze besitzen keine Rechtsgültigkeit mehr.

Artikel 1

Freiheitliche Grundordnung

(1) Die DDR ist ein freiheitlicher, demokratischer, föderativer, sozialer und ökologisch orientierter Rechtsstaat. Hinsichtlich der föderativen Ordnung gilt dies nach Maßgabe einer besonderen Ergänzung der Verfassung und

noch zu erlassender gesetzlicher Vorschriften. Der Staat gewährleistet die kommunale Selbstverwaltung.

(2) Vorschriften der Verfassung und sonstiger Rechtsvorschriften sind entsprechend diesem Verfassungsgesetz anzuwenden. Bestimmungen in Rechtsvorschriften, die den einzelnen oder Organe der staatlichen Gewalt auf die sozialistische Staats- und Rechtsordnung, auf das Prinzip des demokratischen Zentralismus, auf die sozialistische Gesetzlichkeit, das sozialistische Rechtsbewusstsein oder die Anschauungen einzelner Bevölkerungsgruppen oder Parteien verpflichten, sind aufgehoben.

(3) Das zuständige Gericht kann zur Überprüfung der Verfassungsmäßigkeit der Gesetze und anderer Rechtsakte angerufen werden. Näheres regelt ein Gesetz.

Artikel 2

Eigentum

Privateigentum einschließlich des Erwerbs von Eigentum und eigentumsähnlichen Rechten an Grund und Boden sowie an Produktionsmitteln wird gewährleistet. Dadurch wird die gesetzliche Zulassung besonderer Eigentumsformen für die Beteiligung der öffentlichen Hand oder anderer Rechtsträger im Wirtschaftsverkehr sowie eine rechtsstaatliche Überprüfung der bestehenden Eigentumsverhältnisse nicht berührt. Sein Gebrauch soll zugleich dem Wohl der Allgemeinheit und dem Schutz der natürlichen Lebensgrundlagen dienen.

Artikel 3

Wirtschaftliche Handlungsfähigkeit

(1) Jede natürliche und juristische Person hat das Recht, im Rahmen der Gesetze mit anderen Verträge zu schließen und sich insbesondere wirtschaftlich zu betätigen.

(2) Die Außenwirtschaft einschließlich des Außenhandels und der Valutawirtschaft darf gesetzlich geregelt, aber nicht staatlich oder anderweitig monopolisiert werden.

Artikel 4

Tarifvertragsparteien

(1) Jedermann hat das Recht, zur Wahrung und Förderung, insbesondere zur Regelung der Arbeits- und Wirtschaftsbedingungen Vereinigungen zu bilden, ihnen beizutreten, aus solchen Vereinigungen auszutreten und ihnen fernzubleiben.

(2) Tariffähige Gewerkschaften und Arbeitgeberverbände müssen frei gebildet, auf überbetrieblicher Grundlage organisiert und unabhängig sein sowie das Arbeitskampfrecht und das geltende Tarifrecht als verbindlich anerkennen.

Artikel 5

Unabhängige Rechtssprechung

(1) Wird jemand durch die öffentliche Gewalt in seinen Rechten verletzt, so steht ihm der Rechtsweg offen.

(2) Die Richter sind unabhängig und nur der Verfassung nach Maßgabe dieses Verfassungsgesetzes und dem Gesetz unterworfen. Sie unterliegen insoweit keiner Aufsicht staatlicher oder gesellschaftlicher Organe. Eine Leitung der Rechtssprechung unterer Gerichte durch obere Gerichte ist nicht zulässig.

Artikel 6

Schutz der Umwelt

Der Schutz der natürlichen Umwelt ist Pflicht des Staates und aller Bürger. Er ist durch Gesetz zu gewährleisten.

Artikel 7

Schutz der Arbeit

Die Arbeitskraft wird vom Staat geschützt. Der Staat fördert das Recht des einzelnen, durch Arbeit ein menschenwürdiges Leben in sozialer Gerechtigkeit und wirtschaftlicher Freiheit zu führen, und schafft die dazu notwendigen Rahmenbedingungen.

Artikel 8

Hoheitsrechte

Die DDR kann durch Verfassungsgesetz Hoheitsrechte auf zwischenstaatliche Einrichtungen und Einrichtungen der BRD übertragen oder in die Beschränkung von Hoheitsrechten einwilligen.

Artikel 9
Neufassung
Artikel 106 der DDR-Verfassung wird wie folgt gefasst:
Artikel 106
Die Verfassung kann nur von der Volkskammer der DDR durch Gesetz geändert werden, das ausdrücklich als *Verfassungsgesetz* bezeichnet ist. Staatsverträge der DDR und andere völkerrechtliche Verträge sind, soweit durch sie Verfassungsgegenstände berührt werden, durch ein ausdrücklich als *Verfassungsgesetz* bezeichnetes Gesetz zu bestätigen, das der Zustimmung von zwei Dritteln der Mitglieder der Volkskammer bedarf.
Artikel 10
Schlussbestimmung
Dieses Verfassungsgesetz tritt am 17. Juni 1990 in Kraft und behält seine Gültigkeit bis zur Inkraftsetzung eines Grundgesetzes.

Das vorstehende, von der Volkskammer der DDR am siebzehnten Juni neunzehnhundertneunzig beschlossene Gesetz wird hiermit verkündet.

Berlin, den siebzehnten Juni neunzehnhundertneunzig
Die Präsidentin der Volkskammer
der Deutschen Demokratischen Republik
Bergmann-Pohl«
»Sozialismus«, das Unwort aus der DDR-Verfassung von 1968/1974, war erbarmungslos getilgt worden.

Irgendeine Verfassung der DDR wurde für eine undefinierte Übergangszeit in Erwartung einer baldigen Herstellung der staatlichen Einheit um die Verfassungsgrundsätze ergänzt.

Die DDR war aus einem Zentralstaat zu einem föderativen Rechtsstaat mit kommunaler Selbstverwaltung gemacht worden.

Während der Plenartagung war jeder Fraktion eine Redezeit von 10 Minuten zugestanden worden, in welcher dazu Stellung genommen werden konnte.

Der Abgeordnete Ullmann (Bündnis '90) verwies darauf, dass die 74er Verfassung noch immer geltendes Recht wäre. Die »Verfassungsgrundsätze« seien »in der Form verfassungswidrig«, weil sie eine Außerkraftsetzung des Artikels 106 »auf eine Weise darstellen, die in diesem Artikel gerade ausgeschlossen ist«.[4]

Neben dem Beschluss der Volkskammer vom 1.Dezember 1989 (Streichung der führenden Rolle aus der Verfassung) trat eine völlige Veränderung der staatsrechtlichen Situation der DDR ein, die durch die Grenzöffnung am 9. November 1989 befördert wurde. »Dazu kam mehr und mehr die Einflussnahme der Regierung der Bundesrepublik auf das politische Geschehen in der DDR. Sie ist zunächst durchaus auf dem Boden des seit dem Grundlagenvertrag von 1972 Üblichen verlaufen. Dieser Vertrag geht von der Souveränität dieses Landes, spricht einen Gewaltverzicht aus und erklärt, dass keiner die Vertretung durch den anderen übernehmen dürfe. Ab Januar 1990 hat sich diese Situation dadurch gewandelt, dass der Bundeskanzler, Herr Helmut Kohl, von Moskau aus den Versuch unternommen hat, im Namen aller Deutschen zu sprechen«, erklärte der Kirchenhistoriker Wolfgang Ullmann namens seiner Fraktion. Die Abgabe von Souveränitätsrechten sei nichts Ungewöhnliches. Statt die Eigentumsrechte des Staatsvolkes zu vertreten, wurden diese während der Verhandlungen zum 1. Staatsvertrag als »Verhandlungsmasse behandelt«.[5]

Fast wie selbstverständlich trat dieses Verfassungsgesetz noch am gleichen Tage, dem 17. Juni 1990, in Kraft und behielt seine Gültigkeit bis zur Inkraftsetzung eines Grundgesetzes (Artikel 10 Schlussbestimmung). Dabei ging es nicht um die Inkraftsetzung des Grundgesetzes der BRD, sondern um ein Grundgesetz für die DDR! Es blieb demnach für sämtliche Staatsbürger und für alle Macht- und Verwaltungsorgane der noch existierenden DDR keine Zeit, sich auf die Verfassungsgrundsätze einzustellen. Dieses chaotische Vorgehen kann durchaus mit der Ankündigung der Grenzöffnung durch Schabowski am 9. November 1989 auf der Pressekonferenz verglichen werden, wenngleich die Verfassung der DDR nicht die gleiche Wertigkeit besaß wie die Sicherungsmaßnahmen an der Staatsgrenze und deren Ende.

Der 15. Volkskammer-Tagung lag ein Antrag der DSU mit folgendem Wortlaut vor: »Die Volkskammer möge beschließen: Beschluss zum Beitritt der Deutschen Demokratischen Republik nach Artikel 23 des Grundgesetzes der Bundesrepublik Deutschland mit dem heutigen Tag.«[6]

Der absurde Antrag der DSU wurde lediglich an die Ausschüsse »Deutsche Einheit«, »für Verfassung und Verwaltungsreform« und an den »Rechtsausschuss« überwiesen. An weitere Ausschüsse, wie dem Außenpolitischen Ausschuss erfolgte keine Überweisung.[7]

Das war in sich logisch, da nach Rechtsauffassung der BRD, sie im Verhältnis zur DDR kein Ausland war. Über die Beantwortung der hier zu stellenden Frage, was die Rechtsauffassung der BRD in der Volkskammer der DDR verloren hatte, wird an dieser Stelle verschämt geschwiegen.

In einer im Herbst 2005 veröffentlichten Darstellung des Zustandekommens des Beitrittsbeschlusses der Volkskammer am 22. August 1990 liest sich das so. Autor war Stephan Eisel, der dazu in den Historischen Politischen Mitteilungen der Konrad-Adenauer-Stiftung publizierte:

»In der Koalition waren wir uns inzwischen einig. Wir wollten den Beitritt und auch die Wahlen so früh wie möglich, allerdings mit der Einschränkung, dass der Beitritt der DDR nicht vor dem 2. Oktober liegen durfte. Dies war der Termin der KSZE-Außenministerkonferenz, der wenigstens noch das Ergebnis der Zwei-plus-Vier-Verhandlungen über die uneingeschränkte Souveränität Deutschlands zur Kenntnis gebracht werden sollte«, so Wolfgang Schäuble. Dementsprechend hatte der damalige Sprecher der Bundesregierung, Bundesminister Hans

Klein, öffentlich erklärt: »Der Bundesregierung erscheint jeder Beitrittstermin sinnvoll, der nach dem 2. Oktober liegt.« Die Unsicherheit in der Terminfrage begann den Einheitsprozess insgesamt zu belasten. Vor diesem Hintergrund beantragte DDR-Ministerpräsident Lothar de Maizière am 22. August 1990 gegen 19.00 Uhr eine sofortige Sondersitzung der Volkskammer zur Beschlussfassung über den Termin der deutschen Einheit. Die Sondersitzung der Volkskammer begann noch am gleichen Abend um 21.10 Uhr und nahm einen ziemlich chaotischen Verlauf.

Zunächst lagen zwei Anträge vor: Die DSU beantragte den sofortigen Beitritt – »also zum heutigen Tage« – wie sie das schon mehrfach erfolglos getan hatte. Eine Gruppe von etwa 20 Abgeordneten der Fraktion CDU/DA schlug eine Volkskammersitzung für den 9. Oktober vor, die den Beitritt zum 14. Oktober beschließen sollte. Zu diesen beiden Anträgen gab es verschiedene Änderungsanträge. Immer wieder versuchte die PDS, durch Geschäftsordnungsanträge die Abstimmung zu verhindern. Mehrfach wurde die Sitzung für Fraktionsbesprechungen unterbrochen.

Ministerpräsident de Maizière plädierte zu Beginn der Sondersitzung für ein Ende der Debatte über den Beitrittstermin: »Das Gespräch mit den Vorsitzenden aller Fraktionen der Volkskammer gestern hatte das Ziel, das permanente Spiel mit dem Beitrittstermin zu beenden und über Fraktionsgrenzen hinweg Klarheit zu schaffen. Es ist aus meiner Sicht für alle Fraktionen notwendig, diesen Termin jetzt endgültig zu beschließen. Eine verbindliche Festlegung und damit ein Ende der Diskussion ist überfällig.«

De Maizière nannte freilich in seiner Rede den von ihm zwei Wochen zuvor öffentlich vorgeschlagenen 14. Oktober nicht ausdrücklich als Beitrittsdatum und vermied eine genauere Festlegung.

Konkreter wurde anschließend Günter Krause für die Fraktion CDU/DA, allerdings nannte auch er nur vage einen Termin »nicht eher als den 3. Oktober«. Ein entsprechender Antrag – es war inzwischen nach 23.00 Uhr – lag freilich noch nicht vor.

Wolfgang Thierse brachte nun für die SPD erneut den von ihr schon früher vorgeschlagenen 15. September ins Gespräch und stellte einen entsprechenden Änderungsantrag zum vorliegenden DSU-Antrag für den sofortigen Beitritt. Zunächst wurde dieser Änderungsantrag der SPD in offener Abstimmung »mit klarer Mehrheit abgelehnt«. Anschließend erhielt der DSU-Antrag auf sofortigen Beitritt in namentlicher Abstimmung nur 56 Ja-Stimmen bei 183 Nein-Stimmen und 125 Enthaltungen. Es war jetzt 1.00 Uhr am Morgen des 23. August geworden.

Nunmehr stellte die Fraktion Bündnis'90/Grüne einen Änderungsantrag zum vorliegenden Antrag von mehr als 20 Abgeordneten der Fraktion der CDU/DA auf Beitritt zum 14. Oktober. Sie schlug vor, die Terminfestlegung »zum schnellstmöglichen Zeitpunkt« auf einer Sitzung der Volkskammer am 3. Oktober zu treffen.

Erst jetzt verlas der Sitzungspräsident Höppner den – später verabschiedeten – Antrag der Fraktion CDU/DA, FDP und SPD auf Beitritt zum 3. Oktober, der inzwischen ebenfalls als Änderungsantrag eingereicht worden war: »Die Volkskammer erklärt den Beitritt der Deutschen Demokratischen Republik zum Geltungsbereich des Grundgesetzes der Bundesrepublik Deutschland gemäß Artikel 23 des Grundgesetzes mit Wirkung vom 3. Oktober 1990. Sie geht dabei davon aus, dass die Beratungen zum Einigungsvertrag zu diesem Termin abgeschlossen sind, die Zwei-plus-vier-Verhandlungen einen Stand erreicht haben, der die außen- und sicherheitspolitischen Bedingungen der deutschen Einheit regelt und die Länderbildung soweit vorbereitet ist, dass die Wahl in den Länderparlamenten am 14. Oktober 1990 durchgeführt werden kann.«

Nach einer Sitzungsunterbrechung trat auch die DSU als Antragsteller diesem Antrag bei.

Zunächst wurde nun in offener Abstimmung der Änderungsantrag von Bündnis'90/Grüne abgelehnt. Dann verlas Reinhard Höppner vor der namentlichen Abstimmung den Antragstext nochmals, »weil er Ihnen nicht schriftlich vorliegt«. Der Geschäftsordnung folgend, ließ Höppner nun über den Antrag als »Änderungsantrag« offen abstimmen und stellte dann fest: »Mit klarer Mehrheit ist damit der von mir verlesene Text Abstimmungsgrundlage.«

Nachdem er den immer noch nicht schriftlich verteilten Antragstext zum dritten Mal verlesen hatte, eröffnete Höppner endlich die von der Fraktion CDU/DA beantragte endgültige namentliche Abstimmung über den Beitrittsantrag.

Es war 2.30 Uhr am frühen Morgen des 23. August, als die Sitzungspräsidentin Sabine Bergmann-Pohl das Abstimmungsergebnis verkündete: »Ich habe das Vergnügen, ein Ergebnis zur Abstimmung bekannt zu geben. Es betrifft den gemeinsamen Antrag der Fraktionen der CDU/DA, DSU, FDP und SPD, den Beitritt … Ich möchte bitten, dass das Protokoll der Abstimmung hier geändert wird. Ich lese noch einmal die Erklärung vor: »Die Volkskammer erklärt den Beitritt der DDR zum Geltungsbereich des Grundgesetzes der Bundesrepublik Deutschland gemäß Artikel 23 des Grundgesetzes mit der Wirkung vom 3. Oktober 1990.«

Das liegt Ihnen in der Drucksache Nr. 201 vor. Abgegeben wurden 363 Stimmen. Davon ist keine ungültige Stimme abgegeben worden. Mit Ja haben 294 Abgeordnete gestimmt.

(*Starker Beifall der CDU/DA, DSU, FDP, teilweise der SPD, die Abgeordneten der genannten Fraktionen erheben sich von den Plätzen*).

Mit Nein haben 62 Abgeordnete gestimmt, und sieben Abgeordnete haben sich der Stimme enthalten.

Meine Damen und Herren, ich glaube, das ist ein wirklich historisches Ereignis. Wir haben uns die Entscheidung alle sicher nicht leicht gemacht, aber wir haben Sie heute in Verantwortung vor den Bürgern der DDR in der Folge ihres Wählerwillens getroffen. Ich danke allen, die dieses Ergebnis im Konsens über Parteigrenzen hinweg ermöglicht haben.«

Anschließend rief in einer persönlichen Erklärung »unter jubelndem Beifall bei der CDU/DA, der DSU und teilweise der SPD« der PDS-Sprecher Gregor Gysi aus: »Das Parlament hat soeben nicht mehr und nicht weniger als den Untergang der Deutschen Demokratischen Republik zum 3. Oktober 1990 beschlossen.«

Um 3.00 Uhr schloss Frau Bergmann-Pohl diese denkwürdige Sitzung der Volkskammer.

Noch in der Nacht – gegen 2.45 Uhr – wurde Bundeskanzler Dr. Helmut Kohl vom Chef des Bundeskanzleramtes, Bundesminister Rudolf Seiters, telefonisch über den Beitrittsbeschluss informiert.«

Anmerkungen

1 Volkskammer Sitzungsprotokolle, 10. Wahlperiode, 5. April 1990, S. 8.
2 Grotewohl 1954, S. 461.
3 Heuer, Fraktion der PDS, Volkskammer Sitzungsprotokolle 10. Wahlperiode 1990 Seite 547.
4 Ullmann Fraktion Bündnis 90/Grüne, a. a. O., S. 545.
5 Ebenda.
6 a. a. O., S. 542.
7 a. a. O., 543.

Gesamtdeutsche Verfassung?

Bevor ich auf die Frage nach einer gesamtdeutschen Verfassung eingehe, möchte ich einige Bemerkungen zu dem von Helmut Simon, einem ehemaligen Bundesverfassungsrichter, geprägten Begriff des Verfassungspatriotismus eingehen. Seine Thesen lauteten:

Erstens gäbe es eine »staatsbürgerliche Pflicht, die rechts- und sozialstaatliche Demokratie als Angebot und Aufgabe anzunehmen« und zur Angelegenheit jedes Staatsbürgers zu machen. Auf ihrem Hintergrund war/ist »die Problematik einer Volksabstimmung über eine neue gesamtdeutsche Verfassung« zu erörtern.

Zweitens wäre diese staatsbürgerliche Pflicht »als kritische Solidarität mit einer verbesserungsfähigen und verbesserungsbedürftigen Ordnung [zu sehen], die u. a. die Bereitschaft zur behutsamen Fortentwicklung der demokratischen recht- und sozialstaatlichen Strukturen einschließt«.

Das bedeutet auch, in »kritischer Solidarität« das Grundgesetz zu sehen und es auch infrage zu stellen, um die »demokratischen recht- und sozialstaatlichen Strukturen« fortzuentwickeln, und zwar »behutsam«.

Was sollten Inhalte einer neuen Verfassung sein?

Es ist schwierig für die Annahme einer neuen Verfassung zu streiten, »wenn nicht auch die politische Führung das ihr Mögliche dazu beiträgt«, meint Simon und benennt damit das kardinale Problem. Es besteht bei den Regierenden keine Absicht, Bestehendes infrage zu stellen. Alles, wie es ist, ist gut. Und deshalb müsse es auch so bleiben.

In diesem Zusammenhang ist es unerlässlich, »das Volk durch eine Abstimmung unmittelbar am Einigungsprozess zu beteiligen und dadurch zugleich das anfängliche Legitimationsdefizit des Grundgesetzes auszuräumen. In allen modernen Demokratien, die etwas auf sich halten, sind Volksentscheide über die Verfassung eines neuen Staatswesens selbstverständlicher Ausdruck der Volkssouveränität. Zudem ist es ein Gebot der politischen Kultur, dass eine so bedeutsame Entscheidung wie die deutsche Einigung nicht über den Kopf des Volkssouveräns hinweg allein von den Regierungen und den Parlamenten verantwortet wird, sondern vielmehr die Bürger die Chance erhalten, sich durch eine Volksabstimmung mit der Verfassung des neuen Staatswesens zu identifizieren.

Schließlich waren es nicht die Regierungen und Parlamente, sondern Teile des Volkes, die in der DDR die Umwälzung bewirkten«. Und es gab in der BRD das ausdrückliche Versprechen des GG im Artikel 146, »dass über die Einheit und jedenfalls über eine gemeinsame Verfassung das gesamte deutsche Volk bestimmen soll.

Es darf nicht sein, dass der Weg in den Gesamtstaat mit dem Bruch dieses Versprechens beginnt, der sich langfristig als gefährlicher Geburtsfehler erweisen könnte. Warum eigentlich tut man sich mit einer unmittelbaren Beteiligung des Volkes so schwer? Traut man sich nicht zu, die Stimmbürger vom Wert der zur Abstimmung gestellten Verfassung zu überzeugen?«[1], fragte der Verfassungsrichter i. R. Simon.

Bei aller Wertschätzung auch für das GG darf nicht vergessen werden, dass es sich hierbei um ein geschichtlich entstandenes, verbesserungsbedürftiges Menschenwerk handelt. Aber es genügt nicht, wenn wir uns auf das Erbe unserer Vorfahren einen Erbschein in Gestalt des Grundgesetzes ausstellen lassen und nicht einmal zur Diskussion darüber bereit sind, ob und wo dieses Grundgesetz einer Fortentwicklung bedarf.

Das Ende des Sozialismus verleite dazu, »die Ordnung der Bundesrepublik zu idealisieren und Mängel unseres

Systems, insbesondere [...] die Kluft zwischen Norm und Wirklichkeit, zu verniedlichen«,[2] meint nicht nur Helmut Simon.

Worum ging geht es?

Ministerpräsident Lothar de Maizière schlug vor, anstelle des Staatsnamens »Bundesrepublik Deutschland« künftig den Staat »Deutsche Bundesrepublik« zu nennen. Und: »Die neue gesamtdeutsche Hymne könne als 1. Strophe die textlich an die Melodie von Haydn angepasste DDR-Hymne und als 2. Strophe die 3. Strophe des Deutschlandliedes umfassen.«

Der damalige Verhandlungsführer der BRD, Wolfgang Schäuble, sah hingegen keine Veranlassung, die Staatssymbole der BRD zu ändern.[3] Während der Sitzung am 18. Juli 1990 von Bund- und Ländervertretern – es waren neben den 21 Vertretern des Bundes und sieben Vertretern der Bundesländer auch zwei Vertreter der DDR im Range von Gruppenleitern des Ministerrates anwesend – wurde hinsichtlich der Staatssymbole (Staatsname, Flagge, Hymne, Staatsfeiertage, Wappen, Orden; Hauptstadt) darauf hingewiesen, dass es hier ausschließlich um politische Entscheidungen gehe. »Verfassungsrechtsfragen ergäben sich nicht.«[4]

Während dieser Sitzung wurde vom Hamburger Vertreter Stallbaum festgestellt, dass nach dem Einigungsprozess eine Neufassung des Grundgesetzes notwendig wäre.[5] Schiffer vom Bundesinnenministerium bemerkte dazu abweisend: »Das Grundgesetz besitze [...] keinen Legitimationsmangel. Eine Volksabstimmung über das in Generationen bewährte und vom Grundkonsens getragene Grundgesetz als Ganzes komme [...] auf keinen Fall in Betracht.«[6]

Bopp (Bundesfinanzministerium) konnte »für eine Neuschaffung einer Verfassung kein Bedürfnis erkennen«.[7]

Gallitz, einer der beiden Vertreter der DDR, stellte »klar, dass es der DDR darauf ankomme, den Einigungsprozess nicht mit Grundgesetzdiskussionen zu belasten, geschweige denn das Grundgesetz zu kippen«. Wenn sich das mit Zwei-plus-Vier vereinbare, »bestehe kein Handlungsbedarf«.

Eine solche Haltung erklärt, weshalb man den Vorschlag des Bundesinnenministeriums zur Präambel des Einigungsvertrages »mit Freude zur Kenntnis« nahm »und auf seiner Basis einen eigenen Präambelentwurf erarbeitete«. Gravierender Unterschied sei es, dass im DDR-Entwurf die Vollendung der Einheit Deutschlands als erstes genannt werde.[8]

Im Zwei-plus-Vier-Vertrag über die abschließende Regelung in Bezug auf Deutschland vom 12. September 1990 bekräftigten die Regierungen der DDR und BRD, dass »von deutschem Boden nur Frieden ausgehen wird. Nach der Verfassung des vereinten Deutschland sind Handlungen, die geeignet sind und in der Absicht vorgenommen werden, das friedlicher Zusammenleben der Völker zu stören, insbesondere die Führung eines Angriffskrieges vorzubereiten, verfassungswidrig und strafbar.« Beide Regierungen »erklären, dass das vereinte Deutschland keine seiner Waffen jemals einsetzen wird, es sei denn in Übereinstimmung mit seiner Verfassung und der Charta der vereinten Nationen.«[9]

In der DDR hatte sich im November 1989 zwischen Bürgern und Parteien ein neues Miteinander, auch unabhängig von der Frage der Verfassung (Artikel 1), entwickelt.[10] Das Bundesinnenministerium sah darum folgende Voraussetzungen auf Seiten der DDR:

»1) Die Volkskammer beschließt nach dem 18. März 1990 den Beitritt zur Bundesrepublik Deutschland (ggf. Ermöglichung eines Volksentscheids in der DDR) oder

2) Die Volkskammer beschließt

a) eine vorläufige Abgrenzung der Länder entlang der dem Verlauf ihrer Grenzen ungefähr entsprechenden Bezirksgrenzen,

b) Bestätigung der alten Länderverfassungen,

c) Neuwahlen der Landtage und nachfolgende Erneuerung der Landesorgane,

d) das Recht der Länder, sich innerhalb einer bestimmten Frist durch Landtagsbeschluss der Bundesrepublik Deutschland anzuschließen.

Problem: Möglichkeit unterschiedlicher Voten oder des Beitritts zu unterschiedlichen Zeitpunkten.«[11]

Auch hier wurde wie selbstverständlich nicht darüber geredet, das Grundgesetz für die BRD entsprechend des Beitritts der DDR anzupassen.

Folge der »Vollendung der Einheit Deutschlands« nach Artikel 146 Grundgesetz für die BRD war der Fortbestand der alten BRD. Ihr Staatsgebiet erstreckte sich nunmehr auf die DDR, wo das Grundgesetz uneingeschränkt galt.

Unabhängig von der »Bevölkerung jenseits der Oder-Neiße-Grenze« wurde der Weg zur staatlichen Einheit als »Selbstbestimmungsrecht des gesamten Staatsvolkes des fortbestehenden Deutschen Reiches« angesehen.[12]

Der Weg zur deutschen Einheit nach Artikel 23 (alt) des Grundgesetzes für die BRD wurde vor allem deshalb als vorteilhaft angesehen, weil die »Beibehaltung des bewährten, in der ganzen Welt als vorbildlich anerkannten Grundgesetzes (der bisher besten und freiheitlichsten deutschen Verfassung), das nicht lediglich auf die spezifische Situation des bisherigen Bundesgebietes ausgelegt ist (in der gesicherten Auslegung/Rechtsfortbildung des Bundesverfassungsgerichts)« garantiert wurde. So das Bundesinnenministerium am 27. Februar 1990.

»Gegen diesen Weg könnte ausgeführt werden:

• Anschein eines ›Anschlusses‹ (unzutreffend: freiwilliger Beitritt, Wahrung des Schutzbedürfnisses der Bevölkerung der DDR in Eingliederungsgesetzgebung);

• keine Abstimmung der Bevölkerung über Verfassungstext (Bevölkerung der Bundesrepublik Deutschland hat bisher in Wahlen ihre Akzeptanz zum Ausdruck gebracht).«[13]

Der Weg zur deutschen Einheit gemäß Artikel 146 (alt) Grundgesetz für die BRD würde die Akzeptanz des Grundgesetzes der BRD durch eine »Abstimmung der Gesamtbevölkerung« erhöhen. Gleichzeitig würde »die Einbringung eines in demokratischer Legitimation bestätigten freiheitlichen Ideenguts der friedlichen DDR-Revolution in einen neuen Verfassungstext« erfolgen. Als nachteilig wurde vom Bundesinnenministerium vor allem die »vermutlich lange Wartezeit« ins Feld geführt.[14]

Nach der Unterzeichnung der Koalitionsvereinbarung zwischen der Allianz für Deutschland, der SPD und den Liberalen am 12. April 1990 und der Regierungsbildung in der DDR stand auch für die Bundesregierung fest, dass der Weg zur deutschen Einheit nur durch Beitritt gemäß Artikel 23 (alt) des Grundgesetzes für die BRD erfolgen konnte.

Die Volkskammer hatte das Rehabilitierungsgesetz zu verabschieden. Da dieser Entwurf auch »beträchtliche finanzielle Regelungen« enthielt, war er für die Bundesregierung nicht akzeptabel. Die »BReg. wird versuchen, Verabschiedung des Gesetzes zu verhindern, keinesfalls aber Überleitung im Einigungsvertrag tolerieren«,[15] hieß es in einer Vorlage an die Bundesregierung.

Die Liegenschafts-Grundbuchämter der DDR seien völlig überlastet, damit würden »die investitionshemmenden Engpässe« deutlich. Notwendig wäre, dass Grundbuchbeamte in die DDR entsandt würden,[16] hieß es auf der Besprechung in Bonn. Es wurde als völlig normal angesehen und demagogisch als Hilfe deklariert, dass bundesdeutsche Grundbuchbeamte bereits Monate vor dem Anschluss in der DDR »Amtshilfe« leisteten.

Der Einigungsvertrag wurde in Kraft gesetzt. Dazu wurde folgende Vorlage veröffentlicht: »Betr.: Inkraftsetzung des Einigungsvertrages mit der DDR

Am Samstag, den 29. September 1990, haben die Bundesregierung und die Regierung der DDR durch entsprechende Noten einander mitgeteilt, dass die erforderlichen innerstaatlichen Voraussetzungen für das Inkrafttreten des Einigungsvertrages erfüllt sind. Damit ist dieser am 29. September 1990 in Kraft getreten.

Die Note der Bundesregierung wurde vom Stellvertretenden Leiter der Ständigen Vertretung der Bundesrepublik Deutschland im Amt des Ministerpräsidenten in Berlin übergeben; die beigefügte Note der Regierung der DDR hat der Geschäftsträger der Ständigen Vertretung der DDR im Bundeskanzleramt dem Unterzeichner übergeben. [...] Zugleich hat der Geschäftsträger der Ständigen Vertretung der DDR durch eine weitere Note offiziell die Schließung der Ständigen Vertretung der DDR zum 2. Oktober 1990, 24.00 Uhr angekündigt.«[17]

Bei einer anlässlich des 125. Geburtstages des Auswärtigen Amtes 1995 vorgenommenen Auflistung der Besuche aller Bundeskanzler im weltweiten Ausland fehlten fast selbstverständlich jene in der DDR. Weder waren weder Willy Brandt am 19. März 1970 in Erfurt noch Helmut Schmidt 1980 am Werbellinsee und in Güstrow.[18]

Zumindest daran wird deutlich, dass die DDR auch nach Auffassung der BRD kein Ausland war. Bundeskanzler Kohl hat im September 1987 in Bonn »Gespräche mit Generalsekretär Honecker« geführt, nicht mit dem Vorsitzenden des Staatsrates der DDR. Trotzdem hoffte damals der Bundeskanzler, dass der Besuch »zu einer Vertiefung und Verstetigung des politischen Dialogs zwischen unseren beiden Staaten beiträgt«.[19]

Anmerkungen

1 Simon 1990, S. 516f.

2 a. a. O., S. 518

3 Vgl. Dokumente DzD 1998, S. 206. Erste Verhandlungsrunde Einigungsvertrag, 6. Juli 1990, S. 1325, 1327.
4 Ebenda Nr. 359, S. 1359, Fußnote 1, und S. 1381.
5 a. a. O., S. 1380.
6 a. a. O., S. 1384.
7 a. a. O., S. 1385.
8 a. a. O., S. 1385 f.
9 Zwei plus Vier 1991, Artikel 2.
10 Vgl. Gespräch Krenz/Modrow/Seiters, 20. November 1989.
11 Aufzeichnung 1990. S. 881f.
12 Ebenda.
13 a. a. O., S. 885.
14 Aufzeichnung 1990 BIM 27.2.1990.
15 Vorlage 17.8.1990, S. 1465.
16 Vgl. Besprechung 1990, S. 1475 f.
17 Vorlage Duisberg 1.10.1990, S. 1553, Fußnote 4.
18 Vgl. Außenpolitik BRD 1995, S. 1128f., Seite 132.
19 a. a. O., S. 553.

Ist das BRD-Grundgesetz eine Verfassung?

Es ist unbestreitbar, dass allein die Frage als Provokation aufgefasst werden kann.

Zumal alle etablierten Parteien von der CDU bis zur Linken diese Frage überhaupt nicht stellen. Für sie ist das Grundgesetz eine Verfassung. Nicht irgendeine, sondern die beste (mit einigen Abstrichen) der Welt. Punkt.

Bereits beim Titel beginnt es: Dieser wird immer abgekürzt als Grundgesetz oder GG bezeichnet. Vollständig lautet er aber: Grundgesetz für die Bundesrepublik Deutschland.

Diesen Titel, den die Schöpfer dieses GG für die BRD erfanden, ist Ausdruck für die einmalige Lage in staats- und völkerrechtlicher Hinsicht, die nach der Niederlage des deutschen Faschismus in den Jahren 1945 bis zur Gründung beider deutschen Staaten 1949 und darüber hinaus, vorherrschte.

Das Deutsche Reich war militärisch zerschlagen, aber nach Lesart des GG für die BRD und entsprechender Entscheidungen des Bundesverfassungsgerichts nicht untergegangen. Die alte Bezeichnung »Deutsches Reich« konnte und durfte kein Titel für das Grundgesetz mehr sein, zumal die Besatzungsmächte in den Westzonen auch noch ein Wort mitzureden hatten. Der Titel »Verfassung des Deutschen Reichs«, wie es mit Datum vom 28. März 1849, vom 16. April 1871 oder vom 11. August 1919 lautete, war schon aus diesen Gründen obsolet.

Für die Sowjetische Besatzungszone und die spätere DDR war das Deutsche Reich im Jahre 1945 definitiv untergegangen. Mit dem Ende des faschistischen Dritten

Reiches eröffnete sich für das ganze deutsche Volk ein Weg zum Neuanfang, zu Frieden, Völkerverständigung, demokratischer Umgestaltung.

Die Wahl der Bezeichnung »Grundgesetz für die BRD« bzw. »Grundgesetz« taucht im Titel und – im hier interessierenden Zusammenhang – in der Präambel, sowie in Artikel 116, Artikel 144 und vor allem in Artikel 146 auf.[1]

Viele Aktivitäten zur Formulierung des GG für die BRD gingen grundsätzlich auch auf Beschlüsse der Ministerpräsidenten der drei westlichen Besatzungszonen zurück. Das betrifft u. a. die Wahl des Titels, wie an anderer Stelle bereits ausgeführt. Es wurde die Bezeichnung GG für die BRD deshalb gewählt, um das Provisorische, den räumlich und zeitlich vorläufigen Charakter dieses Staates Bundesrepublik Deutschland zum Ausdruck zu bringen.

Es dauerte 41 Jahre, bis dieser Staat BRD nach eigener Lesart durch den Beitritt des Staates DDR das Provisorische verlor.

Aus dem DDR-Beitritt gemäß Artikel 23 (alt) des Grundgesetz wurde ein Anschluss der Staatsbürgerinnen und Staatsbürger, des Hoheitsgebietes der DDR und die Zerschlagung der gesamten, zumindest der zentralen Staatsorgane in Ostdeutschland. Aus einer Gesamtdeutschen Verfassung, die durch den Souverän beschlossen wird und die auch im Artikel 146 Grundgesetz für die BRD gefordert wurde, ist nichts geworden.

Trotz der Dutzenden Änderungen, Einfügungen und Aufhebungen ist das GG für die BRD kaum gesamtdeutscher geworden. Einige Beispiele sollen das verdeutlichen:

• Die strikte Trennung von Staat und Kirche (»Es besteht keine Staatskirche«) findet zwar ihren Ausdruck in Artikel 137 der Weimarer Verfassung von 1919, der im Grundgesetz für die BRD übernommen wurde und auch im Artikel 43 der 49er DDR-Verfassung enthalten ist. Aber der Zwang zur Trennung beider Institutionen wird nicht verwirklicht.

»Gott« hat so wenig wie die »führende Rolle« etwas in einer deutschen Verfassung zu suchen. »Gott« in der Präambel des Grundgesetzes für die BRD sollte durch »humanistische Traditionen, zu welchen die besten Frauen und Männer aller Schichten unseres Volkes beigetragen haben, eingedenk der Verantwortung aller Deutschen für ihre Geschichte und deren Folgen, gewillt, als friedliche, gleichberechtigte Partner in der Gemeinschaft der Völker zu leben« ersetzt werden.[2]

• »Im Bewusstsein seiner Verantwortung vor der deutschen Geschichte und gegenüber künftigen Generationen« ist das »Volk des Bundes deutscher Länder«, heißt es in der Präambel des Verfassungsentwurfs vom 29. Juni 1991 des Kuratoriums für einen demokratisch verfassten Bund deutscher Länder, »entschlossen, ein demokratisches und solidarisches Gemeinwesen zu erneuern, in dem das Wohl und die Stärke aller aus dem Schutz der Schwachen erwächst.«[3] Aber: Das Recht jeder Frau über die Austragung ihrer Schwangerschaft selbst zu entscheiden, fehlt weiter.

• Die Freiheit der Kunst und Wissenschaft, das Recht auf Bildung, Bürgerinitiativen (Volksentscheide usw.), die Koalitionsfreiheit der Gewerkschaften, die Rechte von Weltanschauungsgemeinschaften, das Recht auf Arbeit und soziale Sicherung, Recht auf *eine* Wohnung (nicht wie der Mieterbund noch im Jahre 2009 bescheiden forderte: Recht auf Wohnen).[4]

• Die Rechte der Opposition im Deutschen Bundestag oder Rechte nationaler Minderheiten sind Fremdworte im Grundgesetz für die Bundesrepublik Deutschland geblieben. Die politischen Grundrechte des GG entsprechen der Allgemeinen Erklärung der Menschenrechte vom 10. Dezember 1948, aber die sozialen Grundrechte fehlen.

• Es gibt keine deutsche Staatsbürgerschaft, kein Staatsgebiet, kein einheitliches Staatswappen.

• Das Deutsche Reich besteht, auch nach Auffassung des Bundesverfassungsgerichts, weiter, es ist nach Ende des Zweiten Weltkrieges nicht untergegangen![5]

• Im Grundgesetz für die BRD fehlen Staatszielbestimmungen zum Schutz der natürlichen Lebensgrundlagen und zur Verantwortung für das friedliche Zusammenleben der Völker, das Verbot der Herstellung, Aufstellung und Anwendung von Massenvernichtungswaffen; Konkretisierung des Sozialstaatsgebotes durch konkrete soziale Rechte; die Grundsicherung (Leistungen gemäß SGB II) gehört in Grundgesetz; Formen unmittelbarer Beteiligung des Volkes an der staatlichen Willensbildung; Stärkung der bundesstaatlichen Ordnung mit leistungsfähigen Ländern und Kommunen; Selbstauflösung des Bundestages; Erleichterung einer Neugliederung des Bundesgebietes; Kommunalwahlrecht für Ausländer; Schutz der Menschenwürde im Bereich Bioethik.[6]

Die Verfassungen der DDR aus dem Jahre 1949, 1968 und 1974, des Grundgesetzes für die BRD 1949, der Verfassungsentwurf des Runden Tisches 1990, der Verfassungsentwurf des Kuratoriums für einen demokratischen verfassten Bund deutscher Länder 1991 sowie der Verfassungsentwurf der PDS aus dem Jahre 1992 geben respektable und bedenkenswerte Anstöße und Diskussionsgrundlagen für eine gesamtdeutsche Verfassung. Dabei geht es nicht um die Umbenennung oder Überführung des Grundgesetzes für die BRD in eine Verfassung!

Es geht um die Wiederaufnahme einer Diskussion für eine Gesamtdeutsche Verfassung. Es geht um die Fortentwicklung dieses Grundgesetzes zu einer gesamtdeutschen Verfassung bei Prüfung der inzwischen erkennbaren Reformbedürfnisse und der Anregungen auch des Verfassungsentwurfs für die DDR des Zentralen Runden Tisches vom April 1990.

Zwanzig Jahre »Wiedervereinigung« beider deutscher Staaten sollten für eine Denkpause in der Debatte um eine Gesamtdeutsche Verfassung ausreichend gewesen sein.

Am 3. Oktober 1990 ist ein neuer deutscher Staat entstanden, der einer (neuen) Verfassung bedarf. »Die sogenannte Vereinigung ist solange ein Anschluss, solange die Verfassungsordnung der alten Bundesrepublik lediglich auf die Menschen Ostdeutschlands ausgedehnt wird«, schrieben Heuer und Rieger. »Das Staatsvolk des einheitlichen Deutschland ist nicht oder sollte nicht das um die DDR-Bevölkerung vermehrte Staatsvolk der Alt-BRD sein. Wir meinen, dass eine qualitativ neue Größe entstanden ist. Erfahrungen vieler BürgerInnen in der alten Bundesrepublik (belegen), dass ihre Verfassungsordnung nicht frei von vielfältigen Deformationen der Demokratie ist, verbinden sich mit eigenständigen Erfahrungen der 16 Millionen ehemaliger DDR-BürgerInnen aus einem gescheiterten sozialistischen Versuch, dessen Scheitern nicht zuletzt in der Unfähigkeit begründet war, Sozialismus, Demokratie und Rechtsstaatlichkeit zu vereinen.«[7]

Das wird von vielen bundesdeutschen Historikern und Rechtswissenschaftlern vollkommen anders gesehen.

Dem Grundgesetz für die BRD wird die Herrschaft des Rechts über die Politik zugesprochen. »Was 1949 als Absage an eine endgültige Weststaatslösung und als Provisorium gedacht war«, meint Adolf Laufs, »entwickelte sich zu einer dauerhaften, lebendigen und wirklichkeitsnahen Verfassung des vereinigten Deutschlands, welche die politische Kultur und die inneren Geschicke wie keine andere zuvor bestimmt.«

Selbstverständlich wird von Laufs nicht vergessen, die DDR als »doppelbödigen Staat: in seinem Kern geprägt durch Unrecht, in vielen äußeren Zügen unauffällig, rechtschaffen« darzustellen. Völlig aus der Luft gegriffen ohne irgendeinen Beweis wird wahrheitswidrig behauptet, die DDR hätte jahrzehntelang die Ansicht vertreten, »sie wünsche die Übernahme des gesamten Bundesrechts, abgesehen von solchen Rechtsvorschriften, die in einer Ausnahmeliste aufzuführen seinen«.[8]

Auf diese Art und Weise werden SchülerInnen und Studierende aller möglichen Fachrichtungen und vor allem die künftigen Juristen im »wiedervereinigten« Deutschland manipuliert und für ihren Praxiseinsatz in der Justiz vorbereitet.

Anmerkungen

1 Vom 23. Mai 1949 (BGBl. Seite 1) zuletzt geändert durch Artikel 1 des Gesetzes vom 29. Juli 2009 (BGBl. I Seite 2248).
2 Präambel des Verfassungsentwurfs des Zentralen Runden Tisches.
3 Aus der Präambel des Verfassungsentwurfs vom 29. Juni 1991 des Kuratoriums für einen demokratisch verfassten Bund deutscher Länder.
4 Vgl. Balcerowiak 2009.
5 Im Urteil des BVerfG vom 31. Juli 1973 im Verfahren zur verfassungsrechtlichen Prüfung des Gesetzes zum Vertrag vom 21. Dezember 1972 zwischen der BRD und der DDR über die Grundlagen der Beziehungen … heißt es im Teil B.III. 1.: »Das Grundgesetz … geht davon aus, dass das Deutsche Reich den Zusammenbruch 1945 überdauert hat und weder mit der Kapitulation noch mit durch Ausübung fremder Staatsgewalt in Deutschland durch die alliierten Okkupationsmächte noch später untergegangen ist; das ergibt sich aus der Präambel, aus Art. 16, Art. 23, Art.116 und Art. 146 GG. Das entspricht auch der ständigen Rechtsprechung des Bundesverfassungsgerichts, an der der Senat festhält …« In: Entscheidungen des Bundesverfassungsgerichts, Band 36, Nr. 1 Tübingen 1974.
6 Vgl. Simon 1990, S. 519.
7 Heuer/Riege 1992, S. 7.
8 Laufs, Adolf: Ein Jahrhundert wird besichtigt – Rechtsentwicklung in Deutschland 1900 bis 1999. In: *Zeitschrift für Studium und praktische Ausbildung. Juristische Schulung*, Heft 1, Januar 2000, S. 7, 9.

Ein Ausschuss für die Weiterentwicklung des Grundgesetzes zur Gesamtdeutschen Verfassung

Der Deutsche Bundestag beriet am 14. Mai 1991 und am 28. November 1991 über die Weiterentwicklung des Grundgesetzes für die BRD zur gesamtdeutschen Verfassung. Aus diesem Grunde wurde ein Ausschuss eingesetzt.

Die SPD-Abgeordnete Däubler-Gmelin schlug vor, das Grundgesetz der BRD »zur gesamtdeutschen Verfassung weiterzuentwickeln und damit einen Verfassungsrat[1] zu beauftragen. Darin sollten Abgeordnete aus Bund und Ländern sowie engagierte Persönlichkeiten aus allen Teilen des Landes als vollberechtigte, also abstimmungsberechtigte Mitglieder wirken. Gleichzeitig schlug sie vor, nach Abstimmung im Bundestag und Bundesrat allen Bürgern diese Gesamtdeutsche Verfassung in einer Volksabstimmung vorzulegen. Das Grundgesetz war als Verfassung des Provisoriums Bundesrepublik gedacht, also des westlichen Teils unseres Landes. Nach dem Beitritt der DDR gelte das Grundgesetz für die BRD in der Modifikation des Einigungsvertrages, sagte sie zutreffend.[2]

Mit der staatlichen Einheit Deutschlands ist etwas Neues entstanden, dass geeinte Deutschland ist nicht die ungebrochene Fortsetzung der alten Bundesrepublik. Aus zwei deutschen Staaten ist ein Nationalstaat entstanden.[3] Im Einigungsvertrag wurde das Inkrafttreten des GG[4] für die neuen Länder (der ehemaligen DDR), und beitrittsbedingte Änderungen des GG (Präambel, Artikel 23, 51

Absatz 2, 135 a, 143, 146) geregelt. Im Artikel 5 des Einigungsvertrages wird unter der Überschrift »Künftige Verfassungsänderung« ausgeführt:

»Die Regierungen der beiden Vertragsparteien empfehlen den gesetzgebenden Körperschaften des vereinten Deutschland, sich innerhalb von zwei Jahren mit den im Zusammenhang mit der deutschen Einigung aufgeworfenen Fragen zur Änderung oder Ergänzung des Grundgesetzes zu befassen [...] mit den Überlegungen zur Aufnahme von Staatszielbestimmungen in das Grundgesetz sowie mit der Frage der Anwendung des Artikel 146 des Grundgesetzes und deren Rahmen einer Volksabstimmung.«

Abgeordnete der SPD waren auch dafür, die Anregungen aus dem Entwurf des Runden Tisches für die DDR nach der demokratischen Wende in der DDR aufmerksam zu prüfen.[5]

Der Abgeordnete der CDU/CSU, Rupert Scholz, sprach lediglich von einer Modernisierung des Grundgesetzes der BRD. Es gehe »ausschließlich um bestimmte Verfassungsänderungen, -anpassungen, -modernisierungen, nicht aber um den Erlass einer neuen Verfassung, nicht um einen Gesamtumbau unserer gegebenen Verfassung und nicht um eine Totalrevision.

(Beifall bei der CDU/CSU)

[...] Der Weg über Art. 23 heißt nicht nur Beitritt der früheren DDR zur Bundesrepublik Deutschland, sondern er heißt auch Beitritt zum Grundgesetz.

(Zuruf von der CDU/CSU: So ist es!)

Es heißt darüber hinaus, dass das Grundgesetz damit die eigenen Beschränkungen, das eigene Übergangsverständnis aufgibt, dass es damit endgültige, legitime deutsche Verfassung geworden ist.

(Beifall bei der CDU/CSU)

[...] Jene große friedliche Revolution in der früheren DDR stand für ebenjene Grundwerte; die auch die zentralen Grundwerte unseres Grundgesetzes sind: Selbstbestimmung, Freiheit, Demokratie, Menschenrechte, Rechts- und Sozialstaatlichkeit. In diesem Sinne hatte die erste frei gewählte Volkskammer der DDR über ihr Verfassungsgrundsätzegesetz diese Grundwerte auch für das Gebiet der damaligen DDR umgesetzt, so wie das Grundgesetz dies über Jahrzehnte für die alte Bundesrepublik getan hat. [...] Unser Grundgesetz hat gerade durch diese friedliche Revolution im früher anderen Teil Deutschlands eine weitere innere Bestätigung gefunden.

(Beifall bei der CDU/CSU und der FDP).«[6]

Dr. Gerhard Riege *(PDS/Linke Liste)* wies darauf hin, dass mit dem Zusammenschluss beider deutscher Staaten und dem Untergang der DDR »auch aus der Bundesrepublik ein veränderter Staat wurde. [...] Im Grundgesetz ist die Doktrin von der Identität der Bundesrepublik mit dem alten Deutschen Reich lebendig. [...] Etwa 40 Änderungen hat das Grundgesetz in seiner bisherigen Geschichte erfahren. Sie waren unterschiedlich in ihrem Gewicht und verschieden in ihren Anlässen. Aber keiner der Gründe war vergleichbar mit dem Jahrhundertereignis, dass die Bildung des deutschen Gesamtstaates darstellt. Da muss gerade das Wort gelten, die adäquate Verfassung zu schaffen. [...]

Verfassungsarbeit von heute kann und muss sich auf eine breite Materialbasis stützen. Dafür liegt im Grundgesetz selbst ein Fundus. Verweisen möchte ich aber mit gleichem Nachdruck auf den Verfassungsentwurf des Runden Tisches«, der »ein Rechtsdokument sein sollte, auf dessen Basis ein gesamtes Staatsvolk den Weg in die deutsche Einheit hätte gehen können, ohne zum Objekt einer Vereinnahmung zu werden«.[7]

Die Anträge der Fraktion der SPD »Weiterentwicklung des Grundgesetzes zur Verfassung für das geeinte Deutschland« und »Einsetzung eines Verfassungsrates«[8], der Gruppe Bündnis90/Grüne »Vom Grundgesetz zur gesamtdeutschen Verfassung« und »Einrichtung und Aufgaben eines Verfassungsrates«[9], der Fraktion der CDU/CSU »Einsetzung eines Gemeinsamen Verfassungsausschusses«[10] wurden im Konsens an den Ältestenrat des Bundestages überwiesen.

Während der 61. Sitzung des Bundestages am 28. November 1991 (Tagesordnungspunkt VI) erklärte Dr. Paul Laufs (CDU/CSU), dass »nach der Wiedervereinigung keine Regelungsdefizite (*des Grundgesetzes für die BRD – K. E.*) sichtbar geworden [sind], die zu einer grundlegenden Reform drängten.

(Zuruf von der CDU/CSU: Sehr richtig!)

Die Legitimität des Grundgesetzes als Verfassung für ganz Deutschland steht außer Zweifel.[11]

Der Abgeordnete Dr. Gerhard Friedrich (CDU/CSU) erklärte: »Niemand kann auf Grund der Ausführungen der SPD-Abgeordneten (Däubler-Gmelin und Vogel) verstehen, weshalb wir eine neue Verfassung brauchen. »Was sich geändert hat, ist das Staatsgebiet und ist die Zahl der Staatsbürger. Das ist eine rein quantitative Veränderung.«[12]

Dr. Gerhard Riege (PDS/Linke Liste) reagierte darauf. »Wir können nicht sagen, in der Bundesrepublik hat die Wiedervereinigung nichts bewirkt; wir machen so weiter, als wären nur ein paar Quadratkilometer Land und ein paar Millionen arme Verwandte dazugekommen, und sonst hat sich nichts verändert. [...] Immerhin, wir haben uns vor 196 Tagen [...] mit diesem Thema beschäftigt. Soviel Zeit ist inzwischen verstrichen, und nach der deutschen Einheit ist ein Jahr ins Land gegangen, und wir diskutieren dieses Thema eigentlich am Rande einer Haushaltsdebatte, zu einem Zeitpunkt, zu dem es nicht selten ist, dass die Redebeiträge zu Protokoll gegeben werden.«[13] Mit Rieges Redebeitrag war die Debatte über die gesamtdeutsche Verfassung oder die »Fortentwicklung des Grundgesetzes zu einer gesamtdeutschen Verfassung« im Bundestag faktisch beendet.

Unter dem Titel »Unser Grundgesetz ist in schlechter Verfassung«[14] wurde auf eine öffentliche Petition an den

Bundestag hingewiesen, dessen Annahme abgelehnt wurde. Als Grund dafür wurde genannt: »Der Petitionsausschuss des Deutschen Bundestages sieht keine Notwendigkeit, eine neue deutsche Verfassung zu schaffen, da die BRD mit dem Grundgesetz bereits eine gültige Verfassung besitzt. [...] Die Bezeichnung Grundgesetz wurde beibehalten, da das Grundgesetz nach über 40 Jahren zu einem Synonym für eine freiheitliche Verfassung geworden ist.«[15]

In einer Internetplattform wird die Frage gestellt, warum in Medien immer von Bundesverfassungsgericht, Bundesverfassungsschutz, verfassungsfeindlich etc geredet wird, obwohl doch die BRD keine Verfassung hat? An anderer Stelle heißt es: Die BRD »verfügt über ein sogenanntes Grundgesetz, und ein Grundgesetz ist ein besatzungsrechtliches Regierungsmittel, und dies ganz offiziell.«[16]

Die CDU/CSU-Fraktion im Bundestag teilte schriftlich auf eine entsprechende Anfrage mit: »Mit dem Vollzug der staatlichen Einheit Deutschlands am 3. Oktober 1990 ist das Grundgesetz durch die souveräne und bewusste Entscheidung der deutschen Bevölkerung zur gesamtdeutschen Verfassung geworden. [...] Bundestag und Bundesrat setzten eine gemeinsame Kommission ein, die die Verfassungsfragen prüfen sollte. Sie hat Ende 1993 ihre Arbeiten abgeschlossen. Bundestag und Bundesrat haben im Sommer 1994 dem größeren Teil der Empfehlungen der Verfassungskommission, jedoch nicht allen Vorschlägen, mit verfassungsändernder Mehrheit zugestimmt.

Das so geänderte Grundgesetz ist im Herbst 1994 in Kraft getreten.«[17]

»Ich wünsche mir, dass auch im Westen kritisch über die eigene Geschichte nachgedacht wird. Wann können wir endlich auf Augenhöhe reden? Jeder im Westen weiß, dass die westdeutsche Gesellschaft auch nicht perfekt ist. Wenn du aber als Ostdeutscher einmal anfängst, westdeutsche Eigenheiten infrage zu stellen, dann bist du Kommunist«, beklagte sich noch 2009 die Filmregisseurin Helke Misselwitz.[18]

Anlässlich des 60. Jahrestages des Grundgesetzes wurde am 14. Mai 2009 eine Feierstunde im Deutschen Bundestag zelebriert. Vertreter aller im Bundestag vertretenen Parteien bekundeten ihre Standpunkte.

Bemerkenswert war, dass niemand mehr von einer Erneuerung des Grundgesetzes oder von einer Gesamtdeutschen Verfassung sprach.

Volker Kauder (CDU) hob die hohe Akzeptanz der Entscheidungen des Bundesverfassungsgerichts zur Auslegung des Grundgesetzes hervor. Er benutzte mehrfach den Begriff einer deutschen »Staatsbürgerschaft«, den das Grundgesetz nur als »Staatsangehörigkeit« kennt.

Oskar Lafontaine, Vertreter der Linken, griff auf Michael Benjamin zurück, der einmal erklärt hatte, dass die DDR weder eine Demokratie noch ein Rechtsstaat gewesen sei. Er bemängelte, dass der Begriff des Eigentums zwar im Bürgerlichen Gesetzbuch (§ 950) definiert sei, aber jegliche Definition im Grundgesetz für die BRD fehle.

Renate Künast von den Grünen wies darauf hin, dass seit der Annahme des Grundgesetzes im Jahre 1949 die Gesellschaft der BRD sich weiter entwickelt habe. Nunmehr sei es an der Zeit, Volksinitiativen, Volksentscheide und das Wahlrecht ab dem 16. Lebensjahr in das Grundgesetz aufzunehmen. Die ursprüngliche Freiheit des Grundgesetzes müsse zurückerobert werden.

Peter Ramsauer (CSU) bezeichnete das Grundgesetz als Dokument des Glücks. Jegliche Klassenkampfrethorik sei von gestern. Auch ein Liberaler betonte, dass wir keine neue Verfassung brauchen.

Katrin Goering-Eckardt von den Grünen hob den friedlichen Charakter der Revolution in der DDR hervor und betonte, dass Demokratie kein Zustand, sondern ein Prozess sei. Sie kritisierte die Debatte um den »Unrechtsstaat« DDR.[19]

Auf die Frage, wie und auf welche Art und Weise das Grundgesetz geschützt und verteidigt wird, gibt es seit 1997 der »Grundrechtereport« Auskunft. Im Jahrgang 2009 werden die Konsequenzen für den Schutz der Grundrechte bei zunehmender Kompetenzverlagerung auf die EU, Fragen des Datenschutzes, der Einsatz der Bundeswehr im Innern der BRD einer kritischen Wertung unterzogen. Dort ist nachzulesen, wie die Finanzbeziehungen von Bund und Ländern geregelt werden sollen und welche Änderungen sich in sieben Artikeln des GG ergeben haben.

»Heute droht der demokratische Sozialstaat zu einem undemokratischen Sicherheitsstaat zu werden«, meinte Daniela Dahn. »Einzig die Verfassung ist die Fessel der Macht. Doch die Mächtigen selbst sind erfolgreich bemüht, diese Fessel zu lockern und künftig weitgehend abzustreifen, indem die Artikel so lange geändert werden, bis ihre ursprünglichen Anliegen nicht wiederzuerkennen sind.

Die gesetzgebende Parlamentsmehrheit hat in den letzten Jahren immer wieder gegen das Grundgesetz verstoßen, so als handele es sich dabei um ein überholtes, lästiges Stück Papier, das zu missachten einen geradezu als entschlossenen Reformer adelt. Neue Praktiken ohne Gesetzesgrundlage und Gesetze ohne Praxiseignung tragen Ermächtigungscharakter.«[20]

Auch im Bundestag gab es weitere Aktivitäten, die das Grundgesetz für die BRD modernisieren sollten. Auf eine soll näher eingegangen werden.

Die Fraktion der Linkspartei brachte im Mai 2006 den Entwurf eines Gesetzes zur Einführung einer dreistufigen Volksgesetzgebung in das Grundgesetz in den Bundestag ein.[21] Mit diesem Entwurf wurde auf das Problem der geltenden Regelung des Artikels 20 Absatz 2 hingewiesen, dass die Staatsgewalt vom Volke in Wahlen und Abstimmungen ausgeübt wird.

Der Begriff Abstimmungen lässt ausnahmsweise auch Volksbefragungen zu. Das bezieht sich aber lediglich auf eine Neugliederung des Bundesgebietes gemäß Artikel 29 GG. Die Übertragung von mehr Verantwortung an alle Bürger setzt eine Änderung des Grundgesetzes voraus. Damit könnte erreicht werden, größeren und direkten Einfluss auf politische Veränderungen zu nehmen. Aus Beteiligten der Zuschauerdemokratie werden Subjekte demokratischer Willensbildung. Eine Möglichkeit wäre nach Ansicht der Linken die Einführung einer dreistufigen Volksgesetzgebung.

Dazu wurde vorgeschlagen, die Artikel 76 Absatz 1, 77 Absatz 1, 79 Absatz 2, 82 Absatz 1 Satz 1 neu zu fassen und einen neuen Abschnitt mit den Artikeln 82 a und 82 d (Volksinitiative, Volksbegehren, Volksentscheid) und einen Artikel 91 Absatz 1 eine Nummer 2 b einzufügen.

Ein Quorum für die Volksinitiative von 100.000 Wahlberechtigten wurde angedacht.

Unter Hinweis auf den Anschluss der DDR im Jahre 1990 und der damit vergebenden Chancen, eine Gesamtdeutsche Verfassung zu erarbeiten, die in Landesverfassungen der einzelnen Bundesländer, in denen die direkte Demokratie verankert wurde und die Rechtsprechung über Voraussetzungen und Grenzen der unmittelbaren Demokratie wurde der Gesetzentwurf u. a. damit begründet, dass mittels direkter Einflussnahme auf politische Entscheidungen den BürgerInnen die Möglichkeit gegeben wird, aus der Zuschauerdemokratie herauszutreten und sie zu Subjekten demokratischer Willensbildung zu machen.

Eine Ausarbeitung der Änderungen des Grundgesetzes seit 1949[22] umfasst, ohne Föderalismusreform 2006, insgesamt 135 Seiten. Mit den Daten der Grundgesetzänderungen zur Förderalismusreform[23] werden 20 weitere Seiten in einer Dokumentation als Synopse hinzugefügt.[24]

Inhalt, Datum, Abstimmungsergebnis im Bundestag und Textvergleich (Synopse) sind dokumentiert.

Der Anlass ist hier nicht darstellbar, weil er zu vielfältig ist und verschiedene Anlässe zu einer Änderung führten. Eine der wenigen Ausnahmen bezieht sich auf das Verfassungsgesetz zum Einigungsvertrag vom 31. August 1990 bzw. das Einigungsvertragsgesetz und über die Vereinbarung vom 18. September 1990.[25] Mit der 36. Änderung des Grundgesetzes für die BRD, die erstmalig gesamtdeutsch erfolgte[26], wurde die Präambel neu gefasst. Lediglich der Eingangssatz »Im Bewusstsein seiner Verantwortung vor Gott und den Menschen« blieb unverändert; der Artikel 23 wurde aufgehoben; Artikel 51 Absatz 2 durch einen zweiten Halbsatz ergänzt; Artikel 135 a durch einen zweiten Absatz ergänzt; eine neuer Artikel 143 (Beitrittsbedingte Übergangsregelungen) eingefügt sowie eine Ergänzung des Artikels 146 (zweiter Halbsatz) vorgenommen.

Dieser Artikel 146 lautet nunmehr im vollen Wortlaut: »Dieses Grundgesetz, das nach Vollendung der Einheit und Freiheit Deutschlands für das gesamte deutsche Volk gilt, verliert seine Gültigkeit an dem Tage, an dem eine Verfassung in Kraft tritt, die von dem deutschen Volke in freier Entscheidung beschlossen worden ist.«

Eine Grobgliederung der Änderungen des Grundgesetzes, geordnet nach Jahren, soll eine Übersicht bieten.

- Ohne auf Details aller Änderungen des Grundgesetzes nach Anschluss der DDR einzugehen, soll darauf hingewiesen werden, dass es seit **1992** einen neuen Artikel 23 (Europäische Union) gibt, der weitere Änderungen der Artikel 45, 50, 52 erforderte.
- Im Jahre **1993** wurde im Artikel 16 die Formulierung »politisch Verfolgte genießen Asylrecht« herausgenommen und im Artikel 16a eingeschränkt. Im gleichen Jahr wurden Fragen des Luft- und Eisenbahnverkehrs grundgesetzlich geklärt (Artikel 73 f, 80, 87, 87 e, 106 a, 143 a).
- **1994** erfolgten Änderungen zum Postwesen und zur Telekommunikation (Artikel 73, 80, 87,87 f, 143 b).

- Ebenfalls im Jahr **1994** erfolgte eine Neufassung der Artikel 3 (Gleichberechtigung), 20a (Schutz der natürlichen Lebensgrundlagen), 28, 29, 72, 74 bis 77, 80, 87,93, 125 a.
- Im Jahre **1995** erfolgten Änderungen zum Artikel 106 (Ertragshoheit, Finanzzuweisungen).
- **1997** wurden die Artikel 28 und 106 neu gefasst.
- Im Jahre **1998** wurde der Artikel 13 (Unverletzlichkeit der Wohnung) massiv eingeschränkt. Im gleichen Jahr erfolgte eine Neufassung des Artikels 39.
- **2000** wurde der Artikel 16 (Ausbürgerung, Auslieferung) neu gefasst. Ihm folgte im gleichen Jahr der Artikel 12 a (Wehr- und Ersatzdienstpflicht).
- **2001** wurde Artikel 108 geändert.
- Im Jahre **2002** wurden die Tiere in den Artikel 20a eingefügt sowie die Möglichkeit für Strafverfahren im Artikel 96 geschaffen, dass Gerichte der Länder Gerichtsbarkeit des Bundes u.a. für Völkermord, Verbrechen gegen die Menschlichkeit, Kriegsverbrechen ausüben.

Mit der Föderalismusrefom 2006 wurden insgesamt 25 Grundgesetzartikel geändert[27], dazu gehörten:

- Berlin wurde Hauptstadt der BRD (Artikel 22);
- konkurrierende Gesetzgebung, Artikel 72: Länder erhalten mehr Kompetenzen zum Jagdwesen, Naturschutz, Bodenverteilung, Raumordnung, Wasserhaushalt, Hochschulzulassung und Hochschulabschlüsssen;
- ausschließliche Gesetzgebung des Bundes, Artikel 73: Melde- und Ausweiswesen, Schutz des deutschen Kulturgutes, Gefahrenabwehr internationaler Terrorismus, Waffen-Sprengstoffrecht, Versorgung der Kriegsbeschädigten und Kriegshinterbliebenen;
- Zuständigkeit des Bundesverfassungsgerichts, Artikel 93: Erweitert.

Anmerkungen

1 Vgl. Deutscher Bundestag, Sitzungsprotokoll, 14. Mai 1991, S. 1715f.
2 Ebenda.
3 a. a. O., S. 1717 D.
4 i. d .F. vom 21.12.1983, BGBl. I. S. 1481.
5 a. a. O., S. 1718 C.
6 a. a. O., S. 1718 D ff.
7 a. a. O., S. 1722 f.
8 Drucksache 12/415.
9 Drucksache 12/563.
10 Drucksache 12/567.
11 Deutscher Bundestag, Sitzungsprotokoll 28. November 1991 Seite 5250 D.
12 a. a. O., S. 5257.
13 a. a. O., S. 5229 f.
14 Vom 12. Februar 2009: *http://www. Wahrheiten.org/blog/2009/02/12/*
15 a. a. O., S. 2.
16 *http://www.wfg-gk.de/warum20.html*
17 CDU/CSU- Fraktion des Deutschen Bundestages, Bürgerinformation Berlin, 10. Juni 2008.
18 Interview 2009 Misselwitz, S. 11.
19 Deutscher Bundestag, Drucksache 16/1241 vom 24. März 2009.
20 Dahn 2009, S. 236 f.
21 Deutscher Bundestag 16. Wahlperiode, Drucksache 16/1411 vom 9.5.2006.
22 Menzenbach/Netterscheid/Beckebande u. a. 2009 Deutscher Bundestag WD 3 – 380/09.
23 Bundestagsdrucksachen 16/813; 16/2010; Bundesratsdrucksache 462/06.
24 Deutscher Bundestag Wissenschaftliche Dienste Föderalismusreform 2006. Autoren: Lachmuth, Annemarie/Georgii, Harald/Borhanian, Sabarab.
25 Gesetz zum Vertrag zwischen der DDR und der BRD über die Herstellung der Einheit Deutschlands –Einigungsvertrag – vom 31. August 1990 (Verfassungsgesetz) vom 20. September 1990. GBl. I Nr. 64 Seite 1627. Gesetz zu dem Vertrag vom 31. August 1990 zwischen der BRD und der DDR über die Herstellung der Einheit Deutschlands – Einigungsvertragsgesetz – und der Vereinbarung vom 18. September 1990.Vom 23. September 1990 (BGBl. II Seite 885.)
26 Gesetz zum Vertrag vom 31. August 1990 zwischen der BRD und der DDR über die Herstellung der Einheit Deutschlands – Einigungsvertragsgesetz – und der Vereinbarung vom 18. September 1990, BGBl. II 1990, S. 885.
27 52. Änderung des Grundgesetzes BGBl. I 2006, S. 2034.

Ausgewählte Probleme der Länderverfassungen neuer Bundesländer. Beispiel Mecklenburg-Vorpommern[1]

Aufmerksamkeit verdient die Tatsache, dass das Landesverfassungsrecht der Neuen Bundesländer in der politischen und Fachliteratur sehr wenig beachtet wird. Dabei haben die Landesverfassungen jene Bereiche der Länder so auszugestalten und zu prägen, wie sie es durch das Grundgesetz für die BRD aufgetragen bekamen.[2]

Mit dem Ländereinführungsgesetz der DDR wurde den Landtagen zugleich die Funktion einer verfassungsgebenden Versammlung übertragen. Im föderativen System der BRD haben meines Erachtens die Länderverfassungen durchaus Vorbildwirkung für notwendige Reformen des Grundgesetzes.

Die Diskussion um die Verfassung von Mecklenburg-Vorpommern stellte sich schon bald auf bundesdeutsches Normalniveau als bestimmende Tendenz ein. Der Verfassungsentwurf des Zentralen Runden Tisches oder des Kuratoriums für einen demokratisch verfassten Bund deutschen Länder blieben weitgehend unbeachtet.[3]

Ohne auf die Auseinandersetzungen zwischen den im Landtag vertretenen Parteien (CDU, FDP, PDS und SPD) einzugehen, wurde von der Verfassungskommission beschlossen, die Landesverfassung im Landtag mit einer Zweidrittelmehrheit zu beschließen und anschließend einen Volksentscheid mit den Wahlen 1994 durchzuführen. Der Verfassungsentwurf wurde von Juni bis September 1993 zur öffentlichen Diskussion gestellt.[4]

Auf der Grundlage des Verfassungsentwurfes erfolgte die Volksinitiative »Soziale Rechte in die Landesverfassung« durch die PDS.

Entsprechend dem Gesetzesvorschlag sollte die provisorische Verfassung noch vor der Volksabstimmung geändert bzw. ergänzt werden. Von Februar bis April 1994 wurden über 70.000 Unterschriften gesammelt. 50.173 Unterschriften wurden beim Landtagspräsidenten eingereicht, damit musste die Volksinitiative zugelassen werden.[5]

Die Volksinitiative wurde von der Mehrheit des Landtages abgelehnt. »Daraufhin riefen der Landesvorstand der PDS und die Landtagsfraktion Linke Liste/PDS die Wähler auf, im Volksentscheid am 12. Juni 1994 die Verfassung abzulehnen.

Im Ergebnis des Volksentscheides ist die Verfassung angenommen worden. Aber nur von 60,1 Prozent der Stimmberechtigten, 39,9 Prozent, stimmten dagegen.«[6]

Am Beispiel der Artikel 59 und 60 (Volksinitiative; Volksbegehrten und Volksentscheid) und 18a (Friedensverpflichtung, Gewaltfreiheit eingefügt am 14. November 2007 in die Landesverfassung) der Landesverfassung soll versucht werden, einen Problemkreis zu verdeutlichen.

Der Artikel 59 (Volksinitiative) hat folgenden Wortlaut:

»Im Rahmen seiner Entscheidungszuständigkeit kann der Landtag durch Volksinitiative mit Gegenständen der politischen Willensbildung befasst werden. Eine Volksinitiative kann auch einen mit Gründen versehenen Gesetzentwurf zum Inhalt haben.

Eine Volksinitiative muss von mindestens 15.000 Wahlberechtigten unterzeichnet sein. Ihre Vertreter haben das Recht, angehört zu werden.

Initiativen über den Haushalt des Landes, über Abgaben und Besoldung sind unzulässig.

Das Nähere regelt das Gesetz.«

Artikel 60 (Volksbegehren und Volksentscheid) lautet wie folgt: »Ein Volksbegehren kann darauf gerichtet werden, ein Landesgesetz zu erlassen, zu ändern oder aufzuheben. Dem Volksbegehren muss ein ausgearbeiteter, mit Gründen versehener Gesetzentwurf zugrunde liegen. Das Volksbegehren muss von mindestens 120.000 Wahlberechtigten unterstützt werden.

Haushaltsgesetze, Abgabengesetze und Besoldungsgesetze können nicht Gegenstand eines Volksbegehrens sein. Die Entscheidung, ob ein Volksbegehren zulässig ist, trifft auf Antrag der Landesregierung oder eines Viertels der Mitglieder des Landtages das Landesverfassungsgericht.

Nimmt der Landtag den Gesetzentwurf nicht innerhalb von sechs Monaten im wesentlichen unverändert an, findet frühestens drei, spätestens sechs Monate nach Ablauf der Frist oder dem Beschluss des Landtages, den Entwurf nicht als Gesetz anzunehmen, über den Gesetzentwurf ein Volksentscheid statt.

Der Landtag kann dem Volk einen eigenen Gesetzentwurf zum Gegenstand des Volksbegehrens zur Entscheidung vorlegen.

Ein Gesetzentwurf ist durch Volksentscheid angenommen, wenn die Mehrheit der Abstimmenden, mindestens aber ein Drittel der Wahlberechtigten zugestimmt haben. Die Verfassung kann durch Volksentscheid nur geändert werden, wenn zwei Drittel der Abstimmenden, mindestens aber die Hälfte der Wahlberechtigten zustimmen. In der Abstimmung zählen nur die gültigen Ja- oder Nein-Stimmen.

Das Nähere regelt das Gesetz.«

Das Gesetz zur Ausführung von Initiativen aus dem Volk, Volksbegehren und Volksentscheid (Volksabstimmungsgesetz) VaG M/V vom 31. Januar 1994[7] regelt, mit zahlreichen Änderungen[8],

- das Verfahren bei Volksinitiativen;
- Volksbegehren und Volksentscheide;
- klärt Begriffe und die Mitwirkung der Ämter aller Ebenen;
- regelt die Beteiligungsrechte der Bürger M/V;
- Unterschriftlisten;
- die Beratung durch den Landeswahlleiter;
- erläutert den Antrag auf Zulassung der Volksinitiative;
- die Entscheidung über den Zulassungsantrag;
- die Behandlung der Volksinitiative im Landtag;
- regelt die Fragen der Kosten.

In einer Verordnung vom 1. Februar 1994[9] zur Durchführung dieses Gesetzes vom 31. Januar 1994 wurde durch den Innerminister verordnet:

- Unterstützung des Zulassungsantrages;
- Eintragungslisten und Eintragungsräume;
- Ausübung des Eintragungsrechts;
- Übergabe der Eintragungslisten und Bestätigung des Antragseingangs beim Landtag;
- Mitteilung der Entscheidung über den Zulassungsantrag durch den Landeswahlleiter.

Mit Stand Oktober 2009 wurden in M/V insgesamt 16 Volksinitiativen durchgeführt, die sich befassten mit:

- soziale Rechte in die Verfassung;[10]
- Chancengleichheit für alle in M-V lebenden Kinder auf Förderung in einer Kindertageseinrichtung;
- Sozialverträgliche Mietenüberleitung;
- Ein ökologisch, soziales und demokratisches Gesetz für den öffentlichen Personennahverkehr (ÖPNV);
- Gegen die Schließung der Rostocker Zahnklinik und des Studienganges Zahnmedizin;[11]
- Pro A 20/Rügenanbindung;
- Der Jugend eine Zukunft – berufliche Erstausbildung und Beschäftigung für Jugendliche;

- Für die Wiedereinrichtung des Studienganges Zahnmedizin und den Erhalt der Klinik und Polikliniken für Zahn-, Mund- und Kiefernheilkunde an der Universität Rostock;
- Pro A 241;
- gegen eine Zwei-Klassen-Medizin im Osten;
- Wir stoppen die Rechtschreibreform;[12]
- Änderung des neuen Gesetzes zur Förderung von Kindern in Kindertageseinrichtungen und in der Tagespflege (KiföG);[13]
- Für die Freiheit der Forschung und Lehre an der Universität Rostock – gegen die Schließung des Studienganges Rechtswissenschaften;
- Für ein weltoffenes, friedliches und tolerantes Mecklenburg-Vorpommern. Drittes Gesetz zur Änderung der Verfassung des Landes Mecklenburg-Vorpommern;
- Für ein kostenfreies Mittagessen in Grundschulen;
- Kein Steinkohlenkraftwerk in Lubmin.[14]

Der Artikel 18 a der Landesverfassung kam zustande auf Grund der Volksinitiative »Für ein weltoffenes, friedliches und tolerantes Mecklenburg-Vorpommern«.

Im Rahmen einer öffentlichen Anhörung im Europa- und Rechtsausschuss des Landtages haben die Vertreter der Volksinitiative ihre Zielstellung dargelegt. »Rechtsextremistisches Gedankengut und rechtsextreme Propaganda sowie das aggressive Auftreten und Agieren in Kameradschaften, Netzwerken und anderen rechtsextremistischen Strukturen haben bedrohliche Ausmaße angenommen. Die Wiederbelebung faschistischer Ideologien ist unerträglich und für Demokratinnen und Demokraten nicht hinzunehmen. Ausländerfeindliches, rassistisches, antisemitisches, intolerantes und gewalttätiges Denken und Handeln richten sich gegen die Menschenwürde und gefährden die Grundlagen der Demokratie. Der demokratische Rechtsstaat und die demokratische Öffentlichkeit sind gefordert, sich der gefährlichen menschenfeindlichen Entwicklung entschieden entgegenzustellen. Aus unserer Sicht ist es deshalb dringend geboten, in der Landesverfassung klare Regelungen zu verankern, um rechtsextremistischem Handeln Einhalt zu gebieten.«[15]

Der Landeswahlleiter bestätigte die Zulassungsvoraussetzungen der Volksinitiative.[16]

Der Artikel 18a erhielt folgenden Wortlaut:

(Friedensverpflichtung, Gewaltfreiheit)

Alles staatliche Handeln muss dem inneren und äußeren Frieden dienen und Bedingungen schaffen, unter denen gesellschaftliche Konflikte gewaltfrei gelöst werden können.

Handlungen, die geeignet sind und in der Absicht vorgenommen werden, das friedliche Zusammenleben der Völker oder der Bürger Mecklenburg- Vorpommerns[17] zu stören und insbesondere darauf gerichtet sind, rassisches oder anderes extremistisches Gedankengut zu verbreiten, sind verfassungswidrig.

Während der 21. Sitzung des Landtages am 11. Juli 2007[18] hat die Justizministerin (CDU) es nicht versäumt, Rechts- und Linksextremismus[19] gleichzustellen. Auch die FDP-Fraktion hat jede »Fokussierung auf Rechts« abgelehnt. »Wir Liberale lehnen jeden Extremismus ab.«[20] Bestärkt wurde diese Position auch insoweit, dass die Verfassungsänderung »sich nur gegen eine Variante des Extremismus« wandte. »Neben Rechtsextremismus gibt es Linksextremismus und religiösen Fundamentalismus (z. B. Islamismus).

Alle diese Extremismen lehnen zentrale Werte der Verfassung ab. Wer nur gegen eine Variante des Extremismus Stellung nimmt, will das politische Koordinatensystem ändern. Wir haben eine antiextremistische Verfassung, keine antifaschistische. Und das ist auch gut so. Denn der demokratische Verfassungsstaat wird durch verschiedene

Varianten des Extremismus bedroht, wie etwa die Verfassungsschutzberichte zeigen.«[21]

Die in der Begründung zur Verfassungsänderung verwandten Wortgebilde rechtsextremistisches Gedankengut, rechtextremistische Propaganda, rechtextremistische Strukturen, rechtsextremistisches Handeln müsse eine offene Gesellschaft aushalten und damit fertig werden. »Eine freiheitliche Ordnung zeichnet sich durch Liberalität aus. Zudem sieht die Konzeption der streitbaren Demokratie die Möglichkeit von Vereinigungs- und Parteiverboten vor«, meinte Jesse. »Der Gesetzentwurf verstößt in zweierlei Hinsicht gegen die Freiheitlichkeit. Zum einen richtet er sich nur gegen den Rechtsextremismus, zum anderen geschieht dies in einer Weise, die den Toleranzspielraum einschränkt. Der Gesetzentwurf ist weder rechtmäßig noch zweckmäßig.«[22]

Nach flüchtigem Eindruck ist der Entwurf der Verfassungsänderung »im Ergebnis in zentralen Teilen verfassungswidrig, im übrigen rechtstechnisch vielfach unsauber ausgeführt. Es dürfte sich insgesamt um ein wenig gelungenes Beispiel symbolischer Verfassungsgebung handeln«, behauptet Kischel.[23] Als zusammenfassende Bewertung heißt es dann: »Das mit dem Vorhaben von der Volksinitiative verbundene Anliegen: in der Landesverfassung klare Regelungen zu verankern, um rechtsextremistischem Handeln Einheit zu gebieten, wird durch die vorgeschlagene Ergänzung *(der Landesverfassung – K. E.)* nur unzureichend erreicht werden. Ihm stehen sowohl einige grundrechtliche Hindernisse als auch die beschränkten Befugnisse des Landes zur ausführenden Gesetzgebung entgegen.«[24]

Trotz dieser und anderer Bedenken, die hier nicht genannt werden, hat der Innenausschuss des Landtages den Gesetzentwurf zur Änderung der Landesverfassung »in seiner 24. Sitzung am 19. Oktober 2007 abschließend beraten und empfiehlt mehrheitlich mit den Stimmern der

Fraktionen der SPD, CDU, Die Linke und der FDP gegen die Stimme der Fraktion der NPD die Annahme des Gesetzentwurfes der Volksinitiative.«[25]

Der Europa- und Rechtsausschuss empfahl mit Mehrheitsentscheidung, neben einigen Änderungen, die Annahme der Verfassungsänderung.

Auf die inhaltlichen Änderungen bezugnehmend, wird mit ihnen den verfassungsrechtlichen und verfassungspolitischen Bedenken Rechnung getragen. Der Ausschuss empfahl »zu verdeutlichen, dass Handlungen, die insbesondere darauf gerichtet wind, rassisches und anderes extremistisches Gedankengut zu verbreiten, verfassungswidrig sind. Die im Entwurf vorgesehene Verpflichtung, entsprechende Handlungen unter Strafe zustellen, wird zur Streichung empfohlen, da sie mit Bundesrecht kollidieren würde. Vor dem Hintergrund möglicher weiterer Kollisionen mit Regelungen des Grundgesetzes wird empfohlen, die im Entwurf vorgesehene Möglichkeit, bestimmte Vereinigungen einzuschränken, zu streichen.«[26]

Während der 28. Sitzung des Landtages wurde dem Gesetzentwurf im Ganzen in der Fassung der Beschlussempfehlung des Europa- und Rechtsausschusses mit der Mehrheit von zwei Dritteln der Mitglieder des Landtages Mecklenburg-Vorpommern zugestimmt. Ihre Zustimmung erteilten die Fraktionen der SPD, CDU, Die Linke und FDP. Die Fraktion der NPD stimmte dagegen.[27]

Anmerkungen

1 Im Folgenden M/V

2 Besonders Artikel 28 (Landesverfassungen-Selbstverwaltung der Gemeinden); Artikel 30 (Hoheitsrechte der Länder).

3 Vgl. Schönenburg/Gruhl 1994, S. 17f.

4 Es erscheint erwähnenswert, dass der Entwurf auch in Plattdeutsch veröffentlicht wurde. Siehe Gundlach (o. J.).

5 Vgl. a. a. O., S. 29.

6 a. a. O., S. 30.

7 GVOBl. M/V 1994, S. 127

8 1. Geändert durch: Gesetz vom 16. Mai 1994 GVOBl. M/V, S. 577; Art. 3 Gesetz vom 19. Juli 1994 GVOBl. M/V Seite 734; Art. 5 Gesetz vom 28. Oktober 1997GVOBl. M/V Seite 546; Art. 2 Gesetz vom 26. September 2001 GVOBl. M/V, S. 329; Art. 1 Gesetz vom 19. Dezember 2005 GVOBl. M/V, S. 640; Art. 2 Gesetz vom 14. Juli 2006 GVOBl. M/V, S. 572.

9 GVOBl. M/V, S. 168.

10 1. Wahlperiode Drucksache 1/4460 (abgelehnt).

11 2. Wahlperiode Drucksachen 2q/81 (abgelehnt); 2/376 (für erledigt erklärt); 2/829 (abgelehnt); 2/2592 (ablehnt).

12 3. Wahlperiode Drucksache 3/7 (Annahme);Drucksache 3/11 (Annahme); Drucksache 3/138 (Annahme); Drucksache 3/355 (Annahme); Drucksache 3/632 (Annahme in geänderte Fassung); 3/668 (abgelehnt).

13 4. Wahlperiode Drucksache 4/1327 (abgelehnt).

14 5. Wahlperiode Drucksache 5/380 (abgelehnt); Drucksache 5/640 Annahme in geänderte Fassung, verkündet im GVOBl. M-V 2007 Seite 371; Drucksache 5/1451 (abgelehnt); Drucksache 5/1526 (abgelehnt).

15 Landtag Mecklenburg-Vorpommern Drucksache 5/640, 5. Wahlperiode 26.6.2007. Begründung zum Gesetzentwurf der Volksinitiative gemäß Artikel59 der Verfassung des Landes M/V »Für ein weltoffenen, friedliches und tolerantes Mecklenburg-Vorpommern«, S. 3.

16 a. a. O., S. 5

17 Lange Zeit war die Formel »Mecklenburger und Vorpommern« in der Diskussion.

18 Landtag Mecklenburg-Vorpommern 2008, Auszug aus dem Protokoll, S. 21.

19 Das GG für die BRD trifft z. B. im Artikel 9 Abs. 2, Art. 21 Abs. 2, Art. 33 Abs. 4 und 5 Vorkehrungen, um dem Treiben extremistischer Kräfte (?) entgegenzutreten. Vgl. Brockhaus Enzyklopädie in 24 Bänden. 19. Auflage, Band 7, Mannheim 1988, S. 36.

20 Landtag Mecklenburg-Vorpommern 2008, Auszug aus dem Protokoll, S. 29.

21 Jesse, Eckard Stellungnahme zum Gesetzentwurf der Volksinitiative gemäß Artikel 59 … ebenda, S. 86.

22 a. a. O., S. 86f.

23 Kischel, Uwe: Kurzstellungnahme zum Entwurf eines Zweiten Gesetzes zur Änderung der Verfassung des Landes Mecklenburg-Vorpommern, a. a. O., S. 91.

24 a. a. O., S. 110.

25 a. a. O., S. 111.

26 a. a. O., S. 113.

27 Drucksache 5/1003, 14. November 2007 (zweite Lesung). Vgl. a. a. O., S. 147.

Entwurf der Verfassung der DDR des Runden Tisches 1990 (Auszug)

Präambel

Ausgehend von den humanistischen Traditionen, zu welchen die besten Frauen und Männer aller Schichten unseres Volkes beigetragen haben,

eingedenk der Verantwortung aller Deutschen für ihre Geschichte und deren Folgen,

gewillt, als friedliche, gleichberechtigte Partner in der Gemeinschaft der Völker zu leben, am Einigungsprozess Europas beteiligt, in dessen Verlauf auch das deutsche Volk seine staatliche Einheit schaffen wird,

überzeugt, dass die Möglichkeit zu selbstbestimmtem verantwortlichen Handeln höchste Freiheit ist,

gründend auf der revolutionären Erneuerung,

entschlossen, ein demokratisches und solidarisches Gemeinwesen zu entwickeln, das

Würde und Freiheit des einzelnen sichert,

gleiches Recht für alle gewährleistet,

die Gleichstellung der Geschlechter verbürgt

und unsere natürliche Umwelt schützt,

geben sich die Bürgerinnen und Bürger der Deutschen Demokratischen Republik diese Verfassung.

I. Kapitel
Menschen- und Bürgerrechte

1. Abschnitt
Würde, Gleichheit, Freiheit, Solidarität

Artikel 1

(1) Die Würde des Menschen ist unantastbar. Sie zu achten und zu schützen ist die oberste Pflicht des Staates.

(2) Jeder schuldet jedem die Anerkennung als Gleicher. Niemand darf wegen seiner Rasse, Abstammung, Nationalität, Sprache, seines Geschlechts, seiner sexuellen Orientierung, seiner sozialen Stellung, seines Alters, seiner Behinderung, seiner religiösen, weltanschaulichen oder politischen Überzeugung benachteiligt werden.

Artikel 2

Vor der öffentlichen Gewalt sind alle Menschen gleich. Jede Willkür und jede sachwidrige Ungleichbehandlung ist untersagt.

Artikel 3

(1) Frauen und Männer sind gleichberechtigt.
(2) Der Staat ist verpflichtet, auf die Gleichstellung der Frau in Beruf und öffentlichem Leben, in Bildung und Ausbildung, in der Familie sowie im Bereich der sozialen Sicherung hinzuwirken.

Artikel 4

(1) Jeder hat das Recht auf Leben, körperliche Unversehrtheit und Achtung seiner Würde im Sterben. In das Recht auf körperliche Unversehrtheit darf nur durch Gesetz eingegriffen werden.
(2) Niemand darf grausamer, unmenschlicher oder erniedrigender Behandlung oder Strafe und ohne seine freiwillige und ausdrückliche Zustimmung medizinischen oder wissenschaftlichen Experimenten unterworfen werden.
(3) Frauen haben das Recht auf selbstbestimmte Schwangerschaft. Der Staat schützt das ungeborene Leben durch das Angebot sozialer Hilfen.

Artikel 5

Die allgemeine Handlungsfreiheit ist unter dem Vorbehalt des Gesetzes gewährleistet.

Artikel 6

(1) Das Recht auf Freizügigkeit, Ein- und Ausreise steht jedem Bürger und jedem Ausländer und Staatenlosen mit ständigem Wohnsitz zu.

(2) Diese Rechte können zur Bekämpfung von Seuchen und Katastrophen durch Gesetz beschränkt werden. Zur Vermeidung besonderer Belastungen der Allgemeinheit bei der Sicherung einer ausreichenden Lebensgrundlage kann das Recht auf Freizügigkeit, zur Sicherung der Vollstreckung gerichtlicher Entscheidungen und Durchsetzung rechtlicher Verpflichtungen kann das Recht auf Ein- und Ausreise durch Gesetz beschränkt werden.

Artikel 7

(1) Keinem Bürger darf die Staatsbürgerschaft entzogen, noch darf er ausgewiesen oder ausgeliefert werden.

(2) Ausländer dürfen in kein Land ausgeliefert oder ausgewiesen werden, in dem ihnen die Beeinträchtigung ihrer Menschenwürde oder die Todesstrafe droht.

(3) Politisch Verfolgte genießen Asylrecht.

Artikel 8

(1) Jeder hat Anspruch auf Achtung und Schutz seiner Persönlichkeit und Privatheit.

(2) Jeder hat das Recht an seinen persönlichen Daten und auf Einsicht in ihn betreffende Akten und Dateien. Ohne freiwillige und ausdrückliche Zustimmung des Berechtigten dürfen persönliche Daten nicht erhoben, gespeichert, verwendet, verarbeitet oder weitergegeben werden. Beschränkungen dieses Rechts bedürfen des Gesetzes und müssen dem Berechtigten zur Kenntnis gebracht werden.

Artikel 9

(1) Die Wohnung ist unverletzlich.

(2) Durchsuchungen können nur durch Gesetz zugelassen werden. Sie dürfen nur durch den Richter angeordnet wer-

den. Das Gesetz kann vorsehen, dass sie beim Vorliegen einer gegenwärtigen erheblichen Gefahr und im Falle einer Verfolgung auf frischer Tat auch von anderen Amtsträgern angeordnet und durchgeführt werden können; sie unterliegen richterlicher Bestätigung.
(3) Das Betreten der Wohnung ohne die Einwilligung des Inhabers ist nur zum Zwecke der Abwehr einer gemeinen Gefahr oder einer Gefahr für Leib und Leben einzelner Personen aufgrund Gesetzes zulässig.
(4) Die Befugnis zum Betreten und zur Besichtigung von ausschließlich betrieblich und geschäftlich genutzten Räumlichkeiten zur Vornahme von Amtshandlungen ohne die Einwilligung des Inhabers bedarf einer Ermächtigung durch Gesetz oder aufgrund eines Gesetzes.

Artikel 10

(1) Das Brief-, Post- und Fernmeldegeheimnis ist unverletzlich.
(2) Eingriffe sind nur durch Gesetz nach richterlicher Anordnung und nur zum Zwecke der Bekämpfung schwerer, organisierter Kriminalität zulässig.

Artikel 11

(1) Die Freiheit des Gewissens ist gewährleistet.
(2) Widerstreitet das Gewissen staatsbürgerlichen oder bürgerlichen Pflichten, so muss der Bürger, wenn er diese Pflichten nicht erfüllen will, andere Leistungen anbieten und der Staat andere, gleichbelastende Pflichten eröffnen.

Artikel 12

(1) Jeder hat das Recht auf Freiheit und Sicherheit seiner Person, Freiheitsbeschränkungen dürfen nur insoweit erfolgen, als sie gesetzlich vorgesehen und unumgänglich sind.
(2) Jeder, dessen Freiheit eingeschränkt wird, muss unverzüglich über die Gründe der Freiheitsbeschränkung unterrichtet werden. Personen, denen die Freiheit entzogen

wird, müssen unverzüglich, spätestens aber innerhalb von 24 Stunden, einem Richter vorgeführt werden. Der Richter entscheidet über die durch Gesetz zugelassene Freiheitsentziehung in einer mit Gründen versehenen schriftlichen Form oder ordnet die Freilassung an. Der Betroffene kann in angemessenen Abständen eine richterliche Überprüfung der Fortdauer der Freiheitsentziehung verlangen. Über eine Freiheitsentziehung und vor jeder richterlichen Entscheidung über deren Anordnung oder Fortdauer ist eine Person des Vertrauens des Betroffenen, bei Jugendlichen auch der Erziehungsberechtigte, zu benachrichtigen. Dem Betroffenen ist Gelegenheit zu geben, mit einem Rechtsbeistand seiner Wahl Verbindung aufzunehmen.
(3) Festgehaltene Personen dürfen weder körperlich noch seelisch misshandelt und keinen Schikanen ausgesetzt werden.
(4) Freiheitsstrafe und Strafvollzug sollen vornehmlich der gesellschaftlichen Wiedereingliederung dienen. Im Strafvollzug ist die Auferlegung von Arbeitspflichten zulässig.
(5) Die Todesstrafe und die lebenslange Freiheitsstrafe sind abgeschafft.
(6) Jede Person, deren Freiheit unrechtmäßig eingeschränkt worden ist, hat Anspruch auf Schadenersatz.

Artikel 13

(1) Niemand darf seinem gesetzlichen Richter entzogen werden. Jeder hat Anspruch auf ein faires, zügiges und öffentliches Verfahren. Die Öffentlichkeit darf nur nach Maßgabe des Gesetzes durch Gerichtsbeschluss ausgeschlossen werden.
(2) Die strafrechtliche Verantwortlichkeit wird durch Gesetz bestimmt. Strafgesetze haben keine rückwirkende Kraft. Jeder gilt bis zu seiner rechtskräftigen Verurteilung als nicht schuldig.
(3) Niemand darf für dieselbe Handlung mehrfach strafrechtlich zur Verantwortung gezogen werden. Jeder Verur-

teilte hat einen Rechtsanspruch darauf, dass das gegen ihn ausgesprochene Urteil durch ein höheres Gericht überprüft wird.
(4) Im Verfahren der strafrechtlichen Verfolgung hat jeder einen Rechtsanspruch auf folgende Garantien, über die er in geeigneter Weise zu belehren ist:
1) Er muss unverzüglich in einer Sprache, die er versteht, über die gegen ihn erhobenen Beschuldigungen unterrichtet werden.
2) Ihm ist Gelegenheit zu geben, bei der gerichtlichen Verhandlung anwesend zu sein und sich selbst oder durch einen Verteidiger seiner Wahl zu verteidigen. Es muss ihm, wenn die Sache es verlangt, ein Verteidiger zugewiesen werden; bei Bedürftigkeit geschieht das unentgeltlich. Eine angemessene Vorbereitung der Verteidigung ist zu gewährleisten.
3) Er kann unter den gleichen Bedingungen wie die Anklage das Erscheinen von Sachverständigen und Zeugen sowie die Vorlage von Beweismitteln verlangen und Zeugen und Sachverständige befragen.

Artikel 14

(1) Niemand darf verpflichtet werden, andere Personen wegen begangener oder drohender Straftaten anzuzeigen. Für drohende schwere Straftaten kann das Gesetz Ausnahmen vorsehen.
(2) Niemand darf gezwungen werden, gegen sich selbst oder durch Gesetz bestimmte nahestehende Personen auszusagen.
(3) Für die Angehörigen von Heilberufen, rechtsberatender Berufe, sozialer Dienste sowie für Seelsorger ist durch Gesetz ein Zeugnisverweigerungsrecht vorzusehen. In die hierdurch geschützte Vertraulichkeit von Informationen darf in keiner Weise eingegriffen werden.

Artikel 15

(1) Jeder hat das Recht, Informationen und Meinungen in

jeder Form frei zu bekunden und zu verbreiten und sich aus allgemein zugänglichen und anderen, rechtmäßig erschließbaren Quellen zu unterrichten. Die Geltung dieser Rechte in Dienst- und Arbeitsverhältnissen darf nur durch Gesetz oder aufgrund eines Gesetzes eingeschränkt werden.
(2) Die Freiheit der Presse, des Rundfunks und anderer Massenmedien ist gewährleistet. Das Gesetz hat durch Verfahrensregelungen sicherzustellen, dass die Vielfalt der in der Gesellschaft vorhandenen Meinungen in Presse, Hörfunk und Fernsehen zum Ausdruck kommen kann.
(3) Diese Rechte finden ihre Schranken in Gesetzen die die Freiheit der Meinung und der Unterrichtung nicht wegen deren geistigen Inhalts oder geistiger Wirkung beschränken dürfen. Gesetzliche Einschränkungen zum Schutze der Jugend und der Ehre sind zulässig. Kriegspropaganda sowie die öffentliche Bekundung von menschenwürdeverletzender Diskriminierung sind durch Gesetz zu verbieten.
(4) Die vorhandenen Hörfunk- und Fernsehsender sind als selbständige öffentlich-rechtliche Anstalten zu errichten. Sie haben die Aufgabe, durch das Angebot eine Vielfalt von Programmen zur öffentlichen Meinungsbildung beizutragen. Ihre innere Ordnung wird durch Gesetz geregelt. Die Zulassung privater Hörfunk- und Fernsehsender darf nur durch Gesetz und nur dann erfolgen, wenn dadurch die Erfüllung der Aufgabe der öffentlich-rechtlichen Anstalten nicht beeinträchtigt wird.
(5) Rechtmäßige journalistische Tätigkeit darf durch Zeugnispflicht, Beschlagnahme und Durchsuchung nicht behindert werden.
(6) Zensur ist verboten.

Artikel 16

(1) Jeder hat das Recht, sich ohne Anmeldung oder Erlaubnis friedlich zu versammeln.

(2) Für Versammlungen oder Umzüge unter freiem Himmel kann dieses Recht nur aufgrund dringender Erfordernisse der öffentlichen Sicherheit und nur durch Gesetz beschränkt werden.

Artikel 17

Jeder hat das Recht, Vereinigungen zu bilden, ihnen beizutreten und sich in ihnen den Vereinszwecken gemäß zu betätigen.

Artikel 18

(1) Jeder hat das Recht, sich zu einer Religion oder Weltanschauung zu bekennen und sie allein oder mit anderen öffentlich oder privat zu bekunden. Dem Bedürfnis nach Gottesdienst und Seelsorge in öffentlichen Einrichtungen ist stattzugeben. Es darf keinerlei Zwang auf die Freiheit der Wahl oder Ausübung einer Religion oder Weltanschauung stattfinden.
(2) Die Erziehungsberechtigten sind frei, die religiöse und weltanschauliche Bildung ihrer Kinder entsprechend ihren Überzeugungen zu gewährleisten.

Artikel 19

(1) Die Wissenschaft ist frei. Der Staat sichert die Ausübung der Freiheit von Forschung und Lehre.
(2) Durch Gesetz kann die Zulässigkeit von Mitteln oder Methoden der Forschung beschränkt werden. Es kann Informationspflichten in Bezug auf besonders risikobehaftete Forschungen vorsehen.
(3) Die staatlich geförderten Universitäten pflegen die Wissenschaften in Forschung, Lehre und Ausbildung. Sie sind Körperschaften des öffentlichen Rechts und verfügen im Rahmen des Gesetzes in allen akademischen Angelegenheiten über das Recht der Selbstverwaltung.
(4) Die geistige Arbeit, das Recht der Urheber und der Erfinder genießen den Schutz des Staates.

Artikel 20

(1) Die Kunst ist frei.
(2) Das kulturelle Leben sowie die Bewahrung und Vermittlung des kulturellen Erbes werden gefördert. In den Haushalten des Bundes, der Länder und der Träger der Kommunalautonomie sind die dafür erforderlichen Mittel vorzusehen.

Artikel 21

(1) Jeder Bürger hat das gleiche Recht auf politische Mitgestaltung. Die Verfassung und die Gesetze gestalten aus, wie das Recht unmittelbar oder durch frei gewählte Vertreter ausgeübt wird.
(2) Jeder Bürger hat mit vollendetem 18.Lebensjahr das Recht, an allgemeinen, gleichen, freien, geheimen und direkten Wahlen zur Volkskammer, zu den Landtagen und den Kommunalvertretungen teilzunehmen und in sie gewählt zu werden. Ausländer und Staatenlose mit ständigem Wohnsitz haben Wahlrecht auf kommunaler Ebene.
(3) Jeder Bürger hat den gleichen Zugang zu öffentlichen Ämtern. Das gleiche Recht steht für die kommunale Ebene den in Absatz 2 Satz 2 genannten Personen zu. Die Rechtsstellung der Angehörigen des öffentlichen Dienstes, die hoheitliche Befugnisse ausüben (Beamte), ist gemäß den Funktionsanforderungen einer bürgernahen Verwaltung durch Gesetz zu regeln.
(4) Jeder, dessen Rechte und Belange durch die öffentliche Planung von Vorhaben, insbesondere von Verkehrswegen und -anlagen, Energieanlagen, Produktionsstätten und Großbauten betroffen werden, hat das Recht auf Verfahrensbeteiligung. Dasselbe Recht haben Zusammenschlüsse von Betroffenen.
(5) Jeder hat das Recht, sich einzeln und in Gemeinschaft mit anderen mit Anregung, Kritik und Beschwerde an jede staatliche Stelle zu wenden. Es besteht Anspruch auf Gehör und begründeten Bescheid in angemessener Frist.

Artikel 22

(1) Die Familie ist durch den Staat zu schützen und zu fördern.

(2) Andere Lebensgemeinschaften, die auf Dauer angelegt sind, haben Anspruch auf Schutz vor Diskriminierung.

(3) Eltern haben das Recht und die Pflicht zur Erziehung ihrer Kinder. Wer Kinder erzieht, hat Anspruch auf angemessene staatliche Hilfen und gesellschaftliche Rücksichtnahme. Der Staat fördert die Möglichkeit der Erwerbstätigkeit und der beruflichen Bildung Erziehender, insbesondere durch Arbeitszeitregelungen.

(4) Kindern ist durch Gesetz eine Rechtsstellung einzuräumen, die ihrer wachsenden Einsichtsfähigkeit durch die Anerkennung zunehmender Selbständigkeit gerecht wird.

(5) Kinder genießen staatlichen Schutz vor körperlicher und seelischer Vernachlässigung und Misshandlung. Kinderarbeit ist verboten.

Artikel 23

(1) Das Gemeinwesen achtet das Alter. Es respektiert Behinderung.

(2) Jeder Bürger hat das Recht auf soziale Sicherung gegen die Folgen von Krankheit, Unfall, Invalidität, Behinderung, Pflegebedürftigkeit, Alter und Arbeitslosigkeit.

(3) Das Recht wird durch öffentlich-rechtliche Versicherungssysteme gewährleistet, an denen teilzunehmen jeder berechtigt und verpflichtet ist. Bestandteile der Versicherungssysteme sind mindestens die Arbeitslosenunterstützung und eine Altersrente für jeden.

(4) Bei besonderen Notlagen besteht ein Anspruch auf Sozialfürsorge.

(5) Soziale Sicherung und Sozialfürsorge haben das Ziel, eine gleichberechtigte, eigenverantwortliche Lebensgestaltung zu ermöglichen. In Heimen stehen den Bewohnern Mitverantwortungs- und Mitentscheidungsrechte zu.

Artikel 24

(1) Jeder Bürger hat das Recht auf gleichen, unentgeltlichen Zugang zu den öffentlichen Bildungs- und Ausbildungseinrichtungen. In dieses Recht kann nur durch Gesetz oder aufgrund eines Gesetzes eingegriffen werden.
(2) Es besteht eine mindestens zehnjährige allgemeine Schulpflicht. Die Schule hat die Fähigkeiten und Begabungen der Schüler zu fördern. Das Schulwesen muss die Offenheit und Durchlässigkeit der Bildungsgänge gewährleisten.
(3) Der Staat fördert die Einrichtung und Unterhaltung von Kinderkrippen und Kindergärten sowie Schulhorten.
(4) Für den Schulbesuch können andere als staatliche Schulen gewählt werden, die vom Gesetz festgelegten Mindestnormen entsprechen. Die Einrichtung von Privatschulen darf nicht zur Sonderung der Schüler nach den Einkommensverhältnissen der Eltern führen. Die Privatschulen haben Anspruch auf öffentliche Finanzierung, soweit dadurch der Vorrang des öffentlichen Schulwesens nicht gefährdet wird.
(5) Schüler und Studenten haben Anspruch auf staatliche Ausbildungsförderung nach Maßgabe des Gesetzes.

Artikel 25

(1) Jeder Bürger hat das Recht auf angemessenen Wohnraum, Es ist ein gesetzlicher Kündigungsschutz vorzusehen. Bei der Abwägung der Interessen des Nutzers und des Eigentümers der Wohnung ist der überragenden Bedeutung der Wohnung für die Führung eines menschenwürdigen Lebens besonderes Gewicht beizumessen. Eine Räumung darf nur vollzogen werden, wenn Ersatz zur Verfügung steht.
(2) Der soziale Wohnungsbau und die Wohnungserhaltung sind staatlich zu fördern. Der Staat ist besonders zur Förderung des Baus alters- und behindertengerechten Wohnraums verpflichtet.

2. Abschnitt
Arbeit, Wirtschaft, Umwelt

Artikel 26

Jeder hat das Recht, seinen Beruf frei zu wählen und auszuüben. In diese Freiheit kann nur durch Gesetz oder aufgrund eines Gesetzes eingegriffen werden.

Artikel 27

(1) Jeder Bürger hat das Recht auf Arbeit oder Arbeitsförderung.

(2) Das Recht jedes Bürgers, über seine Arbeitskraft frei zu verfügen und seinen Arbeitsplatz frei zu wählen, ist gewährleistet. Öffentliche Arbeits- und Dienstpflichten sind nur für besondere, durch Gesetz festgelegte Zwecke zulässig. Sie müssen für alle gleich sein. Frauen dürfen nur zur Abwendung aktueller Notlagen zu einer öffentlichen Dienstleistung verpflichtet werden. Die Wehrpflicht ist abgeschafft.

(3) Der Staat schützt die Arbeitskraft durch gesetzliche Regelungen über die Arbeitssicherheit, die Arbeitshygiene und die Begrenzung der Arbeitszeit. Er fördert das Recht des einzelnen, seine Arbeitskraft zur Führung eines menschenwürdigen Lebens zu verwenden. Er hat in seiner Wirtschaftspolitik dem Ziel der Vollbeschäftigung in der Regel Vorrang einzuräumen. Jeder Bürger hat im Falle von Arbeitslosigkeit oder drohender Arbeitslosigkeit ein Recht auf öffentlich finanzierte Maßnahmen der Arbeitsförderung. Dabei ist der beruflichen Weiterbildung oder Umschulung der Vorrang vor Arbeitslosengeld und Arbeitslosenhilfe einzuräumen.

(4) Für gleiche Arbeit besteht ein Anspruch auf gleichen Lohn.

(5) Lehrlinge, Schwangere, Alleinerziehende, Kranke, Werktätige mit Behinderung und ältere Werktätige genießen erweiterten Kündigungsschutz.

Artikel 28

Jeder in einem Betrieb oder Unternehmen beschäftigte Werktätige hat das Recht, durch Vertretungsorgane in den wirtschaftlichen, sozialen und personellen Angelegenheiten des Betriebes und auch des Unternehmens mitzubestimmen, falls dieses aufgrund der Zahl seiner Beschäftigten, seiner Marktstellung oder anderer Merkmale eine besondere Bedeutung für das Gemeinwesen hat. Das Nähere regelt das Gesetz.

Artikel 29

(1) Das Eigentum und das Erbrecht werden gewährleistet. Formen, Inhalt und Umfang werden durch die Gesetze bestimmt. Eigentum ist sozialpflichtig.

(2) Das persönlich genutzte und das genossenschaftliche Eigentum sowie die aufgrund eigener Leistung erworbenen Rentenansprüche und -anwartschaften stehen unter dem besonderen Schutz der Verfassung. Der Erwerb von persönlichem Eigentum an Wohnungen und Wohngrundstücken und die Bildung genossenschaftlichen Eigentums werden gefördert.

(3) Die hoheitliche Übertragung des Eigentums oder einzelner Eigentumsrechte auf einen Dritten aus Gründen des Allgemeinwohls (Enteignung) ist zulässig. Die Enteignung persönlich genutzten Eigentums ist nur aus dringenden Gründen des Allgemeinwohls zulässig. Enteignungen dürfen nur durch Gesetz oder aufgrund eines Gesetzes erfolgen, das Art und Ausmaß der Entschädigung regelt. Werden bestehende Eigentumsrechte durch Gesetz oder aufgrund eines Gesetzes umgestaltet und wird dem Eigentümer dadurch ein schwerwiegender vermögenswerter Nachteil auferlegt (Sonderopfer), so ist ein Opferausgleich vorzusehen. Entschädigung und Opferausgleich sind unter gerechter Abwägung der Interessen der Allgemeinheit und der Beteiligten zu bestimmen; nur soweit persönlich genutztes Eigentum betroffen ist, ist der Wertverlust

voll auszugleichen. Dem persönlich genutzten Eigentum steht das genossenschaftliche Eigentum gleich.

Artikel 30

Die Bildung von Kartellen und marktbeherrschenden Unternehmen ist unzulässig. Ausnahmen sind nur auf gesetzlicher Grundlage im Interesse der Sicherung gefährdeter Arbeitsplätze, der Förderung strukturschwacher Regionen und der Erhaltung der internationalen Wettbewerbsfähigkeit möglich.

Artikel 31

(1) Boden und Wirtschaftsunternehmen können zum Zwecke der Vergesellschaftung durch ein Gesetz, das Art und Ausmaß der Entschädigung regelt, in selbständige Unternehmen der Gemeinwirtschaft überführt werden. Für dic Entschädigung gilt Artikcl 29 Absatz 3 Satz 5 cntsprechend.
(2) Der Staat und die Träger der Kommunalautonomie sind befugt, zur Erfüllung ihrer Aufgaben am Wirtschaftsleben teilzunehmen.
(3) Aus Gründen der zuverlässigen und umfassenden Versorgung der Bevölkerung mit Gütern und Dienstleistungen sowie aus wichtigen ordnungspolitischen Gründen können durch Gesetz oder aufgrund eines Gesetzes Monopole der öffentlichen Hand geschaffen werden.

Artikel 32

(1) Die Nutzung des Bodens und der Gewässer ist in besonderem Maße den Interessen der Allgemeinheit und künftiger Generationen verpflichtet. Ihre Verkehrsfähigkeit kann durch Gesetz beschränkt werden. Die Nutzung von Grund und Boden ist nur im Rahmen einer Flächenut-zungsplanung zulässig. Das Eigentum und die Nutzung von land- und forstwirtschaftlichen Flächen, die einhundert Hektar übersteigen, sind genossenschaftlichen und

öffentlichen Einrichtungen und den Kirchen vorbehalten. Die Veräußerung von Grund und Boden und die Überlassung von Nutzungsrechten an Ausländer bedürfen der Genehmigung.
(2) Steigert sich der Wert von Boden aufgrund seiner planerischen Umwandlung in Bauland, so steht den Trägern der Kommunalautonomie ein Ausgleich für die Wertsteigerung zu. Dieser Planungswertausgleich wird in der Regel durch die entschädigungslose Abgabe eines Anteils des beplanten Bodens erbracht. Der Anteil entspricht dem Maß der Wertsteigerung, darf aber die Hälfte des Bodens nicht übersteigen.
(3) Der Abbau von Bodenschätzen bedarf der staatlichen Genehmigung. Dabei ist dem öffentlichen Interesse an der schonenden Nutzung des Bodens besonderes Gewicht beizumessen.

Artikel 33

(1) Der Schutz der natürlichen Umwelt als Lebensgrundlage gegenwärtiger und künftiger Generationen ist Pflicht des Staates und aller Bürger. Die staatliche Umweltpolitik hat Vorsorge gegen das Entstehen schädlicher Umwelteinwirkungen zu treffen sowie auf den sparsamen Gebrauch und die Wiederverwendung nichterneuerbarer Rohstoffe und die sparsame Nutzung von Energie hinzuwirken.
(2) Eine schwere Beeinträchtigung oder Gefährdung der natürlichen Umwelt darf nur in dem Umfang zugelassen werden, indem dies zum Schutz überragend wichtiger Interessen der Allgemeinheit unerlässlich ist.
(3) Niemand darf durch nachteilige Veränderungen der natürlichen Lebensgrundlagen in seiner Gesundheit verletzt oder unzumutbar gefährdet werden. Jedermann kann mit der Behauptung, durch nachteilige Veränderungen der natürlichen Umwelt in seinem Recht auf Leben und körperliche Unversehrtheit gefährdet oder verletzt zu sein, die Offenlegung der Daten über die

Umweltbeschaffenheit seines Lebenskreises verlangen. Die Verbandsklage ist zulässig.
(4) Wer Umweltschäden verursacht, haftet und ist für Ausgleichsmaßnahmen verantwortlich.
(5) Der Staat und die Träger der Kommunalautonomie sind verpflichtet, der Allgemeinheit die Zugänge zu Bergen, Wäldern, Feldern, Seen und Flüssen freizuhalten und gegebenenfalls durch Einschränkungen des Eigentumsrechts freizumachen.

3. Abschnitt
Rechte der Sorben

Artikel 34

(1) Der Staat achtet und fördert die Interessen der Sorben. Er gewährleistet und schützt ihr Recht auf den Gebrauch und die Pflege ihrer Sprache, Kultur und Traditionen. Er unterhält oder unterstützt die dazu erforderlichen Einrichtungen, insbesondere im Sozial- und Bildungswesen. Die Sorben haben das Recht, ihre Muttersprache vor den Verwaltungsbehörden und den Gerichten zu gebrauchen. In der Landes- und Regionalplanung sind die Lebensbedürfnisse der Sorben besonders zu berücksichtigen.
(2) Durch Gesetz können Autonomierechte eingeräumt werden.

4. Abschnitt
Gesellschaftliche Gruppen und Verbände

[…]

V. Kapitel
Übergangs- und Schlussbestimmungen

Artikel 126

(1) Nach Inkraftsetzung dieser Verfassung werden die

Gesetze ausschließlich von den in dieser Verfassung vorgesehenen gesetzgebenden Körperschaften des Bundes und der Länder beschlossen.
(2) Als Bundesrecht gilt dasjenige Recht der Deutschen Demokratischen Republik fort, dessen Gegenstände nicht in der ausschließlichen Gesetzgebungsbefugnis der Länder liegen.
(3) Als Landesrecht gilt dasjenige Recht der Deutschen Demokratischen Republik fort, dessen Gegenstände zur ausschließlichen Gesetzgebungsbefugnis der Länder gehören. Für eine Dauer von vier Jahren vom Inkrafttreten dieser Verfassung an können die Länder dieses Landesrecht nur gemeinsam und mit Zustimmung der Länderkammer ändern, ergänzen oder aufheben. Bis zum ersten Zusammentritt der Länderkammer kann die Volkskammer als Landesrecht fortgeltende Rechtsvorschriften ändern, ergänzen oder außer Kraft setzen.

[…]

Artikel 131

(1) Die Bodenreform und die Eigentumsentziehungen, die durch Artikel 24 der Verfassung der Deutschen Demokratischen Republik vom 7. Oktober 1949 bestätigt worden sind, sind unantastbar.
(2) Enteignungen und sonstige Formen der Eigentumsentziehung, die zum Zeitpunkt ihres Vollzugs in Übereinstimmung mit dem Recht der Deutschen Demokratischen Republik erfolgten, bleiben unbeschadet formeller Unrichtigkeiten von Grundbüchern, Katastern und anderer öffentlicher Register wirksam. Das gleiche gilt für vermögenswerte Rechte, die Bürger nach dem Verlassen der Deutschen Demokratischen Republik zurückgelassen haben und die in Übereinstimmung mit dem jeweils geltenden Recht der Deutschen Demokratischen Republik endgültig auf Dritte übertragen worden sind oder von Dritten genutzt werden. Nutzungen an derartigen vermö-

genswerten Rechten sind zu schützen. Die Nutzer haben Anspruch auf Eigentumserwerb nach den am 31. Dezember 1989 geltenden Rechtsvorschriften über die Bewertung, soweit das Eigentum in der Hand eines Trägers öffentlicher Gewalt ist. Soweit davon Wohnungen, Wohngrundstücke und für Erholungszwecke genutzte Grundstücke betroffen sind, haben dieses Recht die persönlichen Nutzer.
(3) Eigentum, das unter Verletzung des jeweils geltenden Rechts der Deutschen Demokratischen Republik entzogen worden ist, ist auf Antrag an die rechtmäßigen Eigentümer zurückzuerstatten, soweit es sich noch in der Verfügung eines Trägers öffentlicher Gewalt befindet. Dies gilt nicht für Wohnungen und Wohngrundstücke sowie für Erholungszwecke genutzte Grundstücke. Es gilt auch nicht für Eigentum, das in die Verfügung von Genossenschaften und volkseigenen Unternehmen übergegangen ist.

[...]

Artikel 132

(1) Wird die Einheit durch einen Beitritt zur Bundesrepublik Deutschland verwirklicht, so sind die Voraussetzungen, unter denen das Grundgesetz der Bundesrepublik Deutschland für das gegenwärtige Hoheitsgebiet der Deutschen Demokratischen Republik in Kraft gesetzt wird, durch Vereinbarung zu regeln. Die Erfüllung der völkerrechtlichen und außenwirtschaftlichen Verpflichtungen der Deutschen Demokratischen Republik muss sichergestellt sein.
(2) Die Vereinbarung bedarf zu ihrer Wirksamkeit der Zustimmung von zwei Dritteln der Mitglieder der Volkskammer und der Bestätigung in einem Volksentscheid.
(3) Diese Vereinbarung soll Regelungen über die beschleunigte Angleichung der Wirtschaftskraft der auf dem gegenwärtigen Hoheitsgebiet der Deutschen Demokratischen Republik gelegenen Landesteile und der Lebensverhältnisse ihrer Bewohner an die im jetzigen Gebiet der Bundesre-

publik Deutschland bestehenden Verhältnisse enthalten. Zur Verwirklichung des Rechts der Bürger der Deutschen Demokratischen Republik auf Beteiligung an der demokratischen Selbstbestimmung des deutschen Volkes ist auf das Zusammentreten einer gesamtdeutschen verfassungsgebenden Versammlung hinzuwirken.

(4) Die Vereinbarung soll ferner vorsehen, dass die in dieser Verfassung garantierten Menschen- und Bürgerrechte auf dem gegenwärtigen Hoheitsgebiet der Deutschen Demokratischen Republik auch dann fortgelten, wenn sie Rechte begründen, die im Grundgesetz nicht enthalten sind. Dies gilt auch für die unmittelbare Bindung Dritter an diese Rechte. Sie sollen als Landesverfassungsrecht fortgelten; die Geltung des Artikels 31 des Grundgesetzes für die Bundesrepublik Deutschland soll insoweit ausgeschlossen sein. Die Vereinbarung soll vorsehen, dass Rechtsvorschriften der Deutschen Demokratischen Republik, die mit den vorgenannten Rechten vereinbar sind, nicht aber mit dem Grundgesetz für die Bundesrepublik Deutschland, abweichend von Artikel 31 des Grundgesetzes für die Bundesrepublik Deutschland, als Landesrecht auf dem gegenwärtigen Hoheitsgebiet der Deutschen Demokratischen Republik fortgelten. Änderungen des nach diesem Absatz fortgeltenden Rechts bedürfen der Zustimmung aller auf dem gegenwärtigen Hoheitsgebiet der Deutschen Demokratischen Republik eingerichteten Länder.

Artikel 133

Bis zur Wahl des Präsidenten der Republik gemäß Artikel 85 nimmt der Präsident der Volkskammer dessen Aufgaben und Befugnisse wahr.

Artikel 134

Am Tage des Inkrafttretens dieser Verfassung verliert die Verfassung der Deutschen Demokratischen Republik vom 6. April 1968 in der zuletzt geänderten Fassung vom 5. April 1990 ihre Gültigkeit.

Artikel 135

(1) Diese Verfassung bedarf zu ihrer Annahme eines Beschlusses der Volkskammer mit der Mehrheit von zwei Dritteln ihrer Mitglieder und einer Bestätigung durch Volksentscheid. Sie kann als vorläufiges Grundgesetz durch einen Beschluss der Volkskammer mit der Mehrheit von zwei Dritteln ihrer Mitglieder in Kraft gesetzt werden.
(2) Die Verfassung wird vom Präsidenten der Volkskammer ausgefertigt und im Gesetzblatt der Deutschen Demokratischen Republik verkündet.

Artikel 136

Diese Verfassung verliert ihre Gültigkeit an dem Tage, an dem eine Verfassung in Kraft tritt, die von einer gesamtdeutschen verfassungsgebenden Versammlung beschlossen und durch einen Volksentscheid bestätigt worden ist, oder an dem Tage, an dem sie nach Eintritt der Voraussetzungen des Artikels 132 außer Kraft gesetzt wird.

Literatur

Abkommen (1989): Abkommen zwischen der Regierung der BRD und der Regierung der UdSSR über die Einrichtung einer direkten Nachrichtenverbindung zwischen dem Bundeskanzleramt in Bonn und dem Kreml in Moskau, 13. Juni 1989. In: BGBl. II, S. 687f.

Abramowski, Wanja (1992): Im Labyrinth der Macht. Innenansichten aus dem Stasi-Apparat. In: Florath/Mitter/Wolle (Hrsg.)(1992). Die Ohnmacht der Allmächtigen. Geheimdienste und politische Polizei in der modernen Gesellschaft. Berlin 1992. S. 212-233.

Abschlusserklärung (1990): Abschlusserklärung des Zentralen Runden Tisches vom 12. März 1990 (Auszüge). In: Hans Modrow: Aufbruch und Ende, 1990, S. 168-170.

Abwicklung (1991): Abwicklung von Einrichtungen der Wissenschaft und des Hochschulwesens der ehemaligen DDR. Berlin 1991.

Adenauer an Pieck und Grotewohl (1947): (Brief) An die Sozialistische Einheitspartei Deutschlands – Zentralsekretariat z. Hd. der Herren Pieck und Grotewohl, Berlin, vom 13.1.1947. In: Laufer (1998), S. 34.

Agde, Günter (2009): Das Bekenntnis als Dokument. Nachwort 2009. In: Geschonneck (2009), S. 347-365.

Aktionsprogramm der SED (1989): Aktionsprogramm der SED. In: Schritte zur Erneuerung 10. Tagung des ZK der SED, 8. November 1989, Berlin 1989, S. 50-63.

Anatomie der Staatssicherheit (1996): Anatomie der Staatssicherheit Geschichte, Struktur und Methoden. Herausgegeben von Klaus-Dietmar Henke, Siegfried Suckut, Clemens Vollnhals, Walter Süß, Roger Engelmann, o. O., 1996.

Angaben zur Volkskammer (2002): Quantitative und qualitative Angaben zur Volkskammer der DDR 1949-1989. Daten zur Volkskammer. In: Patzelt/Schirmer, R. (2002), S. 386-441.

Andersen, Uwe/Woyke, Wichard (1990): Deutschland Wahl 90. Zur Bundestagswahl 1990: Deutsche Vereinigung Parteien und Wähler, Wahlrecht und Wahlverfahren. Politische Entwicklung. Opladen 1990.

Anregungen zum Umgang mit der Geschichte (2008): Erklärung des Ältestenrats der Partei Die Linke, 16. Juli 2008.

Ansichten zur Geschichte der DDR (1994): Ansichten zur Geschichte der DDR. Herausgegeben Keller/Modrow/Wolf Band I bis IV. Bonn/Berlin 1994.

Arbeitsbesuch (1989): Arbeitsbesuch von Bundeskanzler Kohl in Dresden am 12./20. Dezember 1989. Gemeinsame Mitteilung und Absichtserklärung für eine Vertragsgemeinschaft von Bundeskanzler Kohl und Ministerpräsident Modrow in Dresden am 20. Dezember 1989 (Auszüge). In: Außenpolitik (BRD, 1995) S. 647-651.

Arlt, Reiner (1990): A. J. Wyschinski-Rechtspraktiker und Rechtstheoretiker des Stalinismus. In: Staat und Recht 2/1990, S. 146-152.

Armutsatlas (2009): Vorpommern ist die ärmste deutsche Region. Armutsatlas des Paritätischen Wohlfahrtsverbandes zeigt große regionale Unterschiede. In: *Frankfurter Allgemeine Zeitung,* 19. Mai 2009, S. 11.

Armutsquoten (2009): Die DDR in den Grenzen von 2009. Studie zeigt große regionale Unterschiede, Osten weiterhin größtenteils »abgehängt«. In: *Neues Deutschland* vom 19. Mai 2009, S. 1.

Arnold, Karl-Heinz (1990): Die ersten hundert Tage des Hans Modrow. Berlin 1990. Derselbe: (1995) Schild und Schwert. edition ost, Berlin 1995.

Arnold, Karl-Heinz/Modrow, Hans (1995): Von Dresden über Davos nach Bonn. Drei deutsch-deutsche Begegnungen und ihr politisches Umfeld. In: Nakath (Hrsg.) (1995): Deutschlandpolitiker der DDR erinnern sich. Berlin 1995, S. 39-60.

Auf dem Weg zur Deutschen Einheit (1990): Auf dem Weg zur deutschen Einheit: deutschlandpolitische Debatten im Deutschen Bundestag. Hrsg.: Deutscher Bundestag, Referat Öffentlichkeitsarbeit, Beratungen 5.-20.9.1990. Bonn 1990.

Aufzeichnung (1998): Aufzeichnung des Ministerialdirigenten Hartmann Bonn, 29. Januar 1990. Deutschlandpolitik im gesamteuropäischen Rahmen nach den DDR-Wahlen im März 1990. In: Dokumente (DzD, 1998) Dokument Nr. 151, S. 727-735.

Aufzeichnung (1990): Aufzeichnung des Bundesinnenministeriums, 27. Februar 1990. Überlegungen zu verfassungsrechtlichen Fragen im Zusammenhang mit der Einigung Deutschlands. In: Dokumente (DzD, 1998): Nr. 196, S. 879-886.

Außenpolitik BRD (1995): Außenpolitik der BRD. Dokumente 1949 bis 1994. Herausgegeben aus Anlass des 125-jährigen Jubiläums des Auswärtigen Amts. Köln 1995.

Auswahlbibliografie Volkskammer (2002): Auswahlbibliografie (Volkskammer). In: In Patzelt/Schirmer, R. (2002), S. 442-469.

Axen, Herrmann (1996): Ich war ein Diener der Partei. Autobiographische Gespräche mit Harald Neubert. edition ost, Berlin 1996.

Bahar, Alexander/Fiand, Armin (2003): Vom Recht – wie es gebeugt wird. Wie der Generalbundesanwalt die Strafanzeigen gegen die Bundesregierung wegen der Beteiligung am Irakkrieg behandelt. AG Friedensforschung an der Uni Kassel, 27. April 2003 (Friedensratschlag).

Bahr, Egon (2003): Der deutsche Weg. Selbstverständlich und normal. 3. Auflage, München 2003. Derselbe: (1996): Er war ein deutscher Patriot. Interview mit Egon Bahr am 6. März 1991. In: Axen (1996), S. 409-412.

Bahro, Rudolf (1990): Die Alternative. Zur Kritik des real existierenden Sozialismus. Berlin 1990. Derselbe: (2007): Was ich dem Außerordentlichen Parteitag der SED sagen möchte. In: Herzberg (Hg.), Rudolf Bahro: Denker, Reformator, Homo politicus. Nachgelassene Texte, edition ost, Berlin 2007, S. 172-189.

Bahrman, Hannes/Links, Christoph (1994): Chronik der Wende. Die DDR zwischen 7. Oktober und 18. Dezember 1989. Berlin Dezember 1994. Dieselben (1995): Chronik der Wende 2. Stationen der Einheit. Die letzten Monate der DDR. Berlin 1995. Dieselben: (1990): Wir sind das Volk. Die DDR zwischen 7. Oktober und 17. Dezember 1989. Eine Chronik. Berlin/Weimar/Wuppertal 1990.

Baker, James (2009): Spiegel-Gespräch »Ihnen ging alles zu schnell«. Der ehemalige US-Außenminister James Baker, 79, über Mauerfall und Wiedervereinigung, seine Zusammenarbeit mit Helmut Kohl und die Widerstände im Weißen Haus. In: *Der Spiegel* 39/2009, S. 106-108.

Bartlsperger, Richard (1993): Einstellung des Strafverfahrens von Verfassung wegen. Zum Strafverfahren Erich Honecker. In: *Deutsches Verwaltungsblatt* 1993, S. 333.

Bauer, Hans (2003): Politische Strafverfolgung im vereinten Deutschland. In: Siegerjustiz? Berlin 2003. S. 27- 66.

Bauerkämpfer/Sabre/Stöger (Hrsg.) (1998): Doppelte Zeitgeschichte. Deutsch-deutsche Beziehungen 1945-1990. Bonn 1998.

Beckert, Rudi (1995): Die erste und letzte Instanz. Schau- und Geheimprozesse vor dem Obersten Gericht der DDR. Goldbach 1995.

Behrend, Hanna (Hrsg.) (1996): Die Abwicklung der DDR. Wende und deutsche Vereinigung von innen gesehen. Köln 1996.

Beitrittserklärung (1998): Beitrittserklärung vor Abschluss des Einigungsvertrags. In: Dokumente, (DzD 1998). Einleitung, S. 214-221.

Benda, Ernst/Maihofer, Werner/Vogel, Hans-Jochen u. a. (Hrsg.)(1983): Handbuch des Verfassungsrechts. Berlin New York 1993.

Benz, Wolfgang (1998): Der Verfassungskonvent von Herrenchiemsee. In: Beilage zur Wochenzeitung *Das Parlament*, B 32-343/98, 31. Juli 1998, S. 13-19.

Berghofer, Wolfgang (2001): Meine Dresdner Jahre. Das Neue Berlin, 2001.

Bergmann-Pohl, Sabine (1991): Abschied ohne Tränen. Rückblick auf das Jahr der Einheit. Berlin/Frankfurt a. M.1991. Dieselbe: (2000). In: Misselwitz/Schröder (10. Volkskammer, 2000), S. 49-65.

Bernet, Wolfgang (1990): Rechtsstaatlichkeit-wesentliche Existenzform der DDR-Staatsverwaltung. In: *Staat und Recht* 2/1990, S. 105-113.

Beschluss der Volkskammer (1990): Beschluss der Volkskammer der DDR über den Beitritt der DDR zum Geltungsbereich des Grundgesetzes der BRD vom 23. August 1990. In: GBL. Teil I Nr. 57, S. 1354. Auch in: Außenpolitik (BRD, 1995), S. 684f ; BGBl. I S. 2058.

Beschluss CDU (2008): Beschluss des 22. Parteitages der CDU: Geteilt. Vereint. Gemeinsam. Perspektiven für den Osten Deutschlands. 30. 11.-2.12.2008.

Beschluss (Ministerrat 1989): Beschluss Ministerrat der DDR zur Unterstützung der Arbeit des Runden Tisches vom 21. Dezember 1989. In: Modrow (Aufbruch und Ende 1991) Anlage1, S. 156-163.

Beschluss (Staatsrat, 1976): Beschluss des Staatsrates der Deutschen Demokratischen Republik über die Aufgaben des Staatsrates bei der Ratifikation und Kündigung von völkerrechtlichen Verträgen der Deutschen Demokratischen Republik vom 22. März 1976. In: GBl. I Nr. 11, S. 181.

Beschlüsse (1989): Beschlüsse des Rundtischgespräches am 7./8.12. 1989. 1. Selbstverständnis, 2. Geschäftsordnung des Runden Tisches, 3. Erarbeitung eines Entwurfes der neuen Verfassung, 4. Wahltermin (am 06. Mai 1990), 5. Bildung von Arbeitsgruppen, 6. Zur Rechtsstaatlichkeit 7. Weiterarbeit. Kopie im Besitz des Verfassers.

Besprechung (1990): Besprechung des Chefs des Bundeskanzleramtes Seiters mit den Chefs der Staats- und Senatskanzleien der Länder Bonn, 20. August 1990.(T. O. u. a. Wahlvertrag, Länderbildung in DDR, Einigungsvertrag, Entsendung von Grundbuchbeamten); in: Dokumente, (DzD 1998) Nr. 386, S. 1473-1476.

Biedenkopf, Kurt H. (1994): Die Revolution muss ganz Deutschland erfassen! März 1992. In: Derselbe: (1994 a) Einheit und Erneuerung. Deutschland nach dem Umbruch in Europa. Stuttgart 1994. S. 171-193.

Bischoff, Horst/Coburger, Karli (Strafverfolgung, 2003): Strafverfolgung von Angehörigen des MfS. In: Siegerjustiz? Berlin 2003, S. 139-251.

Bisky/Heuer/Schumann (Hrsg.) (1994): »Unrechtsstaat«? Politische Justiz und die Aufarbeitung der Vergangenheit. Hamburg 1994.

Blasius, Rainer (2009): Bonn, Bonn, nur du allein! Der Parlamentarische Rat bestimmte den Regierungssitz noch vor der Grundgesetz-Genehmigung. In: *FAZ* 12. Mai 2009, S. 10. Derselbe: (2009a) Pankow gegen Bonn. Mit einer Propagandaoffensive machte die Deutsche Demokratische Republik auf sich aufmerksam. In: *FAZ,* 7. Oktober 2009. S. 10.

Blessing, Klaus (2008): War die DDR pleite? Zur Widerlegung einer immer wieder gebrauchten Lüge. In: *junge Welt* vom 15. September 2008, S. 3.

Blessing, Klaus (2010): Die Schulden des Westens. Wie der Osten zum Wohlstand des Westens beitrug. edition ost, Berlin 2010.

Blumenwitz, Dieter (1990): Der Vertrag vom 12.9.1990 über die abschließende Regelung in bezug auf Deutschland. In: *NJW* 1990, S. 3041. Derselbe (1992): Zur strafrechtlichen Verfolgung Erich Honeckers. Staats- und völkerrechtliche Fragen. In: *DeutschlandArchiv* X/1992, S. 567ff.

Boden, Lutz/Poppe, Stefan (1990): Verwaltungsentscheidungen und Grundrechte des Bürgers. In: Für eine neue Verfassung (Vorschläge, 1990), S. 87- 98.

Bönninger, Karl (1990): Ermessensentscheidungen der Verwaltungsorgane. In: *Neue Justiz* 1/90, S. 23 f.

Bollinger, Stefan (1998): Ein direkter Weg zum Anschluss? Deutsch-deutsche Beziehungen im letzten Jahr der DDR (1989/90). In: Hoffman/Nakath (Herausgeber): Konflikt-Konfrontation-Kooperation. Deutsch-deutsche Beziehungen in vierzig Jahren Zweistaatlichkeit. Schkeuditz 1998, S. 167-191. Derselbe: (1999) Eine Verfassung als Vermächtnis. In: 1989 – eine abgebrochene Revolution. Verbaute Wege nicht nur zu einer besseren DDR? Berlin 1999, S. 298ff.

Bollinger, Stefan/van der Heyden, Ulrich (Herausgeber) (2002): Deutsche Einheit und Elitenwechsel in Ostdeutschland. Berlin 2002.

Bollinger, Stefan/Vilmar, Fritz (Herausgeber) (2002): Die DDR war anders. Kritische Würdigung ihrer wichtigen sozialkulturellen Einrichtungen. edition ost, Berlin 2001. Dieselben: (2002 a) Ergänzungsband, Selbstverlag Berlin 2002.

Börner, Rolf (1975): Für die Souveränität des werktätigen Volkes. Die Mitwirkung der CDU bei der Ausarbeitung der Länderverfassungen und der Verfassung der DDR (1946-1949).

Brandt, Willy (1993): Spiegel-Gespräche 1959-1992. Stuttgart 1993. Derselbe: (1989) Rede am 10.11.1989 vor dem Schöneberger Rathaus in Berlin am 10. November 1989. Ansprache des SPD- Ehrenvorsitzenden, Willy Brandt. In: Außenpolitik (BRD, 1995), S. 618-620.

Brie, André (2009): Der Lafontainismus. In: *Der Spiegel* Nr. 24/2009, S. 40f.

Broder, Henryk M. (1992): Eine schöne Revolution. In: *Die Zeit* 3/1992, S. 41.

Buchholz, Erich (2002): Die Krenz-Urteile aus der Sicht des DDR-Rechts. In: Rudorf (Herausgeber). Krenzfalle die Grenzen der Justiz. Berlin 2002, Seite 125 bis 169. Derselbe: (1990) Verantwortung und Verantwortlichkeit für Amtsmissbrauch, In: *Staat und Recht* 1/1990, S. 70-72. Derselbe: (1990 a) Zum Gesetzentwurf für eine Strafrechtsänderung. In: *Neue Justiz* 3/1990, S. 106f. Derselbe: (1990 b) Zum Menschen- und Grundrecht auf Gedanken-, Gewissens- und Religionsfreiheit. In: *Staat und Recht* 11/1990, S. 851-864. Derselbe (2003): Rechtsfragen der Strafverfolgung von Hoheitsträgern der DDR durch die bundesdeutsche Justiz. In: Siegerjustiz?, Berlin 2003, S. 255-510. Derselbe (2006); Unrechtsstaat DDR? Rechtsstaat BRD? Ein Jurist antwortet. edition ost, Berlin 2006. Derselbe: (2007): Und was war es nun wirklich? Festschrift für Kurt Gossweiler anlässlich seines 90. Geburtstages. *Offensiv,* Hannover 2007. Derselbe (2008). BRD-Grundgesetz vs. DDR-Verfassung. Berlin 2008. Derselbe: (2008a), Strafrecht im Osten. Ein Abriss über die Geschichte des Strafrechts der DDR. Berlin 2008. Derselbe: (2009): Die sozialistische Verfassung der DDR von 1968. In: Unter Feuer (2009a): *Offensiv*, Hannover 2009, S. 25-44. Derselbe (2009 b) Totalliquidierung in zwei Akten. Berlin 2009.

Buchholz, Erich/Gerats, Hans (1990): Zu den Anfängen des Stalinismus in der Strafrechtswissenschaft. In: *Staat und Recht* 9/1990, S. 750-757.

Bundesamt für Verfassungsschutz (2008): Gedenken an Rosa Luxemburg und Karl Liebknecht – ein Traditionselement des deutschen Linksextremismus. BfV-Themenreihe: Stand April 2008. Dieselben: (Internet 1.10.2009) Verfassungsschutz – was wir für sie tun.

Bundesministerium für Verteidigung (2006): Weißbuch 2006 zur Sicherheitspolitik Deutschlands und zur Zukunft der Bundeswehr.

Bundestags Spiele (1992): Bundestags Spiele: Herausgeberin PDS/Linke Liste im Bundestag. Dezember 1992.

CDU-Programm Entwurf (1990): CDU extra, Entwurf Programm der CDU März 1990. Herausgegeben von der Geschäftsstelle der CDU, Berlin

Chronik der Ereignisse in der DDR (1990): Chronik der Ereignisse in der DDR (3. August 1989 bis 4. Juni 1990); 4. Auflage Köln 1990.

Ciesielski, Andreas (Hs.) (1997): Ich war und bin Sozialist. Reden, Kommentare, Anmerkungen von Egon Krenz und über ihn – ein Sittenbild unserer Gesellschaft. Kückenshagen 1997.

Clasen, Claus Dieter (1998): Artikel 103 Abs. 2 GG – ein Grundrecht unter Vorbehalt? In: *DeutschlandArchiv* X/1998, S. 215.

Coburger, Karli/Skiba, Dieter (2002): Die Untersuchungsorgane des MfS (HA IX im MfS/Abt. IX der BV). In: Grimmer/Irmler/Opitz, u. a. (Hg.) Die Sicherheit. Zur Abwehrarbeit des MfS. Band 2, edition ost, Berlin 2002, S. 426-494.

Czichon, Eberhard/Marohn, Heinz (1999): Das Geschenk. Die DDR im Perestroika-Ausverkauf. Ein Report. Köln 1999.

Dahn, Daniela (1999): In guter Verfassung. Wie viel Kritik braucht die Demokratie? Hamburg 1999. Dieselbe: (2005): Demokratischer Abbruch. Von Trümmern und Tabus. Hamburg 2005. Dieselbe: (2009): Wehe dem Sieger! Ohne Osten kein Westen. Hamburg Mai 2009.

Damman, Klaus (Gefahren, 1992): Von den Gefahren der wehrhaften Demokratie. In: Heuer/Riege (Verfassung 1992), S. 34-36.
Decker, Frank (2004): Das parlamentarische System in den Ländern. Adäquate Regierungsform oder Auslaufmodell? In: *Aus Politik und Zeitgeschichte,* Nr. 50-51/2004, 6.12.2004 (Beilage)

Decker, Peter/Held, Karl (1989): Abweichende Meinungen zur »deutschen Frage«. DDR kaputt Deutschland ganz. Eine Abrechnung mit dem «Realen Sozialismus« und dem Imperialismus deutscher Nation. München 1989.

Degenhart, Christoph (2001): Volksgesetzgebungsverfahren und Verfassungsänderung nach der Verfassung des Freistaates Thüringen. Rechtsgutachten erstellt von Prof. Dr. Christoph Degenhart, Leipzig 2001.

Denkmann, von Justus (2008): Wahrheiten über Gorbatschow. spotless Berlin 2008. Derselbe: (2008): Kleines Handbuch der großen Lügen über die DDR. Eine Zitatensammlung. spotless Berlin 2008.

Denkschrift (1993): Blickpunkt Einigungsvertrag. Denkschrift über die Verletzung und Aushöhlung des Einigungsvertrages. (Bonn) 1993.

Denkschrift (1994): Blickpunkt Treuhandanstalt. Denkschrift. Auftrag, Tätigkeit, Folgen, Wiedergutmachung. Berlin -Bonn März 1994.

Detjen, Marion/Detjen, Stephan/Steinbeis, Maximilian (2009): Die Deutschen und das Grundgesetz. Geschichte und Grenzen unserer Verfassung München 2009.

Deumlich, Gerd/Hager, Nina (2009): Kommunisten und das Grundgesetz. Politische Grundrechte verteidigen, Verfassungsbruch verhindern, soziale Rechte erkämpfen! In: *UZ* vom 22. Mai 2009, S. 15.

Deutscher Bundestag (14. Mai 1991): 12. Wahlperiode – Sitzungsprotokoll 25. Sitzung. Berlin, Dienstag, den 14. Mai 1991, Tagesordnungspunkt 5 (Gesamtdeutsche Verfassung), S. 1715-1747.

Deutscher Bundestag (28. November 1991): 12. Wahlperiode – 61. Sitzung. Bonn, Donnerstag, den 28. November 1991, Tagesordnungspunkt VI (Gesamtdeutsche Verfassung), S. 5250-5260.

Deutscher Bundestag (2009): Gesetzentwurf der Fraktionen der CDU/CSU und SPD zur Änderung des Grundgesetzes (Artikel 91c, 91 d, 104b, 109, 109 a, 115, 143 d). Drucksache 16/12410, 24.3.2009 (elektronische Vorab-Fassung)

Deutscher Juristinnenbund e.V. (Hrsg: 1998): Juristinnen und Rechtspolitik. In: Juristinnen in Deutschland dritte Auflage Baden-Baden 1998, S. 55-71.

Der Demokratie schuldig (1990): Der Demokratie schuldig – die Schuld der Demokratie. Volkskammerspiele. Eine Dokumentation aus der Arbeit des letzten Parlaments der DDR. Berlin 1990.

Deutz-Schroeder, Monika/Staadt, Jochen (Herausgeber)(1994): Teurer Genosse! Briefe an Erich Honecker. Berlin 1994.

Dieckmann, Götz (2009): Das entscheidende Kettenglied. Was sind die Kriterien einer revolutionären Situation; In: *RotFuchs* Juni 2009, S. 11.

Diestel, Peter-Michael (2000): Auf Wiedersehen, Herr Gauck. In: *Freitag*, 28. April 2000. Derselbe: (2002) Ein Plädoyer. In: Die Sicherheit Bd. 1, edition ost, Berlin 2002. Derselbe (2006): Die unsinnige Aufarbeitung muss eingestellt werden. Die Rechtspraxis der »Aufarbeitung von Stasi-Verbrechen« hat nichts gebracht. Ein Gespräch mit Peter-Michael Diestel. In: *junge Welt vom* 2.November 2006, S. 8.

Dokument, Abschiedsschreiben (1989): Persönliches Abschiedsschreiben des Ministers für Staatssicherheit an alle Angehörigen des Ministeriums für Staatssicherheit, Berlin, 2. 11. 1989. In: Otto, Wilfriede (Mielke, 2000), S. 695-698.

Dokument, Telegramm (8.10.1989): Telegramm des Ministers für Staatssicherheit an die Leiter aller Diensteinheiten, Berlin, 8. Oktober 1989. In: Otto, Wilfriede (Mielke, 2000), S. 686-691.

Dokument, VVS (31.10.1989): Vertrauliche Verschlusssache 85/89 des Ministers für Staatssicherheit an die Leiter aller Diensteinheiten, Berlin, 31. Oktober 1989. In: Otto, Wilfriede (Mielke, 2000), S. 692-694.

Dokumente, Außenpolitik BRD (1995): Dokumente von 1949 bis 1994. Außenpolitik der BRD. Herausgegeben aus Anlass des 125. Jubiläums des Auswärtigen Amtes. Köln 1995.

Dokumente, DzD (1998): Dokumente zur Deutschlandpolitik. Deutsche Einheit. Sonderedition aus den Akten des Bundeskanzleramtes 1989/90. München 1998.

Dokumente, DzD (2002): Dokumente zur Deutschlandpolitik. VI. Reihe/Band 1, 21. Oktober 1969 bis 31. Dezember 1970. München 2002.

Dokumente, Wörterbuch (1993): Das Wörterbuch der Staatssicherheit. Definitionen des MfS zur »politisch-operativen Arbeit«. In: Dokumente Der Bundesbeauftragte für die Unterlagen des Staatssicherheitsdienstes der ehemaligen DDR, Abteilung Bildung und Forschung, Nr. 1/93. MfS Hochschule. Potsdam April 1985. Geheime Verschlusssache.

Dokumentiert (1993): Politische Diskriminierung und Berufsverbote in Ostdeutschland. PDS/ Linke Liste im Bundestag, Bonn 1993.

Dümde, Claus (1996): Deutsch-deutscher Alltag. »An den Galgen«, kein politischer Streit. Tragisches Ende einer zum Scheitern verurteilten Podiumsdiskussion von Bündnis90/Grüne im Preußischen Landtag zum Umgang mit »DDR-Unrecht«: In: *Neues Deutschland* vom 6. Dezember 1996, S. 3.

D wie Diestel (1990): D wie Diestel. Herausgegeben von Dieter Mechtel und Jürgen Helfriedt. Bonn 1990.

Eberle, Henrik (2000): Anmerkungen zu Honecker. Berlin 2000.

Eberlein, Werner (1994): Ansichten, Einsichten, Aussichten. Berlin 1994. Derselbe: (2001): Geboren am 9. November. Erinnerungen. Das Neue Berlin, Berlin 2001.

Ehmke, Horst (1994): Die Einheit, auf die keiner vorbereitet war. In: Ebender. Mittendrin. Von der Großen Koalition zur Deutschen Einheit. Berlin 1994, S. 403-434.

Einigungsvertrag (EV 1990): Vertrag zwischen der DDR und der BRD über die Herstellung der Einheit Deutschlands vom 31. August 1990. In: GBL. I Nr. 64, S. 1629. Gleichfalls in BGBL. II Nr. 35, S. 889, oder Sonderdruck aus der Sammlung Das Deutsche Bundesrecht I A 5, S, 11.

Einigungsvertrag (1993): Einigungsvertrag – Muster ohne Wert? Eine Untersuchung über Wortlaut und Praxis der Realisierung des Vertrages zwischen der BRD und der DDR über die Herstellung der Einheit Deutschlands. Autoren Max Schmidt (Leiter), Erich Buchholz; Helmut Egerland; Joachim Göhring; Georg Grasnick; Ekkehard Lieberam; Rolf Mager; Fritz Rösel; Gregor Schirmer; Manfred Voigt; Wolfgang Weichelt. Berlin 1993.

Elitz, Ernst (1991): Sie waren dabei. Ostdeutsche Profile von Bärbel Bohley zu Lothar de Maizière. Stuttgart 1991.

Elm, Ludwig (2002): Persönliche Erfahrungen im Vergleich die Volkskammer und der Bundestag. In: Patzelt/Schirmer, R. (2002), S. 232-245.

Emmerich, Klaus (1990): Geschichte des Verfassungsentwurfs des Runden Tisches. In: *Demokratie und Recht* 4/1989, S. 376-381. Derselbe: (1990 a) Institutionen und Mechanismen gesellschaftlicher und politischer Willensbildung: Verfassungsfragen auf dem Weg zur deutschen Einheit. In: *Staat und Recht,* Theoretische Zeitschrift der Rechtswissenschaft, 5/1990, S. 357-359. Derselbe: (1990 b) Die Verfassung der DDR ist einzig Sache ihrer Bürger. In: *Neues Deutschland* vom 11. April 1990, S. 3. Derselbe: (1990 c) Gesamtdeutscher Verfassungs-Tisch. In: *Neues Deutschland* vom 19. Juli 1990, S. 6. Derselbe: (1990 d) Förderales Prinzip und die Rolle des Bundesrates. In: *Neues Deutschland* vom 3. Oktober 1990, S. 16. Derselbe: (1999): Für ein Forum zur juristischen Zeitgeschichte. In: *Humanistische Union*, Mitteilungen Nr. 166 vom 1. Juni 1999, S. 52. Derselbe: (2009): Die Lüge vom »Schießbefehl«. Ein Phantom aus den Zeiten des Kalten Krieges. In: *RotFuchs,* April 2009, S. 16. Derselbe: (2009 a): Grenzen . Eine Auswahl staats- und völkerrechtlicher sowie zeitgeschichtlicher Aspekte der Grenzen am Beispiel beider deutscher Staaten und der Hauptstadt Berlin. verlag am park, Berlin 2009.

Emmerich, Klaus/Gruel, Karl-Friedrich (1992): Verfassungsfrage und Sorgen des Alltags. In: Heuer/Riege (Verfassung, 1992): S. 37-40.

Empfehlungen (2006): Empfehlungen der Expertenkommission zur Schaffung eines Geschichtsverbundes »Aufarbeitung der SED-Diktatur«. Berlin 2006.

Engler, Wolfgang (1999): Die Ostdeutschen. Kunde von einem verlorenen Land. Aufbau Berlin, Berlin 1999.

Engelmann, Roger (2009): Die Intellektuellen, die friedliche Revolution und die Debatte um die Vereinigung. In: Henke (2009), S. 386-401.

Ensikat, Peter (2001): Hat es die DDR überhaupt gegeben? München 2001.

Entwurf der Verfassung (1990): Entwurf der Verfassung der DDR, Arbeitsgruppe »Neue Verfassung der DDR« des Zentralen Runden Tisches, mit Begleitschreiben an die Abgeordneten der Volkskammer, Berlin 1990.

Entwurf einer Verfassung (1951): Entwurf einer Verfassung für die Deutsche Demokratische Republik. Beschluss der außerordentlichen Tagung des Parteivorstandes (der SED) vom 14. November 1946. In: Dokumente der SED. Beschlüsse und Erklärungen des Zentralsekretariats und des Parteivorstandes Band I, Berlin 1951, S. 114-137.

Eppelmann, Rainer/Keller, Dietmar (2000): Zwei deutsche Sichten. Ein Dialog auf gleicher Augenhöhe. Hg. Christian v. Ditfurth. Bad Honnef 2000.

Eppler, Erhard (1988): Wie Feuer und Wasser. Sind Ost und West friedensfähig? Hamburg 1988.

Erklärung (1990): Erklärung zur Verfassungsdiskussion. Halle, 9. Mai 1990 Vorstand der wissenschaftlichen Gesellschaft »Jurisprudenz« i. A. Lothar Lotze. In: *Staat und Recht* 6/1990, S. 409.
Erklärung (1991): Erklärung des Vorsitzenden des Ministerrates der DDR, Hans Modrow, vor den Teilnehmern am Runden Tisch, 15. Januar 1990. In: Ebender (Aufbruch, 1991), S. 163-168.

Erneuerung (1989): »Erneuerung und Zukunft. Positionen vom Sonderparteitag der CDU am 15./16. Dezember 1989 in Berlin. In: CDU-Texte, hrg. von der Geschäftsstelle des Parteivorstandes der CDU. Berlin 1990/91.

Evers, Tilmann (1990): Zivilgesellschaft und direkte Demokratie in gesamtdeutscher Verfassung. In: *Staat und Recht* 12/1990, S. 931-945

Falin, Valentin (1993): Politische Erinnerungen. München 1993.

Faulenbach, Bernd (2001): Zehn Jahre Auseinandersetzung über die doppelte Nachkriegsgeschichte und die Frage der inneren Einheit in Deutschland. In:

Timmermann (Herausgeber). Deutsche Fragen. Von der Teilung zur Einheit. Berlin 2001, S. 647-660.

Feldenkirchen, Markus (2009): Staatsoberhaupt. Der Bürgerkönig. Bundespräsident Host Köhler lasst sich von seinem Volk wie ein Ersatzmonarch feiern … In: *Der Spiegel* 21/2009, S. 44-48.

Fiedler, Wilfried (1993): Die Kontinuität des deutschen Staatswesens im Jahre 1990. – Zur Einwirkung des Völkerrechts auf Verfassungslagen. In: Archiv des Völkerrechts 1993, S. 333-352.

Florath, Bernd/Mitter, Armin/Wolle; Stefan (Hrsg.)(1992): Die Ohnmacht der Allmächtigen. Geheimdienste und politische Polizei in der modernen Gesellschaft. Berlin 1992.

Förster, Günter (1994): Die Dissertationen an der Juristischen Hochschule des MfS. Eine annotierte Bibliographie. Der Bundesbeauftragte für die Unterlagen des Staatssicherheitsdienstes der ehemaligen DDR. Abteilung Bildung und Forschung, Reihe A: Dokumente Nr. 2/1994.

Förster, Peter (2009): »Unrechtsstaat! Diktatur! Lebenslanger Knast!« Was die in der DDR aufgewachsenen Mittdreissiger zu solchen Sprüchen meinen. Rosa-Luxemburg-Stiftung Standpunkte 14/2009. Internet: *www.wiedervereinigung.de/rls/.*

Förster, Peter/Roski, Günter (1990): DDR zwischen Wende und Wahl. Meinungsforscher analysieren den Umbruch. Berlin September 1990.

Fragen zum Beweisrecht (1957): Fragen des Beweisrechts im Strafprozess. Protokoll einer Konferenz des Deutschen Instituts für Rechtswissenschaft in Potsdam-Babelsberg vom 7. bis 8. Dezember 1956. Berlin 1957.
Fricke, Karl Wilhelm (1992): Zur Geschichte der DDR-Staatssicherheit. Anhang: Statut des Ministeriums für Staatssicherheit. In: Florath, Bernd/Mitter, Armin7Wolle; Stefan (Hrsg.) Die Ohnmacht der Allmächtigen. Geheimdienste und politische Polizei in der modernen Gesellschaft. Berlin 1992, S. 123-145.

Fricke, Karl Wilhelm/Lechner, Hans/Thaysen, Uwe (1990): Errungenschaften und Legenden. Runder Tisch, Willkürherrschaft und Kommandowirtschaft im DDR-Sozialismus. Melle/St. Augustin, November 1990.

Fritscher, Werner/Pieroth, Bodo (2002): Verfassungsgeschichte. München 2002.

Frommel, Monika (1991): Zum Abbau der Bürgerrechte in der geplanten Strafprozessreform. In: *Neue Justiz* 1/1991, S. 16-18.

Fuchs, Ruth (1990): »Gott schütze unser deutsches Vaterland!« Erlebnisse einer Volkskammerabgeordneten. Berlin 1990.

Fünf Überlegungen (2007): Antrag Nr. 3 an die 5. Tagung des 10. Landesparteitages DIE LINKE Berlin vom 14. Februar 2007. EinreicherInnen: Kurt Goldstein, Arne Brix, Ellen Brombacher, Dorothea Döring, Rim Farha, Thomas Hecker, Wulf Kleus, Carsten Schulz, Sahra Wagenknecht, Stefan Doernberg.

Für eine neue Verfassung (1990): Für eine neue Verfassung und reale Bürgerrechte. Die Broschüre enthält Beiträge zur Verfassungsdiskussion in der DDR. Juristen aus verschiedenen Bereichen unterbreiten der Öffentlichkeit Vorschläge zu Grundlinien einer neuen Verfassung sowie zu konkreten Verfassungsbestimmungen. Berlin 1990.

Gauck, Joachim (1999): Warum Aufarbeitung kommunistischer Diktatur? In: Unverhau (Herausgeberin): Lustration, Aktenöffnung, demokratischer Umbruch in Polen, Tschechien, der Slowakei und Ungarn. Münster 1999, S. 15f. Derselbe (2000): Der Sonderausschuss zur Kontrolle der Auflösung des MfS / AfNS, die Schaffung eines Gesetzes über die Stasi-Unterlagen. In: Misselwitz/Schröder (10. Volkskammer, 2000), S. 141-149.

Gaus, Günther (1989): Deutschland im Juni. Berlin 1989. Derselbe (1990): Zur Person Friedrich Schorlemmer, Lothar de Maizière, Gregor Gysi, Ingrid Köppe, Christoph Hein, Hans Modrow. Sechs Porträts in Frage und Antwort. Berlin 1990. Derselbe (1991): Porträts in Frage und Antwort. Berlin 1991. Derselbe (1992): Neue Porträts (Fink, Thierse, Braun, H. J. Vogel, Ullmann, Spira, R. Hildebrandt, A. Merkel, Gauck, Bentzien), Berlin 1992. Derselbe (1993): 5 Porträts. Günter Gaus im Gespräch mit Christa Wolf, Hochhuth, Maetzig, Mattheuer. Berlin 1993. Derselbe (2001): Zur Person Gisela May, Harald Schmidt, Inge Keller, Heinz Berggruen, Mario Simmel, Egon Bahr, Klaus Schlesinger. edition ost, Berlin 2001.

Geltendes Recht (1989): Das geltende Recht chronologisch und systematisch geordnet. Verzeichnis der geltenden Rechtsvorschriften der DDR vom 7.10.1949 bis 31.12.1988. Herausgegeben vom Sekretariat des Ministerrates. Berlin 1989.

Geboren am 9. November '89 (2007): Geboren am 9. November '89. Die Kinder des Mauerfalls werden volljährig. In: *Der Spiegel* 45/2007, S. 72-94.

Genscher, Hans-Dietrich (1995): Zwei plus Vier. In Derselbe: Erinnerungen. Berlin 1995, S. 709-894.

Gerlach, Jens (1992): Tod eines Kämpfers. In memoriam Prof. Dr. Gerhard Riege. Berlin 1992.

Geschichte der Deutschen Volkspolizei (1987): Geschichte der Deutschen Volkspolizei in zwei Bänden. Berlin 1987.

Geschonneck. Erwin (2009): Rede auf dem V. Kongress des Verbandes der Film- und Fernsehschaffenden, 1988. In: Derselbe: Meine unruhigen Jahre Lebenserinnerungen. Das Neue Berlin, Berlin 2009, S. 335-343.

Gesetz (1955): Gesetz zur Ergänzung der Verfassung vom 26. September 1955 (GBL I, S. 653).

Gesetz (1958): Gesetz über die Auflösung der Länderkammer der DDR vom 8. Dezember 1958 (GBl. I, S. 867.

Gesetz (1974): Gesetz zur Ergänzung und Änderung der Verfassung der DDR vom 7. Oktober 1974. In: GBl. I Nr. 47, S. 425-431.

Gesetz (1990): Gesetz zum Vertrag zwischen der DDR und der BRD über die Herstellung der Einheit Deutschlands – Einigungsvertrag vom 31. August 1990 (Verfassungsgesetz) vom 20. September 1990. In GBl. I 1990 Nr. 64, S. 1627.

Gesetz (Einigungsvertragsgesetz BRD, 1990): Gesetz zu dem Vertrag vom 31. August 1990 zwischen der BRD und der DDR über die Herstellung der Einheit Deutschlands – Einigungsvertragsgesetz – und der Vereinbarung vom 18. September 1990. In: Sonderdruck aus der Sammlung Das deutsche Bundesrecht, (I A / 5). Baden -Baden 1990, S. 7-10.

Gesetz (Volksentscheid, 1968): Gesetz zur Durchführung eines Volksentscheides über die Verfassung der Deutschen Demokratischen Republik vom 26. März 1968. GBl. Teil I Nr. 7 – Ausgabetag 28. März 1968.

Gesetz (zum Vertrag 12. September 1990): Gesetz zu dem Vertag vom 12. September 1990 über die abschließende Regelung in bezug auf Deutschland vom 11. Oktober 1990. In: BGBL. II 1990, S. 1317.

Gespräch (Alternative, 2009): Es gab keine Alternative. Gespräch mit Bundesinnenminister Wolfgang Schäuble (CDU), Chefunterhändler des Einigungsvertrages von 1990. In: *ND* vom 18. Mai 2009, S. 3.

Gespräch (Deutschlandpolitik 24.1.1990): Deutschlandpolitisches Gespräch bei dem Chef des Bundeskanzleramtes Seiters Bonn, 24. Januar 1990. In: Dokumente (DZD, 1998) Dokument Nr. 142, S. 701f.

Gespräch (Genscher mit de Maizière 24.8.1990): Gespräch des Bundesministers Genscher mit dem Ministerpräsidenten de Maizière Berlin (Ost); 24. August 1990. In: Dokumente (DzD, 1998): Nr. 395, S. 1492-1494.

Gespräch (Haacke, 2009): Wir waren einfach zu feige. Gespräch mit Wolfgang Haacke, 1972 bis 1990 Vize-Chef der DDR-Statistik. In: *Neues Deutschland* vom 3. August 2009, S. 3.

Gespräch (Kohl mit Gorbatschow 12.6.1989): In: Dokumente (DZD 1998) Dokument Nr. 2, S. 276-287.

Gespräch (Kohl mit Modrow 19.12.1989): Gespräch des Bundeskanzlers Kohl mit Ministerpräsident Modrow im erweiterten Kreis Dresden, 19. Dezember 1989. In: : Dokumente (DzD 1998): Nr. 129, S. 668-673.

Gespräch (Kohl mit Modrow 3.2.1990): Gespräch des Bundeskanzlers Kohl mit Ministerpräsident Modrow Davos, 3. Februar 1990. In: Dokumente (DzD 1998): Nr. 158, S. 753-756.

Gespräch (Kohl mit Modrow 13.2.1990): Gespräch des Bundeskanzlers Kohl mit Ministerpräsident Modrow Bonn, 13. Februar 1990. In: Dokumente (DzD 1998): Nr. 177, S. 814-819.

Gespräch (Kohl/Opposition 20.12.1989): Gespräch des Bundeskanzlers Kohl mit Vertretern von Oppositionsgruppen in der DDR Dresden, 20. Dezember 1989. In: Dokumente (DzD 1989) Nr.130, S. 673-675.

Gespräch (Krenz 19./20.9.2009): »DDR durchbrach den Kreislauf von Ausbeutung, Krise und Krieg«. Gespräch mit Egon Krenz über sein Buch »Herbst '89«, den Untergang der DDR und über Legenden und Realität am 9. November vor 20 Jahren. In: *junge Welt* vom 19./20.September 2009.

Gespräch (Seiters mit DDR-Ministern, 13. Februar 1990): Gespräch des Bundesministers Seiters mit den Ministern ohne Geschäftsbereich der DDR Bonn, 13. Februar 1990. In: Dokumente (DzD 1998): Nr. 178, S. 819 f.

Gespräch (Seiters mit Krenz/Modrow 20. 11. 1989): Gespräch des Bundesministers Seiters mit Staatsratsvorsitzenden Krenz und Ministerpräsidenten Modrow Berlin (Ost), 20.11.1989. In: Dokumente (DzD, 1998): Nr. 96, S. 550-559.

Gespräch (Genscher/de Maizière, 24.8.1990): Gespräch des Bundesministers Genscher mit dem Ministerpräsidenten de Maizière Berlin (Ost), 24. August 1990. (Amtierender Außenminister der DDR). In: Dokumente (DzD, 1998): Nr. 395, S. 1492-1494.

Gespräch (Teltschik/Kwizinskij, 28.8.1990): Gespräch des Ministerialdirektors Teltschik mit dem mit dem stellvertretenden Außenminister Kwizinskij Bonn, 28. August 1990. (Abzug Truppen aus DDR). In: Dokumente (DzD 1998): Nr. 402, S. 1505-1507.

Gespräch (Teltschik/Portugalow, 28.3.1990): Gespräch des Ministerialdirektors Teltschik Berater der Abteilung für internationale Beziehungen des Zentralkomitees der KPdSU, Portugalow Bonn, 28. März 1990. In: Dokumente (DzD 1998): Nr. 232, S. 981-983.

Gewaltenteilung (1990): Pressedienst PDS 19.04.90 – Beilage. Gewaltenteilung-Verfassungsstaat-Rechtsstaat. Aktive Mitwirkung der PDS am neuen Verfassungsentwurf/Volksabstimmung notwendig. Aus der Kommission Politisches System beim Parteivorstand.

Gössner, Rolf (1994): Die vergessenen Justizopfer des kalten Kriegs. Über den unterschiedlichen Umgang mit der deutschen Geschichte in Ost und West. Hamburg 1994. Derselbe: (GG 2009) »Das ist ein Wettlauf um den niedrigsten Standard«. Die staatlichen Attacken auf die Grundrechte treffen aber auf immer mehr Widerstand. Ein Gespräch mit Rolf Gössner. In: *junge Welt* 19. Mai 2009, S. 8.

Gorbatschow, Michail S. (1988): Umgestaltung und neues Denken für unser Land und für die ganze Welt. Berlin 1988. Derselbe: (1993): Gipfelgespräche. Geheime Protokolle aus meiner Amtszeit. Berlin März 1993. Derselbe: (1993 a):Gespräch mit Bundeskanzler Helmut Kohl am 15. Juli 1990 in Moskau. In: Gipfelgespräche. Geheime Protokolle aus meiner Amtszeit. Berlin März 1993 S. 161-177. Derselbe: (1995): Erinnerungen. Berlin 1995. Derselbe: (1999): Wie es war. Die deutsche Wiedervereinigung. Berlin 1999. Derselbe: (2007): Rede an der Technischen Universität des Mittleren Ostens (ODTÜ) in Ankara. Herbst 1999. In: *offensiv*: Niederlagenanalyse. Die Ursachen für den Sieg der Konterrevolution in Europa. Reprint der besten Offensiv Artikel, Hannover 2007, S. 207f. Derselbe: (1996) Erklärung (zur Siegerjustiz) 28. November 1996. In: *ND* vom 3. Dezember 1996, S. 5.

Graf, Herbert (2009): Mein Leben. Mein Chef Ulbricht. Meine Sicht der Dinge Erinnerungen. edition ost, Berlin 2009.

Grasnick, Georg/Grüning, Harald (Redaktion) (1993): Einigungsvertrag- Muster ohne Wert? Eine Untersuchung über Wortlaut und Praxis der Realisierung (des Einigungsvertrages). Redaktionsschluss 30. Mai 1993. Berlin 1993.

Grimmer, Reinhard/Irmler, Werner (2002): Hauptaufgaben und Methoden der Abwehr. In: Die Sicherheit. Zur Abwehrarbeit des MfS. B. 1, edition ost, Berlin 2002, S. 239-331.

Grimmer, Reinhard/Irmler, Werner/Neiber, Gerhard u. a.(2002): Sicherheitspolitik der SED, staatliche Sicherheit der DDR und Abwehrarbeit des MfS. In: Die Sicherheit. Zur Abwehrarbeit des MfS. Bd. 1, edition ost, Berlin 2002, S. 44-238.

Grimmer, Reinhard/Irmler, Werner/Opitz, Willi u. a. (Herausgeber) (Sicherheit, 2002): Die Sicherheit. Zur Abwehrarbeit des MfS. Zwei Bände. edition ost, Berlin 2002.

Großmann, Werner (1990): »Mielke hat sich selber misstraut«. *Spiegel*-Interview mit dem letzten Stasi-Spionagechef Werner Großmann über die Auflösung seines Dienstes. In: *Der Spiegel* 36/1990, S. 101-106. Derselbe: (1999) Dos(s)ierte Quellenkunde. Deutsche Vereinigungsgeschichte. Gespräch mit Werner Großmann, letzter Chef der DDR-Auslandsaufklärung, über neue Aktenfunde bei der Gauck-Behörde, das Ende der DDR und die Interessen der CIA: In: *Freitag,* 5. Februar 1999. Derselbe: (2007). Bonn im Blick. Die DDR-Aufklärung aus der Sicht ihres letzten Chefs. Das Neue Berlin, Berlin 2007.

Grotewohl , Otto (1954): Im Kampf um die einige Deutsche Demokratische Republik. Reden und Aufsätze Auswahl aus den Jahren 1945-1953. Band I 1945-1949, Berlin. 1954. Derselbe (1954a): Erste Zwischenbilanz der Verfassungsdebatte 8. Dezember 1946. In: Ebender: S. 82-91. Derselbe (1954b): Für eine demokratische Staatsverfassung Deutschlands 30. April 1948. In: Ebenda S. 186-189. Derselbe (1954c) Für eine ungeteilte deutsche Republik. Derselbe (1954c) »Entwurf der Verfassung der DDR«, Rede auf der 5. Sitzung des Deutschen Volksrates, 22. Oktober 1948. In: Ebenda, S. 248-281. Derselbe (1954d): Entwurf der Verfassung der DDR. Rede auf dem 3. Deutschen Volkskongress am 29. und 30. Mai 1949. In: Ebenda, S. 438-462.

Gruel, Karl-Friedrich (1990): Staatsgrundsätze und Staatsorganisation. In: *Staats und Recht* 5/1990, S. 359-361.

Gruel, Karl-Friedrich/Schiffers, Angelika (1990): Verfassungsentwurf der DDR – Ausdruck von Erfahrungen und neuen Herausforderungen. Diskussionsangebot PDS-Parteivorstand, Kommission Politische Bildung, April 1990.

Grundrechte des deutschen Volkes (1951): Die Grundrechte des deutschen Volkes. SED-Parteivorstand Wilhelm Pieck und Otto Grotewohl, 19. September 1946. In: Dokumente der SED. Beschlüsse und Erklärungen des Zentralsekretariats und des Parteivorstandes Band I Berlin 1951, S. 91-97.

Grundrechte-Report (1997ff.): Herausgeber: Humanistische Union, Gustav-Heinemann Initiative, Komitee für Grundrechte und Demokratie, Bundesarbeitskreis kritischer Juragruppen, PRO ASYL, dem Republikanischen Anwältinnen- und Anwälteverein, der Vereinigung demokratischer Juristinnen und Juristen, Internationalen Liga für Menschenrechte und der Neuen Richtervereinigung. Hamburg bzw. Frankfurt am Main 1997-2009.

Guggenberger, Bernd/Preuß, Ulrich K./Ullmann, Wolfgang (Hrsg.)(1991): Eine Verfassung für Deutschland. Manifest-Text-Plädoyers. München Wien 1991.

Gundlach, Jürgen (o. J.): Int Plattdütsche gewersett (Vörlöpige) Verfatung von dat Land Mäkelborg-Vörpommern. Herausgeber: Landtag Mecklenburg-Vorpommern Schwerin (o. D. nach 12. Juni 1994).

Häsgen, Holger (1992): Für ein generelles Verbot von Zwangsdiensten. In Heuer /Riege (1992), S. 41-43.

Haferbeck, Edmund (1994): Bundesdeutsche (Justiz-)Behörden – eine kriminelle Vereinigung? Schwerin 1994.

Hager, Kurt (1988): 6.Tagung des ZK der SED)9./10. Juni 1988. Aus dem Bericht des Politbüros an die 6. Tagung des ZK der SED. Berichterstatter: Kurt Hager Berlin 1988.

Hager, Nina (2009): Ein fundamentales Defizit und eine negative Bilanz. Die sozialen Grundrechte fehlen im Grundgesetz – nicht aber in den DDR-Verfassungen. In: *UZ* vom 19. Juni 2009, S. 7.

Hahn, Erich (1999): Über Pauschalisierungen und Differenzierungen. In: Heft 21 des Marxistischen Forums Januar/ Februar 1999, S. 12-15. Derselbe: (2009): Zum Streit um die DDR. In: Marxistische Blätter 3-09 S. 33-39.

Handbuch DDR (1984): Handbuch DDR. Jubiläumsausgabe Leipzig 1984.

Handwörterbuch (1992): Handwörterbuch zur deutschen Einheit. Weidenfeld/Korte (Hrsg.) Frankfurt/New York 1992.

Hannover, Heinrich (2005): Die Republik vor Gericht. Erinnerungen eines unbequemen Rechtsanwalts. Berlin 2005.

Hannover, Irmela/Rothin, Ilona (Hrsg.) (1990): Sind wir ein Volk? DDR-Reporter berichten aus Deutschland West. BRD-Reporter berichten aus Deutschland Ost. Hamburg 1990.

Harich, Wolfgang (1994): Strohmänner – was sonst? Der Einigungsvertrag: Macht gegen Moral. In: Prokop (Herausgeber). Die kurze Zeit der Utopie. Die »zweite DDR« im vergessenen Jahr 1989/90. Berlin 1994, S. 166-174.

Hartmann, Günter (2002): Fraktionen: parlamentarische Rudimente oder Gremien mit Bedeutung? In: Patzelt/Schirmer R. (2002), S. 206-214.

Hartmann, Ralph (2007): Die Alleinschuld der DDR an der Mauer. In: Derselbe: (2008) Die DDR unterm Lügenberg, Hannover 2007, S. 54-66. Derselbe: (2008 a) Liquidatoren. edition ost, Berlin 2008.

Hausmann, Christopher (2000): Biographisches Handbuch der 10. Volkskammer der DDR (1990).Köln/Weimar/Wien 2000.

Henke, Klaus-Dietmar (Herausgeber)(2009): Revolution und Vereinigung 1989/90. Als in Deutschland die Realität die Phantasie überholte. München 2009.

Herles, Helmut/ Rose, Ewald (Herausgeber)(1990): Vom Runden Tisch zum Parlament. Bonn 1990. Dieselben: (1990 a): Parlaments-Szenen einer deutschen Revolution. Bundestag und Volkskammer im November 1989. Bonn 1990.

Hertle, Hans-Herrmann/Stephan. Gerd-Rüdiger (Hg.) (1997): Das Ende der SED. Die letzten Tages des Zentralkomitees. Berlin 1997.
Herzberg, Guntolf (Hg.) (2007): Rudolf Bahro: Denker – Reformator – Homo politicus. Nachlasswerk: Das Buch von der Befreiung, Vorlesungen, Aufsätze, Reden, Interviews. edition ost, Berlin 2007.

Herzog, Dietrich (2000): Die 10. Volkskammer der DDR: Ein verantwortungsbewusstes und tüchtiges Parlament. In: Misselwitz/Schröder (10. VK, 2000): S. 11-20.

Heuer, Uwe-Jens (2002): Im Streit: Ein Jurist in zwei deutschen Staaten. Baden-Baden 2002. Ders.: (Marxismus, 1989) Marxismus und Demokratie Berlin 1989.

Heuer, Uwe-Jens/Riege, Gerhard (1992): Der Rechtsstaat – eine Legende? Erfahrungen zweier Rechtswissenschaftler 1990/91. In: Volkskammer und Bundestag. Baden-Baden 1992. Dieselben: (Hg.) (Verfassung, 1992 a): Neues Deutschland neue Verfassung?! Bonn 1992.

Hillgruber, Christian (2009): Die besseren Europäer. Karlsruhe hat das Grundgesetz ernst genommen. In: *FAZ* vom 10. September 2009, S. 8.

Höppner, Reinhard (2000): Beitritt zum heutigen Tage. Das allgegenwärtige Thema des Beitritts der DDR zum Geltungsbereich des Grundgesetzes. In: Misselwitz/Schröder (10. VK, 2000), S. 107-121.

Holz, Hans Heinz (2009): Marxismus ohne Lenin? In: *junge Welt* vom 27./28. Juni 2009, S. 10 f. Derselbe: (2009 a) Der frühe Tod des Grundgesetzes (zum KPD-Verbot). In: *junge Welt* vom 5./6. Dezember 2009, S. 10f.; Fortsetzung 7. Dezember 2009, S. 10 f. Reine Gesinnungsjustiz.

Honecker, Erich (1978): Errungenschaften und tiefgreifende Veränderungen im Leben des Volkes müssen in der Verfassung Ausdruck finden. Rede zur Begründung des »Gesetzes zur Ergänzung und Änderung der Verfassung der DDR« am 27. September 1974. In: Derselbe (1978): Reden und Aufsätze, Bd. 3, Berlin 1978, S. 105-110. Derselbe: (1988) Gespräch mit dem Zentralrat der FDJ, 22. Dezember 1988, Schwerin ist nicht Armenien. In: Staadt (1995), S. 137 f. Derselbe: (1992) Zu dramatischen Ereignissen. Hamburg 1992. Derselbe: (1993): Politische Erklärung 3.12.1992. In: *DeutschlandArchiv* X/1993, S. 97. Derselbe: (1994): Moabiter Notizen. Letztes schriftliches Zeugnis und Gesprächsprotokolle vom BRD-Besuch 1987 aus dem persönlichen Besitz Erich Honeckers. edition ost, Berlin 1994.

Horn, Gyula (1991): Freiheit, die ich meine. Erinnerungen des ungarischen Außenministers, der den Eisernen Vorhang öffnete. Hamburg 1991.

Huber, Peter M. (2009): Wer das Sagen hat. Der Bundestag läuft Gefahr, zum Potemkinschen Dorf zu degenerieren ... In: *FAZ* vom 10. September 2009, S. 8.

Hünefeld, Gerhard/Peller, Wolfgang (1990): Gerichte und Richter im Rechtsstaat. In: *Neue Justiz* 1/1990 S. 9-12.

Hüttmann, Jens (2009): Medien und Bevölkerung in der Bundesrepublik angesichts der DDR-Krise. In: Henke (2009), S. 374-385.

Hummitzsch, Manfred (2009): »Ohne Blut an den Händen durch Leipzig laufen«: Demonstration in der sächsischen Stadt vor 20 Jahren: Minister Mielke setzte sich persönlich für Gewaltfreiheit ein. Abstruse Behauptungen des Bundespräsidenten. Ein Gespräch mit Manfred Hummitzsch, in: *junge Welt* vom 9. November 2009, S. 3.

Initiativgruppe (1990): Vorschläge zu ausgewählten Verfassungsbestimmungen. In: Für eine neue Verfassung. Berlin 1990, S. 107-126.

Interview (2009): »Das nicht! Aber was?« Interview mit Bürgerrechtlern Hans Misselwitz, Ulrike Poppe, Katrin Göring-Eckardt, Wolfgang Templin). In: *Die Zeit* 20/2009, S. 10-11.

Isensee, Josef (1992) (Herausgeber): Vergangenheitsbewältigung durch Recht. Berlin 1992.Derselbe: (1992 a) Der Rechtsstaat und die Aufarbeitung der vorrechtsstaatlichen Vergangenheit. In: Veröffentlichungen der Vereinigung der Deutschen Staatsrechtslehrer 51 (1992). Derselbe (1997) Rechtsstaat – Vorgabe und Aufgabe der Einigung Deutschlands. In: Handbuch des Staatsrechts der BRD Band IX, § 202 Rn. 1 ff.

Isensee, Josef/Kirchhof, Paul (1997): Handbuch des Staatsrechts der BRD. Band IX. Die Einheit Deutschlands-Festigung und Untergang. Heidelberg 1997.

Izeki, Tadakisa (1999): Das Erbe der Runden Tische in Ostdeutschland. Bürgerorientierte Foren in und nach der Wendezeit. Frankfurt a. M. 1999.

Jakowlew, Alexander (2002): Die Abgründe meines Jahrhunderts. München 2002.

Jochum, Dietmar (1996): Der Politbüro-Prozess. Dokumentation eines Justiztheaters. Kückenshagen 1996. Derselbe (Urteil 1998): Die Plädoyers und das Urteil im Politbüroprozess. Berlin 1998.

Joseph, Detlef (1997): Der Rechtsstaat und die ungeliebte DDR. Schkeuditz 1997. Derselbe: (1990) Zur Geschichte der Diskussion um den sozialistischen Rechtsstaat. In: *Staat und Recht* 2/1990, S. 139-146. Derselbe: (2002) Nazis in der DDR. edition ost, Berlin 2002.

Kalweit, Werner (2002): Zur Konzeption und Praxis der Volkskammer 1949-1989. In: Patzelt/Schirmer, R. (2002), S. 182-186.

Kanther, Manfred/S., Berndt/Eggert, Heinz (1994): Innere Sicherheit in Deutschland. Hrsg Konrad-Adenauer-Stiftung Heft 14. Sankt Augustin 1994.

Karlsch, Rainer (2004): Allein bezahlt? Die Reparationsleistungen der SBZ/DDR 1945-1953. Reprint Klitzschen 2004.

Kassationsurteil (1990): Vera Wollenberger durch Kassationsurteil des Obersten Gerichts freigesprochen. Urteil des Obersten Gerichts vom 29. Mai 1990 – 3 ODK 20/90. In: *Neue Justiz* 7/1990, S. 289 f.

Kelle, Herbert (2002): Zeuge der Arbeit der Volkskammer über fast drei Jahrzehnte. In: Patzelt/Schirmer, R. (2002), S. 195-205.

Kelle, Herbert/Riemann, Tord (1989): Die Volkskammer, wie sie arbeitet. Berlin 1989.

Keller, Dietmar (1994): Minderheitenvotum zum Bericht der Enquete-Kommission des Deutschen Bundestages »Aufarbeitung von Geschichte und Folgen der SED-Diktatur in Deutschland« vom Mitglied der Kommission, Dr. Dietmar Keller (PDS/Linke Liste). In: Ansichten zur Geschichte der DDR. Hg. von Dietmar Keller, Hans Modrow und Herbert Wolf Band IV Bonn/ Berlin 1994, S. 9-86.

Kellner, Horst (1990): Überlegungen zur Schaffung eines Verfassungsgerichtshofs. In: *Neue Justiz* 1/90, S. 26-29.

Kinkel, Klaus (1992): Begrüßungsansprache des Bundesministers der Justiz vor dem 15. Deutschen Richtertag, 23. September 1991 in Köln. In: *Deutsche Richterzeitung* 1/1992, S. 4.

Klein, Eckart/Lörler, Sighart (1990): Überlegungen zur Verfassungsreform in der DDR. Herausgeber: Jakob-Kaiser-Stiftung e.V., Königswinter Januar 1990.

Klenner, Hermann (1982): Marxismus und Menschenrechte. Studien zur Rechtsphilosophie. Anhang: Menschenrechtskataloge aus Vergangenheit und Gegenwart. Berlin 1982.

Klönne, Arno (2007): Die Geschichte des einen Staates ist ohne die des anderen nicht zu verstehen. In: Tabus der bundesdeutschen Geschichte. Hannover 2007, S. 168-171.

Kohl, Helmut (1993): Bilanzen und Perspektiven. Regierungspolitik 1989-1991. Bd. 1 und 2. Presse- und Informationsamt der Bundesregierung. Reihe Berichte und Dokumentationen. Oktober 1992. Derselbe (1996): »Ich wollte Deutschlands Einheit«. Berlin 1996. Derselbe: (1989). Zehn-Punkte-Programm zur Überwindung der Teilung Deutschlands und Europas. Rede von Bundeskanzler Kohl vor dem Deutschen Bundestag am 28. November 1989 (Auszüge). In: Außenpolitik (BRD, 1995), S. 632-638.

Köhler, Otto (2009): Der Maunz, ich und das Grundgesetz. Wie der Autor des »herrschenden Kommentars« zur Verfassung heute die bundesdeutsche Rechtsprechung prägt. In: *junge Welt* vom 25. Mai 2009, S. 10 f.

Körner, Gerhard (1988): Gerichtliche Beweisaufnahme und Wahrheitsfindung im Strafprozess. In: *Neue Justiz* 8/1988, S. 310-314.

Kommentar zum Grundgesetz (1989): Kommentar zum Grundgesetz für die Bundesrepublik Deutschland in zwei Bänden, Reihe Alternativkommentare Gesamtherausgeber Rudolf Wassermann (o. O.) Luchterhand 1989.

Konzeption (1991): Konzeption »Deutschland, einig Vaterland« (Wortlaut) vom 1. Februar 1990. In: Modrow (Aufbruch, 1991): Hamburg 1991, S. 186-188.

Kotschemassow, Wjatscheslaw (1994): Meine letzte Mission. Fakten Erinnerungen Überlegungen. Berlin 1994.

Krenz, Egon (1989): Referat 10. Tagung ZK der SED, 8.-10. November 1989. In: Schritte zur Erneuerung, Berlin 1989. Derselbe (1994) Der 9. November 1989. Unfall oder Logik der Geschichte. In: Prokop (Herausgeber). Die kurze Zeit der Utopie. Die »zweite DDR« im vergessenen Jahr 1989/90. Berlin 1994, S. 71-99. Derselbe: (1999): Herbst '89. Neues Leben, Berlin 1999. Derselbe: (2006): Widerworte. Aus Briefen und Zeugnissen 1990-2005. edition ost, Berlin 2006. Derselbe: (2009): Gefängnis-Notizen. edition ost, Berlin 2009. Derselbe: (2009a): Herbst '89. Vorwort zur Ausgabe 2009, edition ost, S. 7-38. Derselbe: (2009 b) Das vorläufige Ende des Sozialismus auf deutschem Boden ist nicht mit Blut befleckt. Gespräch mit Egon Krenz über die Öffnung der Grenzen am 9.November 1989, über die DDR und über den Sozialismus. In: *UZ* am 6. November 2009, S. 9.

Krüger, Paul (2000): Für einen geordneten Einigungsprozeß-zur Arbeit der CDU/CDA-Fraktion. In: Misselwitz/ Schröder (10. VK, 2000): S. 153-162.
Kuczynski, Jürgen (1994): ZeitGenosse. Berlin 1994. Derselbe: (1994 a): Ein hoffnungsloser Fall von Optimismus? Memoiren 1989-1994. Berlin 1994. Derselbe: (1998): Ein treuer Rebell. Memoiren 1994-1997. Berlin 1998.

Küchenmeister, Daniel (Herausgeber) (1993): Honecker-Gorbatschow. Vieraugengespräche. Berlin 1993.

Kündigungen (1992): Deutscher Bundestag 12. Wahlperiode Drucksache 12/4013 (18.12.92). Antwort der Bundesregierung auf die Kleine Anfrage des Abgeordneten Dr. Uwe-Jens Heuer und der Gruppe der PDS/Linke Liste. Drucksache 12/3635 (zu Kündigungen im Öffentlichen Dienst).

Künzel, Werner/Rode, Burkhard (1990): Der Beitritt des Saarlandes – Beispiel für die DDR? In: *Staat und Recht* 11/1990, S. 903-911.

Küsters, Hans Jürgen (1998): Entscheidungen für die deutsche Einheit. Einführung in die Edition. In: Dokumente (DzD 1998): S. 21-236. Derselbe (2009) Die Bundesregierung und die Krise der DDR vor dem Mauerfall. In: Henke (2009), S. 365-373.

Kutscha, Martin/Paech, Norman (Hrsg.) (1981): Im Staat der »Inneren Sicherheit«. Polizei, Verfassungsschutz, Geheimdienste, Datenkontrolle im Betrieb. Beiträge und Dokumente. Frankfurt a. M. 1981.

Kwizinskij, Julij A. (1993): Vor dem Sturm. Erinnerungen eines Diplomaten. Berlin 1993.

Lafontaine, Oskar (2008): Die Linke und die Menschenrechte. Wortlaut der Rede vom 4. Dezember 2008 in der Rosa-Luxemburg-Stiftung in Berlin. In: Standpunkte 27/2008, S. 1-8.

Landtag Mecklenburg-Vorpommern (2008): »Friedenverpflichtung und Gewaltfreiheit«. Die dritte Änderung der Landesverfassung. Dokumentation der Arbeit des Landtages Mecklenburg-Vorpommern. Schwerin 2008.

Ländereinführungsgesetz (1990): Verfassungsgesetz zur Bildung von Ländern in der DDR – Ländereinführungsgesetz – vom 22. Juli 1990. In: GBL I Nr. 51, S. 955-959; Verfassungsgesetz zur Änd. des Ländereinführungsgesetzes vom 22. Juli 1990 vom 13. September 1990. In: GBl. I Nr.63, S. 1567.

Laufer, Jochen (1998): Die Verfassungsgesetzgebung in der SBZ 1946-1949. In: Beilage zur Wochenzeitung *Das Parlament,* Ausgabe B 32-343/98, 31. Juli 1998, S. 29-41.

Leich, Werner (1997): Zur Interpretation der Formel »Kirche im Sozialismus«, München, Januar 1997. In: Getrennte Vergangenheit, Gemeinsame Zukunft. Bd. 2 Opfer, Opposition und Widerstand, I. 4. S. 69-78, S. 112 f.

Leicht, Justus (2009): 60 Jahre Grundgesetz. Internet: World Socialist Website wsws.org 23. Mai 2009.

Lemke, Michael (2009): Die Sowjetunion und die deutsche Einheit. Warum Moskau die DDR aufgab. In: Henke (2009) S. 456-473.

Leonhard, Wolfgang (2008): Meine Geschichte der DDR. Hamburg 2008.

Lieberam, Ekkehard (1992): Demokratisierung als Weg zur Identitätsfindung. In: Heuer/Riege (Hg.) (1992), S. 44-47. Derselbe: (1989) Verfassungsfragen im Wettstreit der Gesellschaftssysteme. In: *Staat und Recht* 12/1989, S. 1011-1015. Derselbe: (2009): Arbeiterklasse/arbeitende Klasse in Deutschland. Überlegungen zur Marxschen Klassentheorie nach 160 Jahren Manifest. In: *Marxistische Blätter* 2/2009 S. 61-75. Derselbe: (2009a) Quicklebendig. DDR-Erfahrungen und die Zukunft sozialistischer Gesellschaftsgestaltung. In: *junge Welt* vom 7. Oktober 2009, S. 4/5.

Lieberam, Ekkehard /Wölzel, Roland (2009): Unser Beitrag in der »Erinnerungsschlacht« um die DDR. In: *Marxistische Blätter* 3/2009, S. 23-33.

Lindenberger, Thomas (2009): Der lange Sommer einer kurzen Demokratie: Die DDR zwischen »Wende« und Vereinigung. In: Henke (2009), S. 343-352.

Löw, Konrad (Hrsg.) (1991): Ursache und Verlauf der deutschen Revolution 1989. Berlin 1991.

Lorenz, Thomas (1992): Notate zu Artikel 3 a. In: Heuer/Riege (1992), S. 48-50.

Luft, Christa (1996): Die Lust am Eigentum. Auf den Spuren der deutschen Treuhand. Zürich 1996. Dieselbe: (1999): Abbruch oder Aufbruch? Warum der Osten unsere Chance ist. Berlin 1999. Dieselbe: (2000): In: Die soziale Marktwirtschaft ohne Arbeit und Eigentum? (Debatten und Beschlüsse zu Treuhand/Währungs-, Wirtschafts- und Sozialunion). In: Misselwitz/Schröder (2000), S. 91-105.

Maier, Charles S. (2009): Essay: Die ostdeutsche Revolution. In: Henke (2009), S. 553-575.

Maizière, Lothar de (1993): »Wer Geschichte restaurieren will, wird wahrscheinlich eine Bauchlandung erleben«. In: Modrow/Watzek, Junkerland in Bauernhand. Die deutsche Bodenreform und ihre Folgen. Berlin 2005, S. 46-52. Derselbe: (2002) Die Volkskammer der DDR – trug sie diesen Namen zu Recht? In: Patzelt/Schirmer, R. (2002), S. 87-93.

Maleuda, Günther (2000): Die Fraktion DBD/DFD. In: Misselwitz/Schröder (2000): S. 191-198.

Mampel, Siegfried (1972): Die sozialistische Verfassung der DDR. Text und Kommentar Frankfurt am Main 1972. Derselbe: (1990): Gedanken zu Verfassungsfragen. In: Staat und Recht 1990 S. 435-447.

Mangoldt, Hermann von (1957): Das Bonner Grundgesetz. Erläutert von Hermann von Mangoldt und Friedrich Klein. Bd. 1, Berlin und Frankfurt a. M. 1957.

Markierungen (1990): Markierungen auf dem Weg zu einer gesamtdeutschen Verfassung. Bad Boll 1990.

Markwardt, Waldemar (1996): Erlebter BND. Kritisches Plädoyer eines Insiders. Berlin 1996.

Meckel, Markus (2000): Die Außenpolitik der DDR in der Zeit der frei gewählten Volkskammer 1990. In: Misselwitz/ Schröder (2000), S. 75-90.

Melzer, Helmut (1990): Staatsreform und Kommunalverfassung. In: Für eine neue Verfassung (1990), S. 64-76.

Meßmann, Volker/Schulze, Carola (1990): Volkssouveränität oder Rechtsstaat? Gedanken im Vorfeld einer neuen Verfassung. In: *Staat und Recht* 5/1990, S. 275-280.

Misselwitz, Hans/Schröder, Richard (2000): Mandat für Deutsche Einheit. Die 10. Volkskammer zwischen DDR-Verfassung und Grundgesetz. Opladen 2000.

Mitter, Armin/Wolle, Stefan (Herausgeber) (1990): Ich liebe euch doch alle! Befehle und Lageberichte des MfS Januar-November 1989. Berlin 1990.

Modrow, Hans (1991): Aufbruch und Ende. Hamburg 1991. Derselbe: (1990) Einheit und Identität der Deutschen in Ost und West. In: Markierungen, S.

106-115. Derselbe: (1998). Ich wollte ein neues Deutschland. Berlin 1998. Derselbe: (1998 a). Die Perestroika. Wie ich sie sehe. Persönliche Erinnerungen und Analysen eines Jahrzehntes, das die Welt veränderte. edition ost, Berlin 1998. Derselbe: (2001). Von Schwerin-Strasbourg. Erinnerungen an ein halbes Jahrhundert Parlamentsarbeit. edition ost, Berlin 2001. Derselbe: (2007). In historischer Mission. Als deutscher Politiker unterwegs. edition ost, Berlin 2007. Derselbe: (2009) Wir haben souverän gehandelt. Interview: *http://www..neues–deutschland.de/artikel/1590263.* 16.11.2009, S. 1-4. Derselbe: (2009a). Die inneren Probleme wurden verdrängt. Hübner sprach mit Hans Modrow über Demokratieanspruch und –defizit der DDR. In: *Neues Deutschland,* 7.10.2009, S. 4 f.

Mollnau, Karl A. (1989): Sozialistischer Rechtsstaat (Versuch einer Charakterisierung). In: Neue Justiz 10/89 S. 393-397. Derselbe: (1990) Selbstverständnis der Rechtswissenschaft und sozialistischer Rechtsstaat. In: *Neue Justiz* 1/1990, S. 2-5.

Momper, Walter (1991): Grenzfall. Berlin im Brennpunkt deutscher Geschichte. München 1991.

Most, Edgar (2009): Fünfzig Jahre im Auftrag des Kapitals. Gibt's es einen Dritten Weg? Das Neue Berlin, Berlin 2009.

Müller, Uwe (2006): Supergau Deutsche Einheit. Hamburg 2006.

Murswiek, Dietrich (2007): Der Verfassungsschutzbericht – Funktionen und rechtliche Anforderungen. *http://www.jura.uni-freiburg.de/institute/ioeffr3/forschung/papers.php* Version 2, Juli 2007.

Musiolek, Berndt/Wuttke, Carola (Hrsg.) (1991): Parteien und politische Bewegungen im letzten Jahr der DDR (Okt.1989-April 90), Berlin 1991.

Nakath, Detlef (1995): Deutschlandpolitiker der DDR erinnern sich. Berlin 1995.

Nakath, Detlef/Stephan, Gerd-Rüdiger (1996): Countdown zur deutschen Einheit. Eine dokumentierte Geschichte der deutsch-deutschen Beziehungen 1987-1990. Berlin 1996.

Neubert, Ehrhart (2009): Gesicht und Stimme der Revolution: Bärbel Bohley. In: Henke (2009), S. 238-248.

Neue Chronik DDR (1990): Neue Chronik DDR. Berichte, Fotos, Dokumente. 1. Folge 7. August-18. Oktober 1989; 2. Folge 19. Oktober/November 1989. Berlin 1990.

Niebling, Gerhard/Schwanitz, Wolfgang (2002): Das Ende. In: Die Sicherheit 2002, Bd. 1, S. 12-37.

Niemann, Heinz (1999): Über total unterschiedlichen Umgang mit DDR-Geschichte. In: Heft 21 des Marxistischen Forums Januar/Februar 1999, S. 30-33.

Note (29.9.1990): Note der Regierung der DDR an die Bundesregierung vom 29. September 1990. In: Dokumente (DzD 1998): Nr. 430 A, S. 1553f.

Notifizierung (3. 10. 1990): Notifizierung der deutschen Vereinigung bei den Vereinten Nationen am 3. Oktober 1990. In: Außenpolitik (BRD 1995), S. 717 f.

Oberreuter, Heinrich (2002): Idee, Norm und Realität sozialistischer Vertretungskörperschaften. In: Patzelt/Schirmer, R. S. 75-86.

Offensiv (Hrsg.)(2000): Auferstanden aus Ruinen. Über das revolutionäre Erbe der DDR. Hannover, Januar 2000.

ohn Macht (1992): ohn Macht DDR-Funktionäre sagen aus. Herausgegeben von Brigitte Zimmermann und Hans-Dieter Schütt. Berlin 1992.

Ohse, Marc-Dietrich (2009): »Wir sind ein Volk!« Die Wende in der »Wende«. In: Henke (2009) S. 269-283.

Oktober (1989): Oktober 1989. Wider den Schlaf der Vernunft. Berlin 1989.

Osang, Alexander (2009): Der Ostdeutsche in Bernstein. In: *Der Spiegel* 14/2009 S. 44-45.

Otto, Wilfriede (1994): Opposition und Widerstand zwischen Hoffnung und Enttäuschung. In: Ansichten zur Geschichte der DDR. Band III Bonn/Berlin 1994 S. 227-256. Dieselbe: (2000) Erich Mielke- Biographie. Aufstieg und Fall eines Tschekisten. Berlin 2000.

Paech, Norman (2009): »BRD kann man als Unrechtsstaat bezeichnen.« Regierung verletzt ungeniert Grundgesetz – auch deswegen darf »Krieg« nicht »Krieg« heißen. Ein Gespräch mit Norman Paech. In: *junge Welt* vom 6. November 2009, S. 2.

Parteien (1991): Parteien und politische Bewegungen im letzten Jahr der DDR (Okt. 1989-April 1990), Berlin 1991.

Patzelt, Werner J.(2002): Die Volkskammer als Gegenstand vergleichender Parlamentarismusforschung. In: Ebender/Schirmer, R. (2002), S. 13-25. Derselbe (2002a) Die Volkskammer und ihre Geltungsgeschichte. In: Ebenda 42-73. Derselbe: (2002b) Wie war die Volkskammer wirklich? Akteurs- und Analytikerperspektiven im Vergleich. In: Ebenda, S. 247-298. Derselbe: (2009) Unsere Verfassung verträgt keine Basteleien. In: *FAZ* vom 5. Juni 2009, S. 9.

Patzelt, Werner J./Schirmer, Roland (Hrsg.)(2002): Die Volkskammer der DDR. Sozialistischer Parlamentarismus in Theorie und Praxis. Wiesbaden 2002.

Pawlowski, Rita (Hg.) (2007): »Unsere Frauen stehen ihren Mann«. Frauen in der Volkskammer der DDR 1950-1989. Ein biographisches Handbuch. Berlin 2007.

Pergande, Frank (2009): Ossis und Wessis: *FAZ* vom 14. März 2009, S. 1.

Peters, Butz (2006): Der letzte Mythos der RAF. Das Desaster von Bad Kleinen – wer erschoss Wolfgang Grams. Berlin 2006.

Personelle Verflechtungen (1997): Personelle Verflechtungen des Politbüros des ZK der SED mit Organen der Partei, des Staates und der Gesellschaft. In: Hertle/Stephan (1997) S. 482.

Pfeiffer, Manfred /Fischer, Manfred (Herausgeber) (1990): Markierungen auf dem Weg zu einer gesamtdeutschen Verfassung. Dokumentation eines Symposions, Bad Boll 29. Juni-1. Juli 1990.

Plato von, Alexander (2003): Die Vereinigung Deutschlands – ein weltpolitisches Machtspiel. Bush, Kohl, Gorbatschow und die geheimen Moskauer Protokolle. Bonn 2003.

Platzeck, Matthias (2009): Spiegel-Gespräch: Die DDR ist mausetot. In: *Der Spiegel* 21/2009, S. 30-32.

Pogodda, Hans (1990): Rechtsstaat contra Etatismus. In: *Staat und Recht* 5/1990, S. 363-372.

Politische Diskriminierung (1993): Politische Diskriminierung und Berufsverbote in Ostdeutschland. Herausgeberin: PDS/Linke Liste im Bundestag. Bonn, Januar 1993.

Politische Parteien (1990): Politische Parteien und Bewegungen der DDR über sich selbst. Handbuch. Berlin 1990.

Pollack, Detlef (2009): »Wir sind das Volk« Sozialstrukturelle und ereignisgeschichtliche Bedingungen des friedlichen Massenprotests. In: Henke (2009).

Positionspapier (1990): Überlegungen und Vorschläge zur nachrichtendienstlichen Problematik im deutschen Einigungsprozess. Berlin o. D. (nach dem 30. Juni 1990). In: Großmann (2007) S. 207-211.

Potthoff, Heinrich (1997): Bonn und Ost-Berlin 1969-1982. Dialog auf Höchster Ebene und vertrauliche Kanäle Darstellung und Dokumente. Bonn 1997.

Prantl, Heribert (1998): Sind wir noch zu retten? Anstiftung zum Widerstand gegen eine gefährliche Politik. München Wien 1998.

Preuß, Ulrich K. (1990): Ereignisse und Gestalten. Auf der Suche nach der Zivilgesellschaft. Der Verfassungsentwurf des Runden Tisches. In: *FAZ* vom 28. April 1990.

Protokoll (zum Einigungsvertrag, 1990): Protokoll zum Einigungsvertrag zwischen der BRD und der DDR, »Klarstellungen«. In: Einigungsvertrag Sonderdruck aus der Sammlung Das deutsche Bundesrecht, Baden-Baden 1990 I A 5 S. 35-38.

Quade, Kathrin (1990): Für einen neuen Ansatz in der Grundrechtskonzeption. In: Für eine neue Verfassung (1990), S. 42-48.

Rafael, Marta/von Schnitzler, Karl-Eduard (2000): Die DDR in der deutschen Geschichte. In: Auferstanden aus Ruinen, (2000) S. 77-89.

Rebner, Manfred (1990): Frau Präsidentin hat Geburtstag. ... Aus 200 Tagen Volkskammer. Berlin 1990.

Recht und Ideologie (1996): Recht und Ideologie. Festschrift für Hermann Klenner zum 70. Geburtstag. Herausgegeben von Gerhard Haney, Werner Maihofer, Gerhard Sprenger. Freiburg-Berlin 1996.

Regierungserklärung (Kohl 30. Januar 1991): Deutschlands Einheit vollenden. Die Einheit Europas gestalten. Dem Frieden der Welt dienen. Regierungspolitik 1992-1994. Bonn Februar 1991.

Rehabilitierung (1990): Rehabilitierung von Dr. Rudolf Bahro durch Urteil des Präsidiums der Obersten Gerichts der DDR vom 15. Juni 1990 – PrOSK 7/90. In: *Neue Justiz* 7/1990, S. 287 ff.

Reich, Jens (1993): Jens Reich. Gespräch vom 31. August 1993. In: Gaus (1993) S. 103-123. Derselbe (2000) Fraktion Bündnis 90/Grüne Partei: Position und Bilanz. In: Misselwitz/Schröder (Hrsg.), S. 169-175.

Richter, Karl-Otto (1991): Regionale Disproportionen, die Alten und das liebe Geld. Soziologische Anmerkungen zu den Volkskammer- und Kommunalwahlen 1990 in der DDR. Hamburg 1991.

Richtlinie OG (1978): Richtlinie des Plenums des Obersten der DDR zu Fragen der gerichtlichen Beweisaufnahme und Wahrheitsfindung im sozialistischen Strafprozess vom 16. März 1978 . In: GBL. I Nr.14, S. 169-172.

Richtline OG (1988): Richtlinie des Plenums des Oberasten Gerichts zu Fragen der gerichtlichen Beweisaufnahme und Wahrheitsfindung im sozialistischen Strafprozess – Beweisrichtlinie – vom 15. Juni 1988. In: GBl. I Nr. 15, S. 171-176.

Ridder, Helmut (1996): Die deutsch-deutsche Spionage im Okular der westdeutschen Deutschland-Jurisprudenz, Bonn 1996.

Riecker, Ariane/Schwarz, Annette/Schneider, Dirk (1992): Laienspieler. Sechs Politikerporträts: Peter-Michael Diestel, Gregor Gysi, Regine Hildebrandt, Günther Krause, Wolfgang Thierse, Konrad Weiss und ein Interview mit Friedrich Schorlemmer. Leipzig 1992.

Riege, Gerhard (Staatsbürgerschaft, 1967): Zwei Staaten zwei Staatsbürgerschaften. Berlin 1967. Derselbe. (1989): Die Weimarer Verfassung im Spannungsfeld zwischen Novemberrevolution und Faschismus. In: *Neue Justiz* 9/1989, S. 346-350. Derselbe: (1992) Verfassungsentwurf der PDS/LL. In: Heuer/Derselbe: S. 16-33. Derselbe: (1990). In: Für eine neue Verfassung, S. 49-63. Derselbe (1990a). Souveränität-Rechtsstaatlichkeit-Demokratie. In: Staat und Recht 4/1990 S. 327-334.

Riege (In memoriam 1992): In memoriam Gerhard Riege 23.5.1930-15.2.1992. Selbstverlag herausgegeben von den Abgeordneten der PDS/Linke Liste im 12. Deutschen Bundestag. Bonn, im Februar 1993.

Ritter, Gerhard A. (2006): Das Ende der sozialistischen Verfassung der DDR. In: Derselbe: Der Preis der deutschen Einheit. Die Wiedervereinigung und die Krise des Sozialstaats. München 2006. S. 84-87. Derselbe (2009) Die Kosten der Einheit. Eine Bilanz. In: Henke (2009) S. 537-552.

Roellecke, Gerd (1990): Dritter Weg zum zweiten Fall. Der Verfassungsentwurf des Runden Tisches würde zum Scheitern des Staates führen. In: *FAZ* 12. Juni 1990, S. 8.

Roesler, Jörg (2009): Ernst, aber nicht hoffnungslos. Vorabdruck. Mythen über die wirtschaftliche Lage der DDR Ende der 80er Jahre: Teil I: War die DDR 1989 finanziell bankrott? In: *junge Welt* vom 15./16. August 2009, S. 10 f. Derselbe: Der verordnete Bankrott. Teil II (und Schluss): Stand die Wirtschaft der DDR 1989 vor einem Zusammenbruch? In: *junge Welt* vom 17. August 2009, S. 10f.

Roggemann, Herwig (1990): Zur Reformverfassung einer gesamtdeutschen Bundesrepublik. Ein verfassungspolitischer Diskussionsbeitrag. In: *Neue Justiz* 5/1990, S. 182-184.

Rüddenklau, Wolfgang (1992): Störenfried. DDR-Opposition 1986-1989. Mit Texten aus »Umweltblättern«. Amsterdam/Berlin 1992.

Rumpf, Helmut (1956): Ist die Sowjetzone ein Staat? Pseudostaatliche Tarnorganisation sowjetrussischer Fremdherrschaft. In: *Bulletin* Nr.145, S. 1412 7. August 1956.

Rux, Johannes (1992): Die Verfassungsentwürfe in den neuen Bundesländern. In: *Neue Justiz* X/1992, S. 147-151. Derselbe: (1992a). Die Verfassungsdiskussion in den neuen Bundesländern. Vorbild für eine Reform des Grundgesetzes? In: *Zeitschrift für Parlamentsfragen* 1992, S. 291-315.

Sabrow, Martin/Eckert, Rainer/Flacke, Monika u. a. (Hrsg.) (2007): Wohin treibt die DDR-Erinnerung? Dokumentation einer Debatte. Bonn 2007.

Sarge, Günther (2003): Recht oder Unrecht – um die Wahrheit geht es. In: Siegerjustiz? Berlin 2003 S. 95-138.

Sauer, Heiner/Plumeyer. Hans, Otto (1991): Der Salzgitter Report. Die Zentrale Erfassungsstelle berichtet über Verbrechen im SED-Staat. Esslingen/München 1991.

Schabowski, Günter (1991): Der Absturz. Berlin 1991.

Schäuble, Wolfgang (1991): Der Vertrag. Wie ich über die deutsche Einheit verhandelte. Stuttgart 1991.

Schalck-Golodkowski, Alexander (2001): Deutsch-deutsche Erinnerungen. Hamburg 2001.

Schewardnadse, Eduard (1991): Die Zukunft gehört der Freiheit. Hamburg 1991. Derselbe: (2007). Die Wieder-Vereinigung Deutschlands. In: Als der Eiserne Vorhang zerriss. Duisburg 2007, S. 132ff.

Schirdewan, Karl (1994): Aufstand gegen Ulbricht. Im Kampf um politische Kurskorrektur, gegen stalinistische, dogmatische Politik. Berlin 1994.

Schirmer, Gregor (1992): Überlegungen zu den friedenspolitischen Verfassungsgrundsätzen. In: Heuer/Riege (Hg). (1992), S. 54-57. Derselbe (2002): Die Volkskammer und die politische Führung der SED. In: Patzelt, /Schirmer, R.(2002) S. 187-194. Derselbe: Die Volkskammer der DDR. Eine Einführung. In: Patzelt/ Schirmer, R. (2002), S. 26-41. Derselbe: (2002a) Die Volkskammer – ein stummes Parlament? Die Volkskammer und ihre Abgeordneten im politischen System der DDR. In: Patzelt/Schirmer, R. (2002), S. 94-180.

Schlink, Bernhard (1994): Rechtsstaat und revolutionäre Gerechtigkeit. In: *Neue Justiz* 10/1994, S. 433-437.

Schmid, Carlo (1979): Erinnerungen. 3. Band der Gesammelten Werke. Bern/München/Wien 1979.

Schmidt, Helmut (1990): Die Deutschen und ihre Nachbarn. Menschen und Mächte II. Berlin 1990. Derselbe: (1993) Handeln für Deutschland. Wege aus der Krise. Berlin 1993. Derselbe: (2005) Auf dem Weg zur deutschen Einheit. Bilanz und Ausblick. Hamburg 2005.

Schneider, Horst (2008): Hysterische Historiker. Vom Sinn und Unsinn eines verordneten Geschichtsbildes. Eine Streitschrift wider bestimmte Totalitarismusforscher, DDRologen und Renegaten. Berlin 2008. Derselbe: (2009) Schwarz-Rot-Goldene Worte. Was Politiker der »Wiedervereinigung« gewollt und versprochen haben. Berlin 2009.

Schnitzler, Karl-Eduard von (1993): Der rote Kanal. Armes Deutschland. Hamburg 1993.

Schöneburg, Karl-Heinz (Hrsg.) (1983): Errichtung des Arbeiter-und-Bauernstaates in der DDR 1945-1949. Berlin 1983. Derselbe: (1983a) Die Gründung des sozialistischen Staates der DDR als Form der Diktatur des Proletariats. In: Staats- und Rechtsgeschichte DDR, 1983, S. 270-289.Derselbe: (1985) Wesen und Wirken der DDR-Verfassung vom 7.Oktoben 1949. In: Schöneburg/Weichelt/Petzold (Verfassung, 1985), S. 5-18. Derselbe: (1989) Eine neue sozialistische Verfassung der DDR: In: *Staat und Recht* Heft 12 (1989 a), S. 963-980. Derselbe: (1990). Die revolutionäre Veränderung in der DDR erfordert eine neue Verfassung. In: Für eine neue Verfassung (1990a), S. 7-30. Derselbe: (1990 b) Die Babelsberger Konferenz des Jahres 1958: Dialektik von Ziel, Inhalt und Wirkungsgeschichte. In: *Neue Justiz* 1/1990, S. 5-8.

Schöneburg, Karl-Heinz/Weichelt, Wolfgang/Petzold, Siegfried (1985): Unsere Verfassung-Geschichte und Gegenwart. Berlin 1985.

Schöneburg, Volkmar (1992): Verfassung und Opposition. In: Heuer/Riege (1992), S. 58-62.

Schönenburg, Arnold/Gruel, Karl-Friedrich (1994): Zur Verfassung von Mecklenburg-Vorpommern. Die PDS in der Auseinandersetzung um die Landesverfassung. Rostock 1994.

Schorlemmer, Friedrich (1991): Bis alle Mauern fallen. Texte aus einem verschwundenen Land. Berlin 1991. Derselbe: (1991 a) DDR kaputt. In: Olle DDR. Eine Welt von gestern. Berlin 1991. S.158-167 (Wittenberg 3.9.90). Derselbe: (1989) Solidarität und Toleranz. Rede auf der Protestdemonstration am 4. Nov. 1989 in Berlin (Alexanderplatz). In: Träume und Alpträume. Einmischungen 1982-1990, S. 112-114.

Schreiben (Gorbatschow an Kohl, 26.9.1990): Schreiben vom 26. September 1990 (Strafverfolgung DDR-Führung). In: Dokumente (DzD 1998) Nr. 428, S. 1550 f.

Schreiben (1990): Bundesminister Seiters an Bundesminister Schäuble Bonn, 16. August 1990 (zum Parteiengesetz der Volkskammer und mögliche Wirkungen auf Parteienlandschaft in der BRD. In: Dokumente (DzD,1998): Nr. 382, S.1463.

Schuller, Wolfgang (2009): Die Gestalt der Revolution. In: Die deutsche Revolution 1989, Berlin 2009, S. 280-306.

Schulz, Bettina (2000): Verfassungsfrage, Verträge zur Einheit, Stasi-Unterlagen-Gesetz-Verlauf der Diskussions- und Entscheidungsprozesse. In: Misselwitz / Schröder (2000), S. 21-45.

Schröder, Richard (2000): Die SPD-Fraktion in der Volkskammer. In: Misselwitz/Schröder S. 161-168. Derselbe: (1993) Deutschland schwierig Vaterland. Für eine neue politische Kultur. Freiburg/Basel/Wien 1993.

Schulmeister, Karl-Heinz (2002): Ausschussarbeit am Beispiel des Kulturausschusses (Volkskammer). In: Patzelt/ Schirmer, R. (2002), S. 215-226.

Schulz, Dieter (1994): »Blühende Landschaften«. Zur Wiedervereinigungspolitik der Bundesregierung 1989/90. In: Prokop, Siegfried (Herausgeber). Die kurze Zeit der Utopie. Die »zweite DDR« im vergessenen Jahr 1989/90. Berlin 1994, S. 55-70.

Schumak, Renate (2007): Arbeitsmarktpolitik als Erziehungsprogramm. Zum Menschenbild im SGB II (2004). In: Soziale Rechte Menschenrechte: Herausgegeben von Regenbogen Rostock 2007, S. 140-155.

Schumann, Michael (1992): Verfassungsdiskussion als Selbstverständigungsprozeß. In: Heuer/Riege (1992), S. 63-65.

Schwarzbuch (1972): Schwarzbuch: Franz Josef Strauß. Herausgegeben von Wolfgang Roth, Ingrid Matthäus, Dieter Lasse, Walter Haas. Unter Mitarbeit von Bert Engelmann. Köln 1972.

Seibert, Fritz (1985): Schnüffler Fälscher Provokateure. Methoden & Praktiken des »Verfassungsschutzes«. Frankfurt a. M. 1985.

Seiffert, Wolfgang (1992): Selbstbestimmungsrecht und deutsche Vereinigung. Das Selbstbestimmungsrecht einer geteilten Nation. Baden-Baden 1992.

Siegerjustiz (2003): Siegerjustiz? Die politische Strafverfolgung infolge der Deutschen Einheit. Herausgegeben von der Gesellschaft zur rechtlichen und humanitären Unterstützung e. V., Berlin 2003.

Siemantel, Erwin (1992): Den neuen Herausforderungen stellen. In: Heuer/Riege (1992) S. 66-68.

Sicherheit, die (2002): Die Sicherheit. Zur Abwehrarbeit de MfS. (In zwei Bänden). Herausgeber: Reinhard Grimmer, Werner Irmler, Willi Opitz, Wolfgang Schwanitz, edition ost, Berlin 2002.

Simon, Helmut (1990): Markierungen auf dem Weg zu einen neuen gesamtdeutschen Verfassung. In: *Neue Justiz* 12/1990, S. 516-519.

Sitzung (18. Juli 1990): Sitzung von Vertretern des Bundes, der DDR und der Länder Bonn, 18. Juli 1990. Verfassungsfragen des Einigungsvertrages. In: Dokumente, (DzD 1998) Nr. 359; Nr. 359 A-N, S. 1379-1399.

Skiba, Dieter (2006): Ein »Gerechter unter den Völkern« – Fragen bleiben. In: Robert Allertz (Hrsg.): Sänger und Souffleur. Biermann, Havemann und die DDR. edition ost, Berlin 2006, S. 47-71.

Spiegelgespräch (2009): »Wir haben vor Feigheit gestunken«: Der CSU-Abgeordnete Peter Gauweiler, über Duckmäusertum im Bundestag, Repressionen der Fraktionsführung und die Rebellenqualitäten seines neuen Parteichefs Horst Seehofer. In: *Der Spiegel,* 16/2009 S. 28f.

Spoo, Eckart (2009): Gedenken ans Grundgesetz. In: *Ossietzky* 10/2009, S. 365-369.

Staadt, Jochen (Herausgeber)(1995): Auf höchster Stufe Gespräche mit Erich Honecker. Transit o.O., o. D. (März1995).

Statut des Staatssekretariats für Staatssicherheit (Statut 1953, 2002): Statut des Staatssekretariats für Staatssicherheit (1953). Bestätigt gez. O. Grotewohl, Ministerpräsident der DDR, 15.10.1953, GVS 3493/53. In: Grimmer/Irmler/Opitz/ u.a. (Sicherheit Bd. 1, 2002), S. 227f.

Statut des MfS (Statut MfS, 2002): Statut des MfS U/ 30.7.1969 . Geheime Kommandosache Beschluss – 27/5/69 NVR Ausfertigung insg. 11 Blatt. Mit Fahneneid der Angehörigen des MfS und Verpflichtungserklärung für hauptamtliche Mitarbeiter des MfS. In: Grimmer/Irmler/Opitz u. a. (Sicherheit Bd. 1, 2002), S. 229-238.

Steding, Rolf (1990): Für ein neues Verhältnis von Staat und Landwirtschaft: In: Für eine neue Verfassung (1990), S. 77-86. Derselbe: (1989). Die Verfassung der DDR – das Grundgesetz zur Gestaltung der entwickelten sozialistischen Gesellschaft. Staats- und rechtswissenschaftliche Konferenz (13.-15. September 1989). In: Staat und Recht 11/1989, S. 868-875.

Steigerwald, Robert (2009): Deutsche »Besonderheiten«. Über einige historische Probleme der Bewusstseinsentwicklung. In: *UZ* vom 24. Dezember 2009, S. 19f.

Steinbach, Peter (1997): Deutsche Systemumbrüche im 20. Jahrhundert. Vorwort. In: Hertle/Stephan (1997). Derselbe: Das Ende der SED. Die letzten Tages des Zentralkomitees. Berlin 1997, S. 7-19.

Steinberg, Peter (1991): Die Verfassungsmäßigkeit des Restitutionsausschlusses sowjetzonaler Enteignungen im Einigungsvertrag. In: *Neue Justiz* 1/1991, S. 1-6.

Steiniger, Peter Alfons (1948): Hat das deutsche Volk ein Recht auf Selbstbestimmung seiner Verfassung? Berlin 1949.

Steinitz, Klaus (Herausgeber) (1995): Vereinigungsbilanz. Fünf Jahre deutsche Einheit. Hamburg 1995.

Stellungnahmen (1992): Stellungsnahmen der Arbeitskreise der Abgeordnetengruppe PDS /LL. In: Heuer/Riege (Hg.) (Verfassung1992), S. 72-82.

Stolpe, Manfred (1991): Den Menschen Hoffnung geben. Reden, Aufsätze, Interviews aus zwölf Jahren. Berlin 1991. Derselbe: (1991a) Plädoyer für einen Beitritt der DDR zur BRD nach Artikel 23 des Grundgesetzes, *Rheinischer Merkur* vom 3. März 1990. In: (Reden, 1991) S. 235-241.

Strauß, Franz Josef (1989): Erinnerungen. Berlin 1989.

Suckut, Siegfried (1990): Vom Blocksystem zur Konkurrenz. Zum Wandel der ehemaligen Blockparteien in der DDR seit dem Herbst 1989. In: Die DDR auf dem Weg zur deutschen Einheit. Probleme Perspektiven offene Fragen. Dreiundzwanzigste Tagung zum Stand der DDR-Forschung in der BRD, 5.-8. Juni 1990. Köln 1990.

Süss, Walter (2009): Der Untergang der Staatspartei. In: Henke (2009) S. 284ff.

Tabus (2007): Tabus der bundesdeutschen Geschichte. Herausgegeben von Eckart Spoo unter Mitwirkung von Arno Klönne. Hannover 2007.

Tagungen des ZK der SED (1997): 9. Tagung des ZK der SED im Plenarsaal des ZK-Gebäudes in Berlin, Mittwoch, 18. Oktober 1989, Beginn 13.55 Uhr; Ende 15.50 Uhr. (Transkription der Tonbandmitschnitte). In: Hertle/Stephan (1997), S. 103-133.

Tagungen des ZK der SED (1997a): 10.Tagung des ZK der SED im Plenarsaal des ZK-Gebäudes in Berlin, Mittwoch, 8. November 1989, 1. Beratungstag, Beginn 10.00 Uhr; Ende: 18.30 Uhr. (Transkription der Tonbandmitschnitte). In: Hertle/Stephan (1997), S. 135-242.

Tagungen des ZK der SED (1997b): 10.Tagung des ZK der SED im Plenarsaal des ZK-Gebäudes in Berlin, Donnerstag, 9. November 1989, 2. Beratungstag, Beginn 10.00 Uhr; Ende: 20.45 Uhr. (Transkription der Tonbandmitschnitte. In: Hertle/Stephan (1997), S. 242-379.

Tagungen des ZK der SED (1997c): 10. Tagung des ZK der SED im Plenarsaal des ZK-Gebäudes in Berlin, Freitag 10. November 1989, 3. Beratungstag, Beginn 09.05 Uhr; Ende: 13.10 Uhr. (Transkription der Tonbandmitschnitte), in: Hertle/Stephan (1997), S. 380-437.

Tagungen des ZK der SED (1997d): 11. Tagung des ZK der SED im Plenarsaal des ZK-Gebäudes in Berlin, Montag 13. November 1989 Beginn 20.30 Uhr; Ende: 22.354 Uhr. (Transkription der Tonbandmitschnitte). In: Hertle/Stephan (1997), S. 439-459.

Tagungen des ZK der SED (1997e): 12.Tagung des ZK der SED im Plenarsaal des ZK-Gebäudes in Berlin, Sonntag 3. Dezember 1989 Beginn 13.10 Uhr; Ende: 14.50 Uhr. (Transkription der Tonbandmitschnitte). In: Hertle/Stephan (1997), S. 461-481.

Teichler, Gert (1990): Das 6. Strafrechtsänderungsgesetz der DDR. In: *Neue Justiz* 7/1990, S. 291-293

Telefongespräch (11.11.1989): Telefongespräch des Bundesministers des Auswärtigen, Genscher, mit dem sowjetischen Außenminister Eduard Schewardnadse am 11. November 1989. In: Außenpolitik (BRD 1995), S. 622f.

Teltschik, Horst (1991): 329 Tage Innenansichten der Einigung: Berlin 1991.

Thaysen, Uwe (Hrsg.) (2000): Der Zentrale Runde Tisch der DDR. Wortprotokoll und Dokumente. Bände I-V. Wiebaden 2000. (Die Bände I-IV umfassen 1149 durchnummerierte Seiten, der Band V: Dokumente 746 Seiten. Jedem Band ist ein Vorwort und Inhaltsverzeichnis mit römischen Zahlen vorangestellt).

Thesen zur Justizreform (1990): Thesen zur Justizreform. In: *Neue Justiz* 3/1990, S. 86-89.

Triebel, Wolfgang (1992): Verfassungsentwurf: Konsequenzen der Anschlusspolitik. In: Heuer/Riege (1992), S. 69-71.

Tschernjaew, Anatolij (2005): Mein deutsches Tagebuch. Die deutsche Frage im ZK der KPdSU (1972-1991). Klitzschen 2005.

Überlegungen (1998): Überlegungen für einen zweiten Staatsvertrag. In: Dokumente (DzD 1998), Einleitung, S. 195-214.

Unabhängige Autoren (2007): Unabhängige Autorengemeinschaft »Als Zeitzeugen erlebt«, Spuren der Wahrheit. DDR-Erfahrungen für eine sozialistische Zukunft. Schkeuditz 2007.

Ulbricht, Walter (1956): Grundgedanken zu einer neuen deutschen Verfassung. Rede auf einer Kundgebung in Leipzig, 12. Oktober 1946 In: Ebender: Zur Geschichte der deutschen Arbeiterbewegung. Aus Reden und Aufsätzen, Bd. 3: 1946-1950. Berlin 1956, S. 53-58.

Ullmann, Wolfgang (1990): Demokratie – jetzt oder nie! Perspektiven der Gerechtigkeit. München 1990. Derselbe: (1990 a). Eigentum im geteilten und im geeinten Deutschland. Zum legislativen Anteil der ersten frei gewählten frei gewählte Volkskammer der DDR. In: Misselwitz/Schröder (2000), S. 123-139. Derselbe: (1992) Gespräch vom 24. Juni 1991. In: Gaus (Neue Porträts, 1992), S. 101-120.

Unfrieden in Deutschland (Weißbücher 1-6, 1992-1999): Diskriminierung in den neuen Bundesländern. (Band 1) herausgegeben: Gesellschaft zum Schutz von Bürgerrecht und Menschenwürde (GBM), Berlin 1992. Dieselben: Wissenschaft und Kultur im Beitrittsgebiet. Band 2, Berlin 1993. Dieselben u. a.: Bildungswesen und Pädagogik im Beitrittsgebiet. Band 3 Berlin 1994. Dieselben: Kirche im Sündenfall. Band 4 Berlin 1995. Dieselben u.a.: Unrecht im Recht – Staat Strafrecht und Siegerjustiz im Beitrittsgebiet. Band 5 Berlin 1995. Dieselben: Enteignung der Ostdeutschen. Band 6 Berlin 1999.

Vereinbarung (1990): Vereinbarung zwischen der BRD und der DDR zur Durchführung und Auslegung des am 31. August 1990 in Berlin unterzeichneten Vertrages zwischen der BRD und der DDR über die Herstellung der Einheit Deutschlands – Einigungsvertrag – vom 23. September 1990. In: BGBl. II S. 885; gleichfalls in: Sonderdruck aus der Sammlung Das deutsche Bundesrecht,(IA/5). Baden-Baden 1990, S. 543.

Verfassung der DDR (1949): Verfassung der DDR. Berlin, 7. Oktober 1949 (GBl. Nr. 1, S. 5-16).

Verfassung der DDR (1968): Entwurf der Verfassung der DDR mit dem Bericht des Vorsitzenden der Kommission zur Ausarbeitung einer sozialistischen Verfassung der DDR, Walter Ulbricht. Die Verfassung des sozialistischen Staates deutscher Nation und weiteren Materialien der 7. Tagung der Volkskammer der DDR. In: Aus der Tätigkeit der Volkskammer und ihrer Ausschüsse. Herausgeber: Kanzlei des Staatsrates der DDR. Heft 5, Wahlperiode 1968.

Verfassung der DDR (1968 a): Verfassung der DDR vom 6. April 1968. In: GBl. I Nr. 8, S. 199.

Verfassung der DDR (1974): Verfassung der DDR vom 6. April 1968 in der Fassung des Gesetzes zur Ergänzung und Änderung der Verfassung der DDR vom 7. Oktober 1974. In: GBl. I Nr. 47, S. 432.

Verfassung (die) der DDR (1987): Die Verfassung der DDR. Ein Machtinstrument der SED? Herausgegeben von der Friedrich-Ebert-Stiftung. Bonn 1987.

Verfassungen (1989): Verfassungen deutscher Länder und Staaten. Von 1816 bis zur Gegenwart. Ausgewählt und eingeleitet von Erich Fischer und Werner Künzel. Berlin 1989.

Verfassung (1991): Eine Verfassung für Deutschland. Manifest – Text – Plädoyers. Herausgegeben von Bernt Guggenberger, Ulrich K. Preuß und Wolfgang Ullmann. München Wien 1991.

Verfassung Mecklenburg-Vorpommern (1995): Verfassung des Landes Mecklenburg-Vorpommern. Kommentierte Textausgabe /Burghard Thiele; Jürgen Pirsch; Kai Wedemeyer. Berlin 1995.
Verfassungen (2001): Verfassungen der deutschen Bundesländer mit den Verfassungsgerichtsgesetzen. 7. Auflage Stand: 1. April 2001.

Verfassungsentwurf (1990): Verfassungsentwurf der DDR. Arbeitsgruppe »Neue Verfassung der DDR« des Runden Tisches, Berlin, April 1990. *(http://www.documentarchiv.de/ddr/1990/ddr-verfassungsentwurf_rundertisch.html)*

Verfassungsentwurf (1992): Verfassungsentwurf der PDS/LL, In: Heuer,/Riege (1992), S. 89-140.

Verfassungsgrundsätze (1990): Gesetz zur Änderung und Ergänzung der Verfassung der DDR (Verfassungsgrundsätze) vom 17. Juni 1990. In: GBl. I 1990 Nr. 33, S. 299.

Verfassungskommentar der DDR (1969): Verfassung der DDR Dokumente /Kommentar. Bd. 1 und 2 Herausgegeben von Klaus Sorgenicht, Wolfgang Weichelt, Tord Riemann, Hans-Joachim Semler Berlin 1969.

Verfassungsrechtliche Wege (1990): Verfassungsrechtliche Wege und Probleme. In: Ministerium der Justiz der DDR Arbeitsgruppe »Recht- und Justizreform«. Zur Durchführung einer auf die Rechtsangleichung beider deutscher Staaten gerichteten Rechts-und Justizreform. Veröffentlicht in: *Neue Justiz,* Beilage zu Heft 6/1990, S. IV.

Verhandlungsrunde (1990): Erste Verhandlungsrunde über den Vertrag zur Herstellung der Einheit Deutschlands (Einigungsvertrag), Berlin, 6. Juli 1990. In: Dokumente (DzD 1998) Nr. 345 und 345 A, S. 1324-1331.

Vermerk (17.8.1990): Vermerk des Ministerialrats Hegerfeldt Bonn, 17. August 1990. Regelung des Schwangerschaftsabbruchs nach Beitritt der DDR. In: Dokumente (DzD 1998), Nr. 138, S. 1472 f.

Vertrag (1990): Der Vertrag über die Schaffung einer Währung-, Wirtschafts- und Sozialunion zwischen der BRD und der DDR: Erklärungen und Dokumente. Hrg. Presse- und Informationsamt der Bundesregierung Juni 1990.

Vertrag (Zwei plus Vier, 1990): Vertrag zwischen der BRD, DDR, Frankreich, UdSSR, Großbritannien und USA vom 12. September 1990 über die abschließende Regelung in bezug auf Deutschland September 1990. In: BGBL. II 1990, S. 1318 (deutsch, englisch, französisch, russisch).

Verträge und Erklärungen (1990): Die Vereinigung Deutschlands im Jahre 1990. Verträge und Erklärungen. Herausgeber: Presse und Informationsamt der Bundesregierung 1991.

Volk beschloss Verfassung (1968): Das Volk beschloss die Verfassung der DDR. Mit der Verfassung der DDR, den offiziellen endgültigen Ergebnissen des Volksentscheides vom 6. April 1968 und der Erklärung des Vorsitzenden des Staatsrates der DDR, Walter Ulbricht, anlässlich der Verkündung der Verfassung der DDR. In: Aus der Tätigkeit der Volkskammer und ihrer Ausschüsse. Herausgeber: Abteilung Presse und Information des Staatsrates der DDR Heft 75. Wahlperiode 1968.

Volksgesetzgebung (2006): Entwurf eines Gesetzes zur Einführung der dreistufigen Volksgesetzgebung in das Grundgesetz. Deutschen Bundestag 16. Wahlperiode Drucksache 16/1411 9.5.2006 (Fraktion DIE LINKE).

Volkskammer (Sitzungsprotokolle 9. Wahlperiode 1989/90): Volkskammer der DDR. 9. Wahlperiode. Stenografische Niederschriften der 11. Tagung Montag, den 13. November 1989, S. 229-16. Tagung, Montag 5. Februar 1990 S. 468.

Volkskammer (1990): Die Volkskammer der DDR 10. Wahlperiode (Abgeordnete). Die Abgeordneten der Volkskammer nach den Wahlen vom 18. März 1990. Berlin/ Rheinbreitbach 1990.

Volkskammer (Sitzungsprotokolle 10. Wahlperiode 1990): Volkskammer der DDR. 10. Wahlperiode. Stenografische Niederschriften der 1. (konstituierende) Tagung Donnerstag, den 5. April 1990, S. 1-14, zur 38. Tagung Dienstag, den 2. Oktober 1990 S. 1863-1872.

Volkskammerspiele (1990): Der Demokratie schuldig – die Schuld der Demokratie. Volkskammerspiele. Eine Dokumentation aus der Arbeit des letzten Parlaments der DDR. Berlin 1990.

Vorlage (17.4. 1990): Vorlage des Ministerialdirigenten Duisberg an Bundeskanzler Kohl Bonn, 17. April 1990. Regierungsbildung in der DDR; hier: Koalitionsvereinbarung. In: Dokumente (DzD1998): Nr. 245, S. 1012-1014.

Vorlage (17.8.1990): Vorlage des Ministerialdirigenten Busse an den Chef des Bundeskanzleramtes Seiters Bonn, 17. August 1990. 3. Verhandlungsrunde zum Einigungsvertrag. In: Dokumente (DzD 1998): Nr. 383, S. 1464f.

Vorlage (1.10.1990): Vorlage des Ministerialdirigenten Duisberg an Bundeskanzler Kohl Bonn, 1.Oktober 1990. Inkraftsetzung des Einigungsvertrages mit der DDR. In: Dokumente (DzD 1998): Nr. 430, S. 1553.

Vorlage (06.12.1989): Vorlage des Ministerialdirektors Teltschik an Bundeskanzler Kohl Bonn, 6. Dezember 1989. Die Sowjetunion und die «deutsche Frage«: In: Dokumente (DzD, 1998): Nr. 112 und Nr. 112A S. 616-618.

Vorlage (11.12.1989): Vorlage des Ministerialdirektors Teltschik an Bundeskanzler Kohl Bonn, 11. Dezember 1989. In: Dokumente (DzD 1998): Nr. 119, S. 633-636.

Vultejus, Ulrich (1990): DDR-Richter: Täter und Opfer zugleich. In: *Neue Justiz* 9/1990, S. 394f.

Wagner, Ingo (1990): Rechte der Menschen und Rechtsstaat – Erneuerung der Gesellschaft in der DDR (Rechtstheoretisches). In: Staat und Recht 2/1990, S.

99-105. Derselbe: (1990 a) Der sozialistische Rechtsstaat in der revolutionären Erneuerung des Sozialismus: In: *Neue Justiz* 2/1990, S. 57 f.

Wahrheit (2000): Die Wahrheit über den NATO-Krieg gegen Jugoslawien. Wolfgang Richter, Elmar Schmähling, Eckart Spoo (Hrsg.) Fotos Gabriele Senft. Schkeuditz 2000.

Walther, Hansjoachim (2000): Das Profil meiner Fraktion, Positionen und Bilanz. In: Misselwitz /Schröder (2000), S. 183-190.

Weber, Hans (1990): Aufdeckung »weißer Flecken« in der Strafrechtsentwicklung und Strafrechtsreform. In: *Neue Justiz* 5/1990, S. 185-188.

Wegbereiter der Konterrevolution (2009): Wegbereiter der Konterrevolution. Zur Rolle von »Bürgerrechtlerrn« bei der Untergrabung der DDR. *RotFuchs* Juli 2009, S. 10. Unter Bezugnahme auf Nr. 261 von *Informationen*, einer internen Publikation des ZK der SED vom Herbst 1989.

Weg mit dem »Verfassungsschutz« (1993): Weg mit dem »Verfassungsschutz« der (un-)heimlichen Staatsgewalt. Humanistische Union Schriften 17. München 1993.

Weichelt, Wolfgang (1985): Weitere Ausgestaltung des Grundrechts der Bürger auf Mitgestaltung. In: Aus der Tätigkeit der Volkskammer Heft 4, 8. Wahlperiode 1985, S. 20f.

Weidenfeld, Werner/Korte, Karl-Rudolf (Hrsg.) (1993): Handbuch zur deutschen Einheit. Frankfurt (a. M.)/ New York 1993.

Weigt, Gerhard (1990): Plädoyer für den Grundrechtkatalog. In: Staat und Recht 5/1990, S. 355-357.

Weil, Franceska (2009): Die Runden Tische. In: Henke, S. 316-328.

Weiß, Konrad (1999): Der Runde Tisch. In: *Publik-Forum*, Nr. 23 vom 3. Dezember 1999.
Weißbecker, Manfred (2009): Mattsetzung des Parlamentarismus. Geschichte. Vor 90 Jahren attackierten bürgerliche Parteien den Entwurf der Weimarer Verfassung. In: *junge Welt* vom 28. Juli 2009, S. 10f.

Wenzel, Siegfried (2008): Von wegen Beitritt! Offene Worte zur deutschen Einheit Fakten und Zitate. Berlin 2008.

Werkentin, Falko (1992): Die politische Moral der Bundesdeutschen und die Effektivität der Dienste. In: Florath/Mitter/Wolle(1992). S. 241-262.

Wettig, Gerhard (1991): Die Rolle der UdSSR bei der Vereinigung Deutschlands. In: Löw (Hrsg.) (Deutsche Revolution, 1991), S. 45-63.

Wiedervereinigung (1998): Wiedervereinigung – ein Zufall der Geschichte? In: Dokumente, (DzD 1989), Einleitung, S. 229-236.

Wiegrefe, Klaus (2009): Monströses aus Moskau: Wer befahl den Mauerbau-DDR-Gründer Walter Ulbricht? Kreml-Chef Nikita Chruschtschow? Auskunft gibt ein bislang unbekanntes sowjetisches Dokument. In: *Der Spiegel* 23/2009, S. 44. Derselbe: (2009a) Volten im Wendejahr. Der BND hat umfangreiche Akten zum Mauerfall freigegeben. Über Gespräche Gorbatschow mit Honecker wussten die Geheimdienstler bestens Bescheid, der Mauerfall hingegen traf sie völlig unvorbereitet. In: *Der Spiegel* 42/2009, S. 44-50.

Wilms, Dorothee (1989): Die deutsche Frage-Freiheit und Einheit als Aufgabe. In Von Weimar nach Bonn, S. 6-15.

Witte, Rainer (1990): »Als Richter politisch nicht tragbar«. Ehemalige Richter berichten über ihren Fall. In: Neue Justiz 4/1990, S. 145-147.

Wolf, Gerhard (1996): Befreiung des Strafrechts vom nationalsozialistischen Denken? In: *Humboldt Forum Recht* 9/1996, S. 52-63.

Wolff, Friedrich (1990): »Streitbare Juristen« – Gedanken zu einem Band über aufrechte Juristen des 19. und 20. Jahrhunderts. In: *Neue Justiz* X/1990, S. 392-394. Derselbe: (2006) Einigkeit und Recht. Die DDR und die deutsche Justiz. Politik und Justiz vom Schießbefehl Friedrich Wilhelm IV.-zum »Schießbefehl« Erich Honeckers. edition ost, Berlin 2005. Derselbe: (2006) Unsere Feindbilder, ihre Feindbilder. Wie die beiden deutschen Staaten einander sahen. In: *junge Welt* vom 17. Juli 2006, S. 10f. Derselbe: (2009) Klassenjustiz konträr. Hintergrund. DDR-BRD-Vergleich: Unrecht im Rechtsstaat – Recht im Unrechtsstaat. In: *junge Welt* vom 10. Juli 2009, S. 10f. Derselbe (2009a) Wasser zu Land. Vom Volkseigentum zum Anwaltsgeschäft. Der Wandlitzsee unter der Ägide des neoliberalen Rechtsstaats. In: *junge Welt* vom 21. September 2009, S. 3.

W

olfram, Klaus (1990): Wirtschafts-und Eigentumsordnung. In: *Staat und Recht* 5/1990, S. 362f.

Wolle, Stefan (1992): Operativer Vorgang »Herbstrevolution«. War die Wende des Jahres 1989 eine Verschwörung der Stasi? In: Florath, Bernd/Mitter, Armin-Wolle; Stefan (Hrsg.): Die Ohnmacht der Allmächtigen. Geheimdienste und politische Polizei in der modernen Gesellschaft. Berlin 1992, S. 234-240.

Wörterbuch der Staatssicherheit (1993): Wörterbuch der Staatssicherheit. Definitionen des MfS zur »politisch-operativen Arbeit«. Der Bundesbeauftragte für die Unterlagen des Staatssicherheitsdienstes der ehemaligen DDR. Reihe A: Nr. 1/93.

Zehn-Punkte-Programm (1998): Zehn-Punkte-Programm für die Wiedervereinigung. In: Dokumente (DzD 1998) Einleitung, S. 59-70.

Zehn Thesen (2007): Zehn Thesen gegen Geschichtsklitterung. Zum »Gesamtkonzept zur Erinnerung an die Berliner Mauer: Dokumentation, Information und Gedenken« des Berliner Senats. Herausgeber: Gesellschaft zur Rechtlichen und Humanitären Unterstützung (GRH) e.V., März 2007.

Zeugnisse (1990): Zeugnisse. Briefe von Bürgern. Fotografien Joachim Liebe. Herausgegeben von Marxistischer Jugendvereinigung »Junge Linke«, Basisgruppe PH Potsdam (1990).

Zillig, Hans (1990): Eine neue Verfassung als Beitrag zur Suche nach einer neuen Identität der DDR. In: Für eine neue Verfassung (Vorschläge, 1990), S. 31-41.

Zum Ende (19.11.1990): Zum Ende des Kalten Krieges und der Teilung Europas. Gemeinsame Erklärung der 22 Staaten der NATO und der Warschauer Vertragsorganisation vom 19. November 1990 (Auszug). In: Außenpolitik (BRD 1995), S. 755-757.

Zur Sache (1990): Auf dem Weg zur deutschen Einheit V. Deutschlandpolitische Debatten im Deutschen Bundestag vom 5. bis 20. September 1990 mit Beratungen der Volkskammer der DDR zu dem Vertrag über die Herstellung der Einheit Deutschlands. Bonn 1990.

Zwei plus Vier (1991): »2 +4«. Die Verhandlungen über die äußeren Aspekte der Herstellung der deutschen Einheit. Eine Dokumentation. Herausgegeben vom Auswärtigen Amt, Stand: 20. September 1991. Überarbeitet für das Internet August 2000. file:/ //C/Homepage/9_publik/ 2+4_ 30. Aug. 2000.
Zwei plus Vier (1998): Zwei-plus-Vier-Vertrag. In: Dokumente , (DzD 1998) Einleitung S. 221ff.; BGBl. 1990 Teil II S. 1318-1332. (deutsch, französisch, russisch, englisch).

Zwischen Selbstbehauptung und Anpassung (1995): Zwischen Selbstbehauptung und Anpassung. Formen des Widerstandes und der Opposition in der DDR. Berlin 1995.

Inhalt

ISBN 978-3-360-01819-9

1. Auflage

Umschlaggestaltung: Buchgut, Berlin,
unter Verwendung eines Motivs von picture alliance/dpa

Druck und Bindung: CPI Moravia Books GmbH

Ein Verlagsverzeichnis schicken wir Ihnen gern:
Das Neue Berlin Verlagsgesellschaft mbH
Neue Grünstr. 18, 10179 Berlin
Tel. 01805/30 99 99
(0,14 Euro/Min., Mobil max. 0,42 Euro/Min.)

Die Bücher des Verlags Das Neue Berlin und der edition ost
erscheinen in der Eulenspiegel Verlagsgruppe

www.edition-ost.de